本书列入
2017年国家社会科学基金重大委托项目
"十三五"国家重点图书出版规划项目

中华传统文化百部经典

韩非 著
张觉 解读

韩非子（节选）

国家图书馆出版社

图书在版编目（CIP）数据

韩非子：节选/（战国）韩非著；张觉解读. —— 北京：国家图书馆出版社，2018.12（2025.8重印）
（中华传统文化百部经典 / 袁行霈主编）
ISBN 978-7-5013-6616-3

Ⅰ．①韩… Ⅱ．①韩… ②张… Ⅲ．①法家 ②《韩非子》－注释 Ⅳ．① B226.52

中国版本图书馆 CIP 数据核字（2018）第 270795 号

国家图书馆出版社官方微信

书　　名	韩非子（节选）
著　　者	（战国）韩　非　著　　张　觉　解读
责任编辑	于春媚　　靳　诺
特约编辑	吴麒麟
封面设计	敬人设计工作室
出版发行	国家图书馆出版社（北京市西城区文津街 7 号　100034） 010-66114536　63802249　nlcpress@nlc.cn（邮购）
网　　址	http://www.nlcpress.com
印　　装	北京科信印刷有限公司
版次印次	2018 年 12 月第 1 版　2025 年 8 月第 3 次印刷
开　　本	710×1000　1/16
印　　张	21
字　　数	226 千字
书　　号	ISBN 978-7-5013-6616-3
定　　价	62.00 元（精装）

版权所有　侵权必究

本书如有印装质量问题，请与读者服务部（010-66126156）联系调换。

中华传统文化百部经典

顾　问

饶宗颐	冯其庸	叶嘉莹	章开沅	张岂之
刘家和	乌丙安	程毅中	陈先达	汝　信
李学勤	钱　逊	王　蒙	楼宇烈	陈鼓应
董光璧	王　宁	李致忠	杜维明	

编委会

主任委员

袁行霈

副主任委员

韩永进　　饶　权

编　委

瞿林东	许逸民	陈祖武	郭齐勇	田　青
陈　来	洪修平	王能宪	万俊人	廖可斌
张志清	梁　涛	李四龙		

本册审订

蒋重跃　高华平　梁　涛

中华传统文化百部经典
编纂办公室

张　洁　张毕晓　马　超　袁　媛

编纂缘起

文化是民族的血脉，是人民的精神家园。党的十八大以来，围绕传承发展中华优秀传统文化，习近平总书记发表了一系列重要讲话，深刻揭示出中华优秀传统文化的地位和作用，梳理概括了中华优秀传统文化的历史源流、思想精神和鲜明特质，集中阐明了我们党对待传统文化的立场态度，这是中华民族继往开来、实现伟大复兴的重要文化方略。2017年初，中共中央办公厅、国务院办公厅印发《关于实施中华优秀传统文化传承发展工程的意见》，从国家战略层面对中华优秀传统文化传承发展工作作出部署。

我国古代留下浩如烟海的典籍，其中的精华是培育民族精神和时代精神的文化基础。激活经典，熔古铸今，是增强文化自觉和文化自信的重要途径。多年来，学术界潜心研究，钩沉发覆、辨伪存真、提炼精华，做了许多有益工作。编纂《中华传统文化百部经典》，就是在汲取已有成果基础上，力求编出一套兼具思想性、学术性和大众性的读本，使之成为广泛认同、传之久远的范本。《百部经典》所选图书上起先秦，下至辛亥革命，包括哲学、文学、历史、艺术、科技等领域的重要典籍。萃取其精华，加以解读，旨在搭建传统典籍与大众之间的桥梁，激活中华优秀传统文化的价值，用优秀传统文化滋养当代中国人的精神世界，提振当代中国人的文化自信。

这套书采取导读、原典、注释、点评相结合的编纂体例，寻求优秀传统文化与社会主义核心价值观之间的深度契合点。以当代眼光审视和解读古代典籍，启发读者从中汲取古人的智慧和历史的经验，借以育人、资政，更好地为今人所取、为今人所用。力求深入浅出、明白晓畅地介绍古代经典，让优秀传统文化贴近现实生活，融入课堂教育，走进人们心中，最大限度地发挥以文化人的作用。

《百部经典》是一项重大文化工程。在中宣部等部门的指导和大力支持下，国家图书馆做了大量组织工作，得到学术界的积极响应和参与。由专家组成的编纂委员会，职责是作出总体规划，选定书目，制订体例，掌握进度；并延请德高望重的大家耆宿担当顾问，聘请对各书有深入研究的学者承担注释和解读，邀请相关领域的知名专家负责审订。先后约有500多位专家参与工作。在此，向他们表示由衷的谢意。

书中疏漏不当之处，诚请读者批评指正。

2017 年 9 月 21 日

凡 例

一、《中华传统文化百部经典》的选书范围，上起先秦，下迄辛亥革命。选择在哲学、文学、历史、艺术、科技等各个领域具有重大思想价值、社会价值、历史价值和学术价值的一百部经典著作。

二、对于入选典籍，视具体情况确定节选或全录，并慎重选择底本。

三、对每部典籍，均设"导读""注释""点评"三个栏目加以诠释。导读居一书之首，主要介绍作者生平、成书过程、主要内容、历史地位、时代价值等，行文力求准确平实。注释部分解释字词、注明难字读音，串讲句子大意，务求简明扼要。点评包括篇末评和旁批两种形式。篇末评撮述原典要旨，标以"点评"，旁批萃取思想精华，印于书页一侧，力求要言不烦，雅俗共赏。

四、原文中的古今字、假借字一般不做改动，唯对异体字根据现行标准做适当转换。

五、每书附入相关善本书影，以期展现典籍的历史形态。

韓子序

韓非者韓之諸公子也喜刑名法術之學而歸其本於黃老其為人吃口不能道說善著書與李斯俱事荀卿李斯自以為不如非見韓之削弱數以書干韓王韓王不能用於是韓非病治國不務求人任賢反舉浮淫之蠹而加之功實之上以為儒者用文亂法而俠者以武犯禁寬則寵名譽之人急則用介冑之士所用非所養所養非所用廉直不容於邪枉臣觀往者得失之變故作孤憤五蠹內

韩非子二十卷 （战国）韩非撰 （宋）谢希深注 明正统十年（1445）《道藏》刻本 国家图书馆藏

韓非子二十卷　（戰國）韓非撰　清初錢曾家影宋鈔本　國家圖書館藏

韓非子目錄

韓非子卷第一
初見秦第一
存韓第二
難言第三
愛臣第四
主道第五

初見秦第一

臣聞不知而言不智，知而不言不忠。為人臣不忠當死，言而不當亦當死。雖然，臣願悉言所聞，唯大王裁其罪。臣聞天下陰燕陽魏，連荊固齊，收韓而成從，將西面以與秦強為難。臣竊笑之。世有三亡，而天下得之，其此之謂乎。臣聞之曰：以亂攻治者亡，以邪攻正者亡，以逆攻順者亡。今天下之府庫不盈，囷倉空虛，悉其士民，張軍數十百萬，其頓首戴羽為將軍斷死於前，不至千人，皆以言死，白刃在前，斧鑕在後，而卻走不能死也。非其士民不能死也，上不能故也。言賞則不與，言罰則不行，賞罰

目 录

导 读

一、韩非的生平事迹 .... (1)

二、《韩非子》的编集和流传 .... (6)

三、《韩非子》的真伪问题 .... (7)

四、《韩非子》各篇梗概 .... (8)

五、韩非思想述略 .... (13)

六、韩非思想的历史作用与现实意义 .... (38)

七、本书编纂说明 .... (40)

韩非子

主道第五 .... (43)

有度第六（节录） .... (56)

二柄第七 .... (72)

孤愤第十一 .... (83)

说难第十二 .... (98)

奸劫弑臣第十四 ……………………………………………（111）

备内第十七 …………………………………………………（138）

解老第二十（节录）…………………………………………（147）

功名第二十八 ………………………………………………（162）

大体第二十九 ………………………………………………（169）

内储说上七术第三十（节录）………………………………（178）

难一第三十六（节录）………………………………………（200）

难势第四十 …………………………………………………（210）

问田第四十二（节录）………………………………………（223）

定法第四十三 ………………………………………………（227）

八说第四十七 ………………………………………………（237）

五蠹第四十九 ………………………………………………（257）

显学第五十 …………………………………………………（294）

主要参考文献 ……………………………………………（316）

导　读

要研究中国文化，必须了解先秦的思想；要了解先秦的思想，就必须阅读先秦诸子的重要著作。这已经是所有研究中国文化的学者的共识。

先秦诸子对当时和后世影响最大的当数儒、墨、道、法四家，而《韩非子》集先秦法家之大成，无疑是先秦诸子中最重要的著作之一，也是我们必须首先阅读的中华传统文化经典之一。为了使广大读者在阅读原典时对作者及其著作有所了解，在此先略述韩非及《韩非子》之概况。

一、韩非的生平事迹

古代关于韩非生平事迹的记载很少，最为详尽的记载是《史记·老子韩非列传》，但记述他生平行事的篇幅也不到五百字。可资参考的资料有《战国策·秦策五》，《史记》中的《秦始皇本纪》《韩世家》《六国年表》，以及《韩非子》中的《存韩》《难言》《问田》等。

根据这些材料，可知韩非是战国后期韩国的宗族公子，他以国为氏，因称韩非。

据《史记·韩世家》记载，韩国的祖先本来和周同为姬姓，后来他们的后代因为侍奉晋国，被晋国封于韩原，于是以封地为氏。韩景侯六年（前403），与赵、魏同时列为诸侯。韩哀侯元年（前376），与赵、魏瓜分晋国，从而成为一个较为强大的国家。第二年（前375），韩哀侯灭掉郑国，将国都从阳翟（今河南禹州）迁往郑（今河南新郑）。据此推测，韩非当出生在新郑。

至于韩非的生年，则是研究者首先碰到的难题，因为这在史籍中没有明确的记载。现代学者根据各种资料加以推测，说法并不一致。目前最流行的说法，是认为韩非约生于公元前280年[①]，但也有人认为韩非约生于公元前295年[②]。

韩非的一生（约前295[③]—前233），正处于韩国横遭强邻侵凌、国土日削、濒于危亡之际。韩国一直侍奉强秦，才得以苟延残喘。正如李斯所说："韩居中国，地不能满千里，而所以得与诸侯班位于天下、君臣相保者，以世世相教事秦之力也。"（《韩非子·存韩》）这一点，韩非在晚年也讲得很明白，他说："韩事秦三十余年，出则为扞蔽，入则为席荐。秦特出锐师取韩地而随之。……韩入贡职，与郡县无异也。……夫韩，小国也，而以应天下四击，主辱臣苦，上下相与同忧久矣。"（《韩非子·存韩》）至于韩国的内政，也混乱不堪。韩王"治国不务修明其法制，执势以御其臣下，富国强兵而以求人任贤，反举浮淫之蠹而加之于功实之上"，"宽则宠名誉之人，急则用介胄之士"（《史记·老子韩非列传》），致使"贤者懈怠而不劝，有功者隳而简其业"（《韩非子·八奸》），因而国势日渐衰弱。

韩非身为韩国宗族，虽天生口吃，却善于写作。他目睹韩国的衰弱，曾多次向韩王上书劝谏，希望韩王能励精图治，但都没有被接受。于是他又写了《难言》《和氏》等进奏韩王（约在韩釐王二十三年，即前273年），以和氏献璞自比，再次劝谏韩釐王纳谏听言，运用法、术来治国图强。上了年纪、见多识广且在宫廷任事的堂谿公（约生于前360年）看见了韩非的上书后，受釐王的命令，召见了血气方刚的韩非④，劝他说："我听说遵行周代礼制、退避谦让，是保全自身的方法；修养品德、隐藏才智，是成就名声的途径。现在您建立起法治术治的学说，我以为您会毁了自己。您曾经说过：'楚国不任用吴起而削弱、混乱，秦国实行了商鞅的法制而国富兵强。这两位先生的主张已被证明是正确的了，但吴起、商鞅却被五马分尸，这是因为他们没有碰上好世道，没有遇到贤明君主才遭殃的啊。'一个人的遭遇是说不准的。您放弃了保全自身、成就名声的道路，而无所顾忌地去干有生命危险的事，我以为您不该如此。"韩非回答说："我明白您的意思了，但我之所以要废除前代的礼教而建立法治术治的学说，是因为这可以用来造福人民。不怕昏庸愚昧的君主所制造的祸患，而坚定地为民众的利益着想，是仁爱明智的行为；害怕昏乱愚昧的君主所带来的祸患，虽然聪明却不顾民众的利益而只顾自己，是贪生怕死、自私卑鄙的行为。我不忍心采取这种贪生怕死、自私卑鄙的做法。您虽然是为了爱护我，但实际上却伤害了我。"⑤韩非报国爱民、置自身安危于度外的赤诚之心，于此历历可见。可他生不逢时，在暗乱的韩国，有谁能理解他呢？然而，韩非并未因为种种挫折就放弃自己对政治理想的追求。

对于韩王不务修明法制，不求人任贤、奖励耕战、走富国强兵的道路，却反而听信虚言浮说，尊重儒侠，放任工商牟利买官，以致法度混乱，禁令不行，廉直忠正的法术之士受制于枉法邪恶的奸臣，韩非十分愤慨。于是，他针对现实中的种种弊端，总结了历史上成功和失败的经验教训，写成了《孤愤》《五蠹》《内储说》《外储说》《说林》《说难》等十多万字,将自己的满腔热血和愤懑化成了流传千古的光辉篇章。

在此期间,他为了谋求拯救祖国的方略,曾就学于荀况(即荀子)。这时,他可能已有四十多岁了,政治上也已相当成熟,《孤愤》《五蠹》这两篇著名的文章,可能即成稿于他求学之时,所以他的同学李斯对《孤愤》《五蠹》非常熟悉,读后自愧不如。李斯在荀况那里学成了帝王之术,感觉跟随楚王没有什么前途,而六国又都弱小,难以成就功业,于是便在秦庄襄王三年(前247)离开故土楚国入秦。当时,各国纷争,有才能的人来去本来是很自由的,游士们为了自己的前途,可以到处奔走去游说各国诸侯,以建立自己的功名。但是,韩非抱着一颗赤诚报国之心,仍回国报韩王。不过,他还是一直不被韩桓惠王任用。直到韩王安即位后,韩非才得到重视。

公元前237年(韩王安二年、秦王政十年),秦王政(即后来的秦始皇)派李斯攻打韩国,韩王曾与韩非研究削弱秦国的策略。

公元前234年(韩王安五年、秦王政十三年),秦王政看见了《孤愤》《五蠹》等文章,深有感慨地说:"嗟乎!寡人得见此人与之游,死不恨矣。"李斯说:"此韩非之所著书也。"⑥ 于是秦国猛攻韩国,韩王只得派韩非出使秦国。韩非到秦国后,上书秦王,主张保存韩国,当即遭到李斯的反对,并在秦王面前诋毁韩非说:"非之来也,未必不以其能存韩也,为重于韩也。辩说属辞,饰非诈谋,以钓利于秦,而以韩利窥陛下。"(《韩非子·存韩》)因此,秦王没有信任使用他。

公元前233年(秦王政十四年),韩非更是以言招祸而死得不明不白。事情是这样的:此前三年,燕、赵、吴、楚四国联合攻秦,秦王召集群臣宾客商量对策,大臣们不吭一声,只有姚贾愿意出使四国。姚贾出使后,和四国缔结了和约。秦王很满意,封姚贾千户,提拔他为上卿。韩非对此很不以为然,在秦王面前诋毁姚贾说:"姚贾带了珍宝出使四国,三年了,四国的关系并没有搞好,而国内的珍宝差不多送完了,这是他利用大王的权力、国家的珍宝去和诸侯结交。请大王明察！"⑦秦王因此责问姚贾，姚贾施展辩才巧舌而使秦王听信了他。于是，李斯与姚贾合谋陷害韩非，对秦王说："韩非，韩之诸公子也。今王欲并诸侯，非终为韩不为秦，此人之情也。今王不用，久留而归之，此自遗患也，不如以过法诛之。"⑧秦王听信了他们的说辞，就把韩非交给狱吏去惩治。于是李斯派人送去毒药，让韩非自杀。韩非想向秦王申诉，但终未能如愿。等到后来秦王反悔，派人去赦免韩非时，韩非早已死在云阳（位于今陕西淳化西北）狱中了。

对于韩非的死，司马迁感慨万千，认为韩非对于进说之难了解得那么周详完备，以至写出了《说难》这样周密细致的文章，但最终连自己也没有逃脱进说的祸害。因此，他把《说难》录入了《史记·老子韩非列传》，以表达自己的哀思。诚如明代赵用贤《韩非子书序》所言："非之持说者甚工，而其所以用术者则甚悖，是其所以死也。"韩非在理论的建树上是个天才，但他仅仅是个理论家，因而在当时复杂的政治斗争中，被李斯、姚贾这些政治上的老手所谗杀。

从上面的事迹中我们可以看到，韩非身为韩国宗族，非常热爱自己的祖国。他"见韩之削弱，数以书谏韩王"；他跟从荀子学习，学成后报效祖国；他出使秦国，首先上书主张"存韩"。李斯、姚贾说他"终为韩不为秦"，虽然意在谗毁，却也的确道出了韩非的心迹。从《韩非子》中，我们也可以看到，韩非的理想是要在韩国推行法治，富国强兵，内除奸臣，外御强敌，从而"托万乘之劲韩"，"至于霸王"（《韩非子·定法》）。

其次，他是一个顺应历史潮流的法术理论家，是集先秦诸子，特别是法家学说之大成，并创造了一个崭新时代的大思想家。他的学说，受到了秦王政的赞赏，直接促成了秦王政的反儒意识与君主统治策略，为秦国统一六国、建立君主专制的集权制国家提供了有力的理论根据。正因为韩非的思想顺应时势，所以他的政治策略并未随其人亡而泯灭。李斯尽管谋杀了他，但也不得不称他的学说为"圣人之论""圣人之术"⁹，把它作为治国的方略。可以说，韩非的思想直接促成了在中国延续达两千年之久的君主集权制度的建立，把中国的历史推进到了一个崭新的阶段，并主宰了这一漫长历史阶段的意识形态。因此，古代就有人把韩非的历史地位和孔子相提并论，说："韩子立法，其所以异夫子之论者，纷如也。予每探其意而校其事，持久历远，遏奸劝善，韩氏未必非，孔氏未必得也。吾今而后乃知圣人无世不有尔。前圣后圣，法制固不一也。若韩非者，亦当世之圣人也。"⑩

再次，从韩非与堂谿公的对话以及《孤愤》《五蠹》等篇章来看，他又是一个富有自我牺牲精神、长于谋国而拙于谋身、"远见而明察""强毅而劲直"、挺身与权贵作斗争的法术之士。他一生的成败得失都与他这种思想意识与性格特点有关。他所以能顺应历史潮流，集法家之大成，从而促成历史的进步，原因即在于此；他所以不被韩王重用，又遭李斯谋杀，原因也在于此。他的"远见而明察""强毅而劲直"，使其不容于世而一生不得志，但又使他发愤著书而光耀千古。

二、《韩非子》的编集和流传

《史记·老子韩非列传》说："人或传其书至秦。秦王见《孤愤》《五蠹》之书。"这说明韩非的书在他公元前234年出使秦国以前就已经开始流传了。但是，秦王所看到的"书"，不过是单篇的文章而已，并不是我们现在所看到的《韩非子》。

至于五十五篇本的《韩非子》，我认为应该是秦灭韩后至李斯被杀前（即前230—前208），秦朝主管图书档案的御史编定的⑪。

据《史记》，可知《韩非子》在西汉时称为《韩子》，有十余万字。

据《汉书·艺文志》，可知此书在汉代有五十五篇。据《隋书·经籍志》，可知后来《韩子》又分为二十卷。流传至今的二十卷五十五篇的《韩非子》，应该就是古代的传本。只是由于从宋代开始人们尊称韩愈为"韩子"，为了避免混淆，就有人将它改称为《韩非子》，但仍有称《韩子》的。

据清人的序跋，可知嘉庆时尚有南宋乾道改元中元日（即1165年农历七月十五）黄三八郎所刻的《韩非子》印本流传，但如今该本已经亡佚。现在我们所能见到的，不过是这个宋刻本的影抄本及仿刻本而已，即清代钱曾（字遵王）述古堂影抄本、张敦仁影抄本、吴鼒仿刻本，这三种版本是《韩非子》校勘者必须使用的善本。

今传重要的明刻本有《道藏》本、张鼎文刻本、《韩子迂评》初刻本、赵用贤刻本。清代王先慎的《韩非子集解》是20世纪最通行的本子。

20世纪以来，参考价值较高或影响较大的《韩非子》校释之作有：尹桐阳的《韩子新释》（1919年刊于武昌），陈启天的《韩非子校释》（中华书局1940年版，台湾商务印书馆1969年版增订本），陈奇猷的《韩非子集释》（中华书局1958年版），梁启雄的《韩子浅解》（中华书局1960年版），《韩非子》校注组的《韩非子校注》（江苏人民出版社1982年版），邵增桦的《韩非子今注今译》（台湾商务印书馆1982年版），朱守亮的《韩非子释评》（五南图书出版有限公司1992年版），张觉的《韩非子全译》（贵州人民出版社1992年版）、《韩非子校疏》（上海古籍出版社2010年版）、《韩非子校疏析论》（知识产权出版社2011年版）。至于其他的普及读本或选注选译本就更多了，在此不便一一详述。凡此种种，足见当今《韩非子》流传之盛。

三、《韩非子》的真伪问题

宋代以后，虽然不断有人认为《韩非子》中有伪作，但其说法并无多大影响。辛亥革命推翻了封建王朝,因之而来的便是新文化运动,传统的思想和文化遗产此时都受到了严峻的挑战。《韩非子》的真伪问题也在这种思潮中被推到了风口浪尖上。胡适认为:"《韩非子》十分之中,仅有一二分可靠,其余都是加入的。那可靠的诸篇如下:《显学》《五蠹》《定法》《难势》《诡使》《六反》《问辩》。此外如《孤愤》《说难》《说林》《内外储》,虽是司马迁所举的篇名,但是司马迁的话是不很靠得住的。我们所定这几篇,大都以学说内容为根据。"⑫此后,研究《韩非子》的人都不能不对《韩非子》的真伪作一番推敲和考证。

其实,如果史籍的记载靠不住,《韩非子》也靠不住,那么我们又从哪里去了解韩非的"学说内容"呢?所以,所谓"以学说内容为根据"来判断其真伪,实在是一种要不得的主观臆测。至于后来一些学者的考证,也大多缺乏确凿有力的证据。我认为,《韩非子》中只有《存韩》后半篇是李斯的言论而应该排除在韩非的著作之外,其余除《初见秦》争论较大尚需谨慎对待外,一般的篇章,即使在流传过程中产生了一些错简或讹误需要订正,也都不宜否定它们是韩非之作。司马迁说韩非的著作有《孤愤》等十余万字,班固著录"《韩子》五十五篇",都是可靠的。现今的本子,篇数、字数与他们的说法相合,应该就是秦朝御史所编定的在秦汉时广泛流传的五十五篇本《韩子》。

四、《韩非子》各篇梗概

本书只选注了《韩非子》中的代表作篇章,为了更好地理解这些代表篇章,我们应该先了解一下整部《韩非子》的大致内容。现在我们按照《韩非子》的篇目次序,对各篇的内容梗概作一个简略的介绍。

第一篇《初见秦》是韩非初次求见秦王时的上书,所以表现出为秦国出谋划策、忠心耿耿的姿态。

第二篇《存韩》是韩非奉韩王安之命出使秦国时向秦王的上书,所以主张保存韩国;李斯对此所作的驳议,也因为内容相关而附录其中。

第三篇《难言》是韩非青年时屡次上书劝谏韩王不被听用后向韩王的上书,文章详尽地分析了臣下向君主进言的困难,广征博引,辞采斐然,反映了作者渊博的历史知识与过人的文学才华。

第四篇《爱臣》主张君主不能过于宠爱臣下,而必须限制他们的权势,是一篇论述治臣要领的短文。

第五篇《主道》论君主的道术,全面地阐明了君主统治臣民的基本原则及其哲学基础,全文用韵,充分反映出老子的哲学思想与语言形式对韩非的影响,是韩非的代表作之一。

第六篇《有度》主张治国要有法度,是一篇系统阐述韩非法治思想的代表作。文章结构严谨,警策迭出,很能反映韩非文章的风格。

第七篇《二柄》,全面论述了一系列有关刑赏的问题,是其术治学说的代表作之一。文章征引史事来说理,非常妥帖,比喻也十分形象生动。

第八篇《扬摧》,一般的《韩非子》读本都作《扬权》,"权"乃"摧"字之误,当订正,因为"扬摧"在古代是一个词,意为"大纲"。该篇与《主道》相似,也是一篇继承老子的哲学思想、全面阐明君主集权的政治原则的韵文,它充分反映了韩非的理论素养与艺术才华。

第九篇《八奸》,针对臣下劫持君主的八种奸行,提出了相应的防范措施,是一篇专门论述治奸术的文章。该文不征引史事,完全是总结现实教训而写成的,归纳得头头是道,很能说服人。

第十篇《十过》,指出君主应该避免的十种过错,并列举了因为这"十过"而遭祸的历史事实,以作为君主的借鉴。文章先列纲目,然后一一用故事说明,体裁别致,叙事也十分生动。

第十一篇《孤愤》是抒写当时法术之士孤独与愤慨的代表作,它反映了当时权奸当道的严峻政治现实。文章用词激越，笔端富有感情。

第十二篇《说难》论述向君主进说的困难，比《难言》写得更为周详细密，充分显示了韩非对人情世故和君主心理的深入探讨，体现了当时论说文的高度成就。

第十三篇《和氏》与《孤愤》相类，它以和氏献璞被砍脚的故事来譬说法术之士的艰难处境，写得凄婉动人。

第十四篇《奸劫弑臣》，主要论述奸臣的奸行与治奸的措施，较全面地反映了韩非反对儒学而提倡法、术、势兼治的政治思想，是一篇可与众所称道的《五蠹》相媲美的政论文。

第十五篇《亡征》，如数家珍地一一列举了四十七种亡国的征兆，是对各种政治教训的理论概括。文章最后不但强调了亡国的内在根据，而且强调了亡国的外部条件，包含着合理的辩证法思想。

第十六篇《三守》论述君主应该牢守的心藏不露、独自决断、亲理朝政等三条术治原则。"三守"与"三劫"对比十分鲜明，条理极为清楚。

第十七篇《备内》是论述君主防备宫内贵臣、后妃、太子等劫弑篡位的文章，集中反映了韩非人性自利的社会观。文章最能体现韩文峻峭的风格，内容尖刻，用语露骨，韵散并出，比喻贴切。

第十八篇《南面》论述明法、责实、变古等君人南面之术，突出地反映了韩非功利主义的思想原则。

第十九篇《饰邪》，从反对卜筮迷信开始，反复强调君主应以法令来整饬臣下邪恶枉法的行为，是一篇全面阐述韩非法治主张的代表作。

第二十篇《解老》、第二十一篇《喻老》是我国解释《老子》的开山之作。两篇的不同之处只在于解释的方法：《解老》主要通过阐述道理来解释《老子》，句法谨严；《喻老》主要通过具体事例来喻说《老子》，生动别致。当然，韩非解释《老子》，往往是在宣扬自己的哲学思想和政治思想，所以，这两篇是了解他法术思想的哲学基础和理论渊源的重要篇章。

《说林上》《说林下》两篇，故事林立，是韩非为了说理的需要而搜录的故事集。文笔生动活泼、言简意赅，实为后世史料卡片与笔记小说的滥觞。

第二十四篇《观行》论述观察行为的原则，很能辩证地看问题。文章短小精巧，骈句迭出，用极端之事作喻，形象鲜明，很有说服力。

接下来五篇短文，《安危》论述国家的安定之术与危亡之道，《守道》论述保住国家政权之道，《用人》论述使用臣子的基本原则，都是在宣扬作者的法术思想；《功名》论述君主凭借势位来立功成名的方法，偏重于阐发作者的势治学说；《大体》则从整体出发，论述了治理社会的关键原则与法治思想的哲学基础，描述了韩非的政治理想，是一篇高瞻远瞩的哲学短文。

接下来《内储说上七术》《内储说下六微》《外储说左上》《外储说左下》《外储说右上》《外储说右下》六篇，汇集和储存了大量的史料、传说、寓言，用来说明其政治学说，内容十分丰富。每篇先列出论纲为"经"，然后用若干事例来说明，叫"说"。"经"的文辞简明扼要，是"说"的理论概括和事迹述略；"说"的叙述详明生动，是"经"的实证和具体说明。"经""说"相互配合，相得益彰，后人称为连珠体，是韩非对文体的一大贡献。

接下来《难一》《难二》《难三》《难四》四篇，是对各种历史人物言论、行事的诘难辩驳，韩非借此阐发了他的政治思想。文章思路开阔，振聋发聩，读之令人耳目一新。它不但充分体现了"争鸣"的学术气氛，而且能增进读者的思辨力，有助于驳论文的写作。

第四十篇《难势》批判了慎到的唯势论和问难者的贤能论，集中反映了韩非法势兼治的思想。

第四十一篇《问辩》以问答的形式阐明了百家争鸣产生的原因以及

韩非对于思想理论界的统制主张，是一篇评论学术思想的短文。

第四十二篇《问田》通过徐渠与田鸠的问答，阐述了逐级提拔的任人原则；又通过堂谿公与韩非的对话，反映了韩非为民献身的崇高志趣。

第四十三篇《定法》以问答的形式批判了商鞅单行法、申不害独用术的偏颇，阐明了韩非法术兼治的政治主张，是了解韩非法术思想及其思想渊源的重要篇章。

第四十四篇《说疑》述说君主难以识别的各种奸臣行径，是韩非论述治臣止奸问题的重要篇章。篇内评述历史人物，征引传记、箴言，纵横驰骋，很能体现韩文之风貌。

接着，《诡使》指斥君主所崇尚的措施与治国之道相违反，《六反》指出六种无益之民受到赞誉、六种有益之民遭到诋毁的反常现象，《八说》列举八种违背法治原则的道德观念。这三篇都是有破有立、在批判世俗观念的同时全面论述韩非政治思想的鸿篇巨制，是与《五蠹》不相上下的杰作。它们既全面地展现了韩非的思想，又全面地反映了当时的社会背景，具有重要的史料价值，而且文章也写得波澜壮阔。

第四十八篇《八经》论述治理天下的八项带有经久性的常规法则。它全面地阐明了韩非有关法治、术治、势治等方面的要点，是韩非全部政治思想的一个纲领。它在政治思想方面的论述实可统摄整部《韩非子》，但在文辞上，则写得简约古奥，不能代表韩文的基本风格。

第四十九篇《五蠹》，集中地阐明了韩非的历史发展观，论证并宣扬了他的法治主张，指出了清除儒侠等五种国家蛀虫的必要性。结构宏伟，气派阔大，是历代公认的代表作。

第五十篇《显学》，批判了儒、墨这两个在当时最为显赫的学派，全面地论述了韩非的法治主张。它不仅是韩非法治思想的代表作，而且也是中国学术思想史上的珍贵资料。

第五十一篇《忠孝》论述了守法事君、为父养亲的忠孝观，批判了儒家所宣扬的有违于忠孝之行的尧、舜、汤、武之道,以及古今"烈士"不忠不孝的"乱术"。

第五十二篇《人主》强调君主必须牢掌权势,注意任用法术贤智之士。

第五十三篇《饬令》是节录《商君书·靳令》而成的,强调整饬法令,实行刑赏,突出反映了韩非对商鞅法治思想的继承。

第五十四篇《心度》强调以法度刑赏来服民心,是一篇论述法治的短文。

第五十五篇《制分》强调掌握赏罚时要有一个确定的界限,也是一篇专门论述刑赏、法治的短文。

五、韩非思想述略

韩非,是作为一个伟大的思想家载入史册的。《韩非子》作为百家争鸣后期涌现出来的一部学术巨著,它的价值首先体现在思想方面。一般认为《韩非子》是先秦法家学说的集大成之作,因为它集中宣扬了先秦法家所主张的法、术、势兼治的君主集权论。不过,如果从现代的学科分类来看,它实是我国古代一部无与伦比的政治学巨著。它主要论述君主如何才能管好臣民、坐稳江山、富国强兵乃至称王称霸,亦即古人所称道的"帝王之学"。当然,书中除了论述法术、权势等主要内容,还论述了一些君主应该注意的道德修养、政治策略。同时,书中还有一些韩非对世道人情的剖析与感慨、对《老子》的解说、对论说素材的辑录,以及向君主的上书。

(一)韩非的基本观念

无论哪一种政治学说,都是基于对世界与社会的认识提出来的,或者说,都是以一定的哲学观与社会观为基石的。韩非的一整套政治学说,同样以其哲学思想与社会思想为理论基础。我们要深刻了解其政治思想，就必须先了解其政治思想的哲学基础，以及他对人类社会的基本认识。

韩非的宇宙观与认识论具有唯物因素。他把宇宙发展的客观规律称为"道"，又把各种具体事物的客观规律称为"理"，主张一切按客观规律办事，不加入自己的主观因素。他的法治思想就是以遵循"道""理"的哲学观为基础的。他认为法是顺自然之道而立的、反映社会现实运动规律的法则，所以要使国家长治久安，就必须按照这种法则来办事。这也就是他所极力主张的"因道全法"（《韩非子·大体》），"以道为常，以法为本"（《韩非子·饰邪》）。

韩非又认为，"道"和"理"都处在不断变化之中。用这种发展的哲学观来观察历史，就看到了历史的发展变化，从而形成了"世异则事异"（《韩非子·五蠹》）的历史发展观。这种观念落实到政治领域，就产生了"不期修古，不法常可，论世之事，因为之备"（《韩非子·五蠹》）的变法论。

韩非的唯物论立场使他能正视社会现实。在弱肉强食的战国时代，国家间靠实力来平衡，强者可称霸，弱者会亡国。这种现实造成了他注重实力、一切从功利出发的社会观。所以，他反复强调："乱弱者亡，人之性也；治强者王，古之道也。"（《韩非子·饰邪》）"先王所期者利也，所用者力也。"（《韩非子·外储说左上》）这种观念落实到政治上，就形成了反对空谈仁义、主张奖励耕战以求富国强兵的策略。

韩非从唯物论的立场出发来观察人们的行为，就发现人们的社会活动都受到利益的支配，这就形成了他的人性自利的社会观。他指出："夫安利者就之，危害者去之，此人之情也。"（《韩非子·奸劫弑臣》）这种观念反映到政治上，就有赏罚制度和治奸术的产生。

当然，要实现自己的抱负，必须获得君主的支持。为此，韩非竭力鼓吹对君主的游说。他曾在《说难》中再三强调：为了实现进说的成功，进说者在获得君主信任之前，尽可卑躬屈膝，尽可使用种种诡诈的手段去迎合君主的心理。这种游说之术，与《孤愤》所批判的"重人""即主心、同乎好恶"，以及《奸劫弑臣》所批判的"顺人主之心以取亲幸之势"的奸臣之道如出一辙。尽管他的游说目的是想"听用而振世"，与"重人"的"谲主便私"、"奸臣"的"欺主成私"截然不同，但这种卑鄙的做法，从道德本质上讲，与当时"重人""奸臣"是相似的，它们都是专制政治的产物。

（二）韩非的法治思想

韩非的法治思想极其丰富，集先秦法家之大成，可谓是先秦法治思想的一大总结。

《难三》说："人主之大物，非法则术也。法者，编著之图籍，设之于官府而布之于百姓者也。"《定法》说："法者，宪令著于官府，刑罚必于民心，赏存乎慎法而罚加乎奸令者也。此臣之所师也。"由此可见，韩非所说的"法"，是一种"编著之图籍"的法律条令，是一种"设之于官府"的统治工具，是一种"布之于百姓"的行为规范，它的基本内容不过是赏罚而已。表面上，它是君臣万民共同遵守的行为准则；实际上，它不过是君主治国的工具。这就是韩非之法的真正实质。

在《韩非子》中，韩非并没有系统地罗列具体的法律条文，而只是务虚地论述了立法、执法等方面应该贯彻的一些基本原则。若从政治理论方面着眼，这些法治原则实比具体的法律条文更有借鉴意义。这些基本原则散见于《韩非子》各篇之中。现在略作归纳，分类介绍如下。当然，要全面而详细地了解韩非的法治思想，还是应该进一步去阅读原著。

要实行法治，首先必须制定法律。韩非认为，立法时应该注意以下几点：

首先，立法应该考虑其功利性。《八说》说："法有立而有难，权其难而事成，则立之；事成而有害，权其害而功多，则为之。无难之法，无害之功,天下无有也。"制定法令,不免有利有弊,所以立法时必须考虑到它的利弊得失。利大于弊,才可立。这无疑是韩非的功利观在立法领域中的反映。毫无疑问,这应该是立法时一个最基本、必须首先加以考虑的原则,其他的原则实际上都必须服从这一原则。

第二,立法必须因时制宜,适应时势的需要。《心度》说:"法与时转则治,治与世宜则有功。故民朴,而禁之以名,则治;世知,维之以刑,则从。时移而治不易者乱,能治众而禁不变者削。故圣人之治民也,法与时移而禁与能变。"由此可见,因时制宜是其功利性原则的延伸。古用名教,今用刑罚,并无高下之分,纯粹看它是不是适合时宜,是不是能达到治民的目的。所以,从历史的高度来看,韩非提倡的法并非是一成不变的,这就是他的变法论。

第三,法令必须统一,并保持相对的稳定性。虽然随着时势的变化,法制应相应地进行变革,但这只是从时代的高度来看问题。在某一个时期,法令一旦制定,就必须具有统一性、稳定性,不能"数变法"(《韩非子·解老》)。因为法是全国臣民奉行的准则,统一、固定,百姓才好遵守;朝令夕改,就会使人们无所适从。而且,"不擅其法"也给奸臣造成了可乘之机:"利在故法前令则道之,利在新法后令则道之。"(《韩非子·定法》)也就是说,如果各种法律政令不统一,那么奸臣刁民看到原先的法令对自己有利,就按原先的法令来办事;看到新的法令对自己有利,就按新的法令来办事;看到新旧法令有相互抵触之处,就会进行诡辩来维护自己的私利。所以,韩非认为"法莫如一而固"(见《韩非子·五蠹》)。上述的"法与时转"是为了使法令适合不断变化的客观现实,"法一而固"是为了使法令具有相对的稳定性以便于实施,两者都是考虑到法令的实际功效而提出来的。"固法论"与"变法论"看似矛盾,实际上其宗旨是一致的。它们都是值得借鉴的政治原则,无论废弃其中的哪一个方面,都会犯片面性的错误。只有辩证地看待这不可或缺的两个方面,从实际出发,适当地处理好这"变"与"不变"的关系,才是明智之举。

第四,法令必须适应于人的性情,使人容易了解,便于实行。或者说,立法时应考虑到它的通俗性和可行性。《用人》说:"明主立可为之赏,设可避之罚。……明主之表易见,故约立;其教易知,故言用;其法易为,故令行。"法既是人们的行为准则,就必须是人们能够了解并实行的。如果深奥难懂,或通过努力也做不到,人臣就会"私怨生""伏怨结"(《韩非子·用人》),就会背叛君主。所以,立法不仅要合理,而且还要"合情",即适合大多数人的性情。从这种意义上,也可以说立法时必须遵循普遍性的原则。

第五,法应该详尽明白。《八说》说:"书约而弟子辩,法省而民讼简,是以圣人之书必著论,明主之法必详尽事。"制定法令,既要简明,又要详尽。法律太繁杂,就不能达到容易了解、便于实行的要求;法律太简略,有些情况找不到法律依据,就会有人乘机钻营。所以,法律既要简明,又要详细。这样,才能有一个明确的标准。当然,要做到这一点很不容易。只有运用类推原则,才能使有限的法律条文发挥最大的效用。但韩非未提及类推原则,可见他不过是一个政治理论家,而非法治实践家,其设想是完美的,但在操作性方面还存在问题。

第六,制定法律时,必须贯彻厚赏重罚的原则,使法律真正起到赏善罚恶的作用。《守道》说:"圣王之立法也,其赏足以劝善,其威足以胜暴,其备足以必完法。治世之臣,功多者位尊,力极者赏厚,情尽者名立。善之生如春,恶之死如秋,故民劝极力而乐尽情。此之谓上下相得。"韩非认为,法律应能调动人们为君主效劳的积极性,所以他特别强调厚赏重罚。《八经》说:"赏莫如厚,使民利之;誉莫如美,使民荣之;诛莫如重,使民畏之;毁莫如恶,使民耻之。"韩非主张重刑,后人往往认为他是提倡惨无人道的法西斯主义。其实,这只是一种误会。韩非继承了商鞅重处轻罪的思想，但这并不是一种惩罚性的原则，而是一种惩戒性的原则；它不是要使刑法成为摧残生灵的凶器，而是要使严厉的法律成为民众遵行的规则。道理很简单，从严惩处可以加强法律的威慑力，使人们都严格按照法律办事，从而使刑罚无所施，这就是商鞅"以刑去刑"的思想，也是韩非主张重刑的宗旨。相反，如果刑罚轻微，就不足以威慑人，人们往往会因为犯罪"成本"微不足道而视法律为儿戏，这样，反倒容易犯法，结果就伤害了人民。

立法重要，执法更重要。如果在执法上出了问题，那么所制定的法律便会成为一纸空文，法治也就名存实亡了。为此，韩非十分重视法律的实施，他论述的执法措施大致可归纳为如下数项：

首先，要加强法制教育，彰明法令，使法成为人们行动的准则。《五蠹》说："明主之国，无书简之文，以法为教；无先王之语，以吏为师。"当然，他主张取消法律之外的所有文献，只上法律课，使全国成为一个政法学院，这显然失之偏激，但其用意也并非一无是处。他要全国之人都知法懂法，不违反法律，这实是利国利民的金玉良言。试想，如果不知法而触犯法网，受到法律的制裁，那么，即使学了"先王之语""书简之文"，对自己又有什么好处呢？当然，民众要守法，群臣（官员）也要守法。《有度》说："明主使其群臣不游意于法之外，不为惠于法之内，动无非法。"臣子要守法，君主也要依法办事。《外储说右下》说："人主者，守法责成以立功者也。"可见，君主的任务就是按照法律来督责臣下，并不可以为所欲为。《饰邪》说："释规而任巧，释法而任智，惑乱之道也。"可见，君主虽然不受法律制裁，但也应该受到法律的约束。法应该是全社会共同遵行的准则。

第二，执法时对臣民要一视同仁，信赏必罚，以维护法制的严肃性。《有度》说："法不阿贵，绳不挠曲。法之所加，智者弗能辞，勇者弗敢争。刑过不避大臣，赏善不遗匹夫。"《主道》说："诚有功，则虽疏贱必赏；诚有过，则虽近爱必诛。"可见，除了君主拥有不受法律制裁的特权外，所有的臣民，一旦触犯法律，都必须受到惩处，不管是君主的宠臣，还是朝廷的高官，都不得幸免。而小民如果有功，照样得赏。所以，韩非所说的法，虽然在适用对象上有所局限，未包括君主在内，但在执行上则主张法权代替君权，带有法律面前人人平等、行法不阿的大公无私色彩。这样的法，除了保护君权外，也成了全体臣民的一种保障。因为一切依法办事，则人们只要遵法守法，谁也不能诬陷加害。法治的可贵，就在于打破贵族的特权。韩非要求贵族与平民在法律上地位平等，一方面反映了当时贵族势力的衰落和平民地位的提高，另一方面也反映了人们平等意识的滋长，这是人类文明的进步。

第三，韩非认为执法必须严格谨慎。韩非虽然主张厚赏重罚，但那只是制定法律时的原则。在执法时，则必须不枉不纵，严格依法处置，不能肆意妄为，任意加重刑罚。统治者既不能因为仁爱而使"有过不罪，无功受赏"（《韩非子·内储说上》），也不能任意虐杀臣民。这一点在《八说》中说得最为明白："仁者，慈惠而轻财者也；暴者，心毅而易诛者也。慈惠，则不忍；轻财，则好与。心毅，则憎心见于下；易诛，则妄杀加于人。不忍，则罚多宥赦；好与，则赏多无功。憎心见，则下怨其上；妄诛，则民将背叛。故仁人在位，下肆而轻犯禁法，偷幸而望于上；暴人在位，则法令妄而臣主乖，民怨而乱心生。故曰：仁暴者，皆亡国者也。"在韩非看来，执法时必须绝对理性地，甚至可以说是刻板式地依法办事，而不能让任何意愿与感情来化解理智、腐蚀法制。弹性地、灵活地、仁慈地或残暴地执法，法律就会遭到破坏。当然，韩非论述较多的还是反对儒家的仁政。他认为，统治者仁慈，不但会影响法制的严肃性，还会动摇自己的权威地位，从而导致下属对自己的轻慢、无视乃至侵害。这种观点常受到正人君子的非议，认为失之于苛严，但实际上却是政治领域中丝毫不可忽视的正确原则。为了防止君主"失诛"，《内储说下》举了很多真实案例供君主们借鉴。这说明韩非对于赏罚的执行特别慎重。至于赏罚的根据，当然是事实，所以《主道》说："功当其事，事当其言，则赏；功不当其事，事不当其言，则诛。……诚有功，则虽疏贱必赏；诚有过，则虽近爱必诛。"可见韩非特别重视事实证据，强调赏合其功，刑当其过。

第四，韩非认为应该用道德的力量辅佐法制的实施，即《五蠹》所说的"誉辅其赏，毁随其罚"。他认为，道德观念如果与法制相违背，法治就难以实行。《五蠹》说："以其有功也爵之，而卑其士官也；以其耕作也赏之，而少其家业也；以其不收也外之，而高其轻世也；以其犯禁也罪之，而多其有勇也。毁誉、赏罚之所加者相与悖缪也，故法禁坏而民愈乱。"为此，韩非特别反对儒家倡导的仁义之说。《五蠹》说："行仁义者非所誉，誉之则害功；文学者非所用，用之则乱法。"韩非认为提倡仁义就会干扰法治。一般人看见韩非反对仁义，就认为他完全否认道德教育的作用，走向了非道德主义。这实际上是一种误解。从某种意义上来说，韩非主张用"誉""毁"来辅助"赏""罚"，就是要用道德的力量来促进法治的实行。只不过他认为"上古竞于道德，中世逐于智谋，当今争于气力"（《韩非子·五蠹》），所以才主张以法治为主，以道德教育为辅。他反对仁义、德治，只是反对那些空谈的、没有成效的道德说教，并不是要彻底否定道德教育的作用。这种主张其实并非一无是处，当道德的力量已不能有效地统一人们的行动时，法治显然有效得多。正如现在反腐败一样，靠道德自律或教育，成效有限，司法机关一介入，收效就大多了。

以上所述，是韩非法治理论的要点，一言以蔽之，便是"明其法禁，必其赏罚"（《韩非子·五蠹》），从而达到"上尊而不侵"（《韩非子·有度》）的目的。"明其法禁"，则有法可依；"必其赏罚"，即有法必依、执法必严、违法必究。这些法律思想都是值得我们重视和借鉴的。但是，韩非的最终目的是"上尊而不侵",完全是为了君主一个人,这种思想就应该加以批判了。

(三)韩非的术治理论

自从班固《汉书·艺文志》将《韩非子》列入法家后,人们一般都简单地称韩非为"法家"。其实,如果全面一点说,应该称他为"法术理论家"。因为韩非的政治学说,虽以法治为重心,但从内容上来看,他的术治学说比法治学说还要丰富。所以,司马迁在《史记·老子韩非列传》中说他"喜刑名法术之学",这比班固的论列要全面确切得多。

韩非既然提倡法治,为什么还主张君主用术呢?这是因为:君主即使依靠法治而使国家富强了,如果"无术以知奸,则以其富强也资人臣而已矣"(《韩非子·定法》)。所以,君主必须兼用术治。术治学说是韩非政治学说的重要组成部分,也是其学说中最精彩的部分,却又是最受后人非议的部分。

韩非所说的"术",是指君主对臣下的统治手段。《难三》说:"人主之大物,非法则术也。法者,编著之图籍,设之于官府而布之于百姓者也。术者,藏之于胸中,以偶众端而潜御群臣者也。故法莫如显,而术不欲见。"《定法》说:"术者,因任而授官,循名而责实,操杀生之柄,课群臣之能者也。此人主之所执也。法者,宪令著于官府,刑罚必于民心,赏存乎慎法而罚加乎奸令者也。此臣之所师也。君无术则弊于上,臣无法则乱于下,此不可一无,皆帝王之具也。"从《难三》的论述来看,"术"是一种藏于胸中而"不欲见"的东西,所以它不像"法"那样较具客观性和固定性。因此,一般人提到韩非的"术",就认为是搞阴谋、耍权术,从而大加非议。其实,这种认识是不全面的。因为韩非提出的各种"术",可以归为两大类:一类从积极方面着眼,是用来加强君主统治的行政措施,包括考核和任用臣子的各种手段,即《定法》所说的"因任而授官,循名而责实"。根据各人的才能来授予官职,再根据其职责加以考核，这种术很难说是阴谋，而只是一种"阳谋"。另一类从消极方面着眼，用来防止君主的统治权被削弱乃至被篡夺，这才较多地带有阴谋权术的味道，它包括治臣止奸的各种手段，《奸劫弑臣》《备内》《八奸》《八经》《内储说》《外储说》等篇章中有很多内容都是讨论这种权术的。

总之，韩非的"术治"学说异常丰富，绝非如今"权术"二字所能包容。《韩非子》中论述的统治术是一般典籍无法比拟的。限于篇幅，现在只能择其要点进行介绍。如果想了解其术治学说的全貌，最好阅读全书。

在韩非论述的"术"中间，最重要的一种是用来考核臣下的形名术。《韩非子》中论述形名术的地方很多。如《主道》所说的"形名参同""同合刑名"，《二柄》所说的"审合刑名"，《奸劫弑臣》所说的"循名实而定是非，因参验而审言辞"，《功名》所说的"名实相持而成"，《定法》所说的"因任而授官，循名而责实"，《诡使》所说的"名刑相当"，《八说》所说的"法所以制事，事所以名功"，《八经》所说的"名实当则径之"等，都是关于形名术的。怪不得司马迁要说韩非"喜刑名法术之学"，将"刑名"冠于其学术思想之首。

"形名"又常常写作"刑名"。"刑"通"形"，是指事物的实体及其形态，泛指各种客观事物的实际情况。"名"是指事物的名称。一切事物，都有"形"有"名"，"形"是"名"的实际内容，"名"是"形"的称呼及其规定性。要求"形"和"名"两者相互符合的办法就是形名术。

形名术作为一种政治手段，在各种典籍中所反映出来的含义是十分丰富的。如果以言论为"名"，那么根据此言论去做的事与取得的"功"就是"形"，形名术就要求所做的事情与成绩必须合于言论。如果以法令为"名"，那么执法办事就是"形"，执法办事就必须合乎法令。如果以赏罚毁誉为"名"，那么功罪就是"形"，赏罚毁誉必须与功罪相合。如果以名位职务为"名"，那么职权与实绩就是"形"，职权与实绩必须合乎名位职务。

　　由此可见，形名术的确不像法那样简单明了，也不像法那样要使百姓人人知道，而是一种君主运用的变幻莫测的政治手段。不过，在各种各样的术中间，这还是一种较为明确的手段，它已将君主胸中运用的机智发挥成较为公开化的法则了。所以，申不害主形名，人们也将他称为法家。韩非继承了申不害的学说，爱好形名术，实际上不过是其法治思想的一种延伸。他所谓的"名"，虽然主要是指臣下的言论与职位，但实际上是被作为一种变通的、不固定的"法"来看待的。君主"循名而责实"，就是用这些"名"来督责臣下以求功效，这实际上是法治精神在具体行政中的一种体现。因此，韩非的形名术作为一种政治手段，它并不像孔子那样要求"正名"，而是要求"正实"，即以"名"为标准来责求"实"是否与"名"相符。在他的形名术中，"名"是第一位的，"实"必须适合"名"。所以《扬榷》说："用一之道，以名为首。名正物定，名倚物徙。""名"是首要的东西，名称如果正确地反映了客观的规律，那么客观的事物也就能各得其所；名称如果没有反映出客观的规律，那么一切事物就乱了套。

　　韩非的形名术具体落实起来，最主要的招数是用臣下的言论去衡量他所做的事以及所取得的功效，用臣下的职位去追究他的职权与实绩。《二柄》说："审合刑名者，言异事也。为人臣者陈而言，君以其言授之事，专以其事责其功。功当其事，事当其言，则赏；功不当其事，事不当其言，则罚。故群臣其言大而功小者则罚，非罚小功也，罚功不当名也；群臣其言小而功大者亦罚，非不说于大功也，以为不当名也害甚于有大功，故罚。昔者韩昭侯醉而寝，典冠者见君之寒也，故加衣于君之上。觉寝而说，问左右曰：'谁加衣者？'左右对曰：'典冠。'君因兼罪典衣与典冠。其罪典衣，以为失其事也；其罪典冠，以为越其职也。非不恶寒也，以为侵官之害甚于寒。故明主之畜臣，臣不得越官而有功，不得陈言而不当。越官则死,不当则罪。守业其官,所言者贞也,则群臣不得朋党相为矣。"

由此可见,韩非的形名术乃是一种十分严格甚至可以称为非常苛刻的考核办法,即一板一眼地用臣下的言论去衡量他所做的事及所取得的功效,用臣下的职位去追究他的职权与实绩。所以,君主如果真按韩非的这种形名术来御臣,则臣子说话必须非常谨慎,因为话一说出来就成了契约,必须十分严格地做到。说大话固然要遭殃,话稍微说过了点儿也不行,反之,说话留有余地也得受罚。当官办事也一样,在其位不谋其政不行,但超越了自己的职责范围去立功也不行。可见,韩非的形名术要求每个臣子都成为机器人,能够十分准确地完成指令。所不同的只是:机器人要完成的指令是人给的,而臣子要完成的指令除君主授予的职位外,还包括自己的言论。当然,这种言论臣子是不敢乱发的。在韩非的形名术管理下当官,首先必须是个预言家,否则是一定会被罚得走投无路的。韩非的这一套理论如果真的实行起来,恐怕人们也不会抢着去做官了。

不过,韩非的这种形名术虽然很苛刻,却并非一无是处。如果适当地实行,恐怕还是有些积极意义的。它可以使臣下不讲假话、大话,造成一种实事求是的政风,而且,它注重实绩,也给赏罚提供了较为客观公正的依据。《主道》说"归之其情",《扬榷》说"下乃贡情",《奸劫弑臣》说"臣得陈其忠而不弊",均强调了这一点。根据实绩与言论是否相合来进行赏罚,臣下就会讲真话,办实事,忠于职守,而不会弄虚作假,欺君惑主了。这就是韩非为什么要大力推崇形名术的原因。当然,这还只是从形名术的实际政治效果来观察所得到的结论,如果从理论上来分析,赏罚制度属于法的范畴,都有明文规定,但如何衡量功罪与确定赏罚的依据,还得有一定的考核办法。形名术就是考核群臣的一个较为客观公允的方法。赏罚是治国的必要工具,形名术又是赏罚的必要工具。没有形名术，赏罚就会失当，国家也就难以治理好。所以，形名术不但是术治中最重要的一种，也是法治的基础。司马迁论述韩非之学时将"刑名"冠于"法"之前，是很有政治眼光的。

除了形名术外，从积极方面着眼的重要政治手段便是一整套用人授官的措施，即用人术。形名术靠赏罚来实现它的价值，而任免官员实际上也是赏罚的一种，所以，在用人问题上采取手段，比形名术更具有直接显著的效果。韩非将"因任而授官"作为"术"的定义（《韩非子·定法》），表明他对用人问题的重要性是有足够认识的。

《八说》说："任人以事，存亡治乱之机也。"韩非把用人的问题提到了关系国家"存亡治乱"的高度，是非常深刻的。政治上的成败得失必定与组织措施有关。政治上的目标如果没有为之奋斗的坚强队伍，那么这目标就一定实现不了。从这种意义上来说，用人乃是政治的关键问题之一。所以，韩非认为，君主的根本任务是"治吏不治民"，是"守法责成以立功"（《韩非子·外储说右下》）。君主只要遵照法令来督责治理群臣，政治便能成功。历史事实告诉我们，古今中外，凡是能在政治上有所作为的英明领袖，没有不是知人善任的。韩非对用人问题如此重视，是很有政治见地的。

《八说》说："任人者，使有势也。""无术以任人，无所任而不败。"用人关系到权力问题，当然应该慎重对待，当然应该探讨其中的技术。那么，韩非的用人术有哪些呢？归纳一下，大致有如下几个方面：

第一，必须严格掌握用人标准，任用德才兼备的人。《八说》说："人君之所任，非辩智，则修洁也。任人者，使有势也。智士者未必信也，为多其智，因惑其信也。以智士之计，处乘势之资而为其私急，则君必欺焉。为智者之不可信也，故任修士者，使断事也。修士者未必智，为洁其身，因惑其智。以愚人之所惛，处治事之官而为其所然，则事必乱矣。故无术以用人，任智则君欺，任修则君事乱。此无术之患也。"

可见,单凭才智来任人,一旦此人用才智来为自己谋利,君主就要被欺骗;只以品德来任人,万一用了个愚蠢之人,那么政事一定会被搞得混乱不堪。所以,选拔官员,必须德才兼备,用韩非的话来说,就是要任用修、智兼备之士。

第二,不显好恶,不听毁誉,以法择人。《二柄》说:"君见恶,则群臣匿端;君见好,则群臣诬能。"《有度》说:"今若以誉进能,则臣离上而下比周;若以党举官,则民务交而不求用于法。……故明主使法择人,不自举也;使法量功,不自度也。能者不可弊,败者不可饰,誉者不能进,非者弗能退,则君臣之间明辩而易治,故主雠法则可也。"君主如果流露出自己的爱憎,群臣就会掩饰自己的行为来迎合君主的欲望,这样,君主就无法了解其真情,溜须拍马的人便会阿谀奉迎而得逞;君主如果听从臣下的毁誉,权奸们便会勾结营私而得势。这些人不是无才就是无德。所以,要真正选拔德才兼备的人,君主必须既不显露自己的爱憎,又不听臣下嘴里怎么说,而是一切依法办事,谁有功劳,谁就升官。这种尽量排除主观因素而以实能实绩作为提升标准的做法,是较为客观公允的,它的确可以使那种没有实际才能,只会见风使舵、投机钻营的人无法钻空子。当然,不听毁誉并不是杜绝言路,不让臣子推荐人,而只是不以臣下所说的那一套为依据罢了。推荐人可以,但推荐了以后是否授予官职,还得以功劳而定,即《难三》所说的"臣相进"以后,还得"论之于任,试之于事,课之于功"。可见,韩非是不全信"伯乐"的,一定要骑着"伯乐"推荐的"千里马"遛遛才放心。这样,"伯乐"不敢讲假话,"劣马"也不敢滥竽充数了。

第三,贵贱平等,听无门户,量功授官。《八说》说:"明君之道:贱德(得)义(议)贵,下必坐上,决诚以参,听无门户,故智者不得诈欺;计功而行赏,程能而授事,察端而观失,有过者罪,有能者得,故愚者不任事。智者不敢欺,愚者不得断,则事无失矣。""贱德义贵"是为了打破封建特权。这样，权奸不能为所欲为，而平民只要对君主有功，照样可以得官。"听无门户"，是为了全面地了解臣下，以免妄乱授官。"程能而授事"，就能把真正有德有才的人选拔出来。韩非特别强调官爵的高低要由臣下的能力与功劳来决定。《八奸》说："明主之为官职爵禄也，所以进贤材劝有功也。故曰：贤材者处厚禄，任大官；功大者有尊爵，受重赏。官贤者量其能，赋禄者称其功。是以贤者不诬能以事其主，有功者乐进其业，故事成功立。"从这里我们同时可以看到，以才能功劳来行赏授官，不过是一种政治手段罢了，其最终目的是"事成功立"。这是韩非用人术的出发点和归宿，也是其量功授官的依据。从上面这些用人主张来看，韩非是主张任人唯贤的。韩非所谓的"贤"，是指贤材大功，是指实能实绩，而不是指那些徒有虚名或世俗推崇的"贤"。对于"不事力而衣食"之"能"，"不战功而尊"之"贤"，他是坚决反对的（见《韩非子·五蠹》）。在此，我们要防止一种误解，不要因为韩非反对世俗之"贤"，就说他不主张"用人唯贤"。

第四，专职专任，不兼官兼事。《难一》说："明主之道：一人不兼官，一官不兼事。"《用人》说："明君使事不相干，故莫讼；使士不兼官，故技长；使人不同功，故莫争。争讼止，技长立，则强弱不觳力，冰炭不合形，天下莫得相伤，治之至也。"韩非主张每个官员各有自己的岗位、各有自己的职事，这从政治上来看，既可避免群臣发生抢权争功、互相倾轧的事，又能使他们无法互相推诿而做好本职工作；从业务上来看，一个人的精力有限，管的事太多，容易造成力不胜任的缺陷，现在既不兼官，又不兼事，可使臣下集中精力去钻研一门业务，工作就一定能做得很出色。总之，实行专职专任的办法，群臣之力就不会因"争讼"而相互抵消，各项工作也会因"技长"而顺利进行，整个官僚机构就能发挥出最大的效率了。

第五，逐级提升。《八经》说："官袭节（级）而进，以至大任，智也。"

《显学》说:"明主之吏,宰相必起于州部,猛将必发于卒伍。"《问田》说:"不试于毛伯(当作"屯伯"),不关乎州部,故有失政亡国之患。"韩非注重从基层选拔官吏,实际上是对封建贵族世袭制的挑战。他把逐级提拔官吏看成是关乎"失政亡国"的大事,也并非危言耸听。如果不是逐级提拔,那么担任高官要职的人就没有经历过长期的政治考验与工作锻炼,不但政治上不可靠,而且经验也不丰富,有时还难以处理好与群臣的关系,靠这种人来治国,的确是很危险的。

第六,君主必须掌握用人大权。用人的最终目的既然是为了君主的利益,那么用人大权当然要独操在君主手中了。从政治现实来看,如果"臣得树人则主失党","主失党"则成为孤家寡人,那就危险了。所以韩非特别强调:"此人主之所以独擅也,非人臣之所以得操也。"(《韩非子·主道》)韩非除了主张防止臣下掌握用人权外,还特别强调要防止"敌国废置"(《韩非子·内储说下》)。因为敌国往往希望奸臣当道,如果君主听信了敌国的话,任人就一定会失误。其实,不要说是敌国,就是一般的外国,一则因为国与国之间存在着不同的利害关系,一则因为外国毕竟不了解本国国情,所以,任人授官还是不能听外国的。《八经》说:"废置之事,生于内则治,生于外则乱。"的确是值得重视的经验之谈。

除了形名术、用人术,韩非还为君主指出了一系列听取臣下言论的注意事项,我们可称之为听言术。

《说疑》说:"为人主者,诚明于臣之所言,则虽畢弋驰骋、撞钟舞女,国犹且存也;不明臣之所言,虽节俭勤劳、布衣恶食,国犹自亡也。"所以,如何听取臣子的言论,对于一个政治家来说,至关重要。韩非有关君主如何听言的论述较多,我们可以将其归纳为如下几个方面:

第一,要听取逆耳之忠言。《外储说左上》说:"夫良药苦于口,而智者劝而饮之,知其入而已己疾也。忠言拂于耳,而明主听之,知其可以致功也。"《安危》说:"闻古扁鹊之治其病也,以刀刺骨;圣人之救危国也,以忠拂耳。刺骨,故小痛在体而长利在身;拂耳,故小逆在心而久福在国。故甚病之人利在忍痛,猛毅之君以福拂耳。忍痛,故扁鹊尽巧;拂耳,则子胥不失:寿安之术也。病而不忍痛,则失扁鹊之巧;危而不拂耳,则失圣人之意。如此,长利不远垂,功名不久立。"韩非之说无疑揭示了政治领域中一个不可忽视的规律:君主听从逆耳之忠言,可以"救危国"而"致功",使国家"久福""寿安",使自己"功名久立"。所以,听取不合自己心意的忠言,应该是领导者必备的基本政治素质。当然,逆耳忠言虽出自忠臣,但要做到听从逆耳之忠言却也有赖于君主的贤明。听取逆耳之忠言,不仅需要听言者克服自以为是、爱听好话的人性弱点,而且需要听言者有高度的智慧来辨别言论之忠奸。如果君主不贤明,分不清是非曲直,那么奸臣就会得逞,忠臣就会被埋没,逆耳之忠言也就难以听到了。

第二,要做到"听无门户",兼听各方面的意见。君主听取忠言有赖于自己的明智。那么,听言者如何才能使自己明智呢?"听无门户"就是保证听言者明智的重要方法之一。《八说》说:"决诚以参,听无门户,故智者不得诈欺。"《内储说上》说:"听有门户,则臣壅塞。"《亡征》说:"听以爵不待参验,用一人为门户者,可亡也。"听言者应该广泛听取各方意见,而不能只听一面之辞,否则就会遭殃。这里特别应该注意的是,听一人之辞不行,但有时候听多人之辞也不行,因为有时候臣子会结成帮派、众口一辞来欺骗君主,有时候臣子会慑于君主或权臣的淫威而随声附和。在这种情况下,即使听了很多人的话,实际上等于听了一个人的话,这就听不到忠言真话了。《内储说上》所记载的事例明确地提醒君主:"听无门户"不能简单地理解为听很多人的意见,而应该理解为广开言路,听取各种不同的意见。只有这样,才能避免权臣一手遮天,而君主自己被蒙在鼓里的情形发生。

第三,听言后要用事实加以验证。《内储说上》说:"观听不参,则诚不闻。"《备内》说:"明王不举不参之事,不食非常之食;远听而近视以审内外之失,省同异之言以知朋党之分,偶叁伍之验以责陈言之实。"《八经》说:"听不参,则无以责下;言不督乎用,则邪说当上。言之为物也,以多信,不然之物,十人云'疑',百人'然乎',千人不可解也。"应该说,验证别人言论的真实性比"听无门户"更为重要。因为有时候即使听取了各方面的意见,也不一定能听到符合实际的真话,所以听言后还是用事实来检验一下为好。韩非所说的"不然之物,因为一千个人说有,就不能消除人们对它的相信",这道理至今看来仍未过时。否则,"谎言重复一千遍便会成为真理"的名言怎么还会有生命力呢?常言道:"耳听为虚,眼见为实。"其实,即使是亲眼见到的,也有可能是假象,更不用说只用耳朵听到的了,怎么能轻信呢?

第四,听言后要检验其功用实效。听言后用事实加以验证,固然是遏制空话、假话以获得实情的重要手段,但在有些时候,听到言论后并没有现成的事物可以拿来验证,那就应该使用韩非在《八经》中提出的办法——"督其用,课其功",也就是说,用其功用、实效来检验它。这种方法的本质,也就是通过实践来加以检验。应该说,用功效来检验言论的正确与否,既简单明了,又准确有效,所以《六反》说:"明主听其言必责其用,观其行必求其功,然则虚旧之学不谈、矜诬之行不饰矣。"

第五,要分清责任,逐一听取。如果"听不一,则后悖于前;后悖于前,则愚智不分"(《韩非子·八经》)。《内储说上》载:"齐宣王使人吹竽,必三百人。南郭处士请为王吹竽,宣王说之,廪食以数百人。宣王死,湣王立,好一一听之,处士逃。"从政治管理的角度来说,"一一听之"就是强调一种专人负责制,使各人对自己的意见负责。唯其如此,各人的政治才能、是非优劣才易确定,各人的积极性和责任心才能充分调动起来,办事才有成效。

第六,要不露声色,虚静以听。《扬榷》说:"听言之道,溶若甚醉。

唇乎齿乎,吾不为始乎;齿乎唇乎,愈惛惛乎。彼自离之,吾因以知之;是非辐凑,上不与构。"即听言时要假装糊涂,要若无其事地像喝得酩酊大醉似的,不要先开口;而且,臣子越是摇唇鼓舌、振振有词,君主越要装得糊里糊涂而不要参与其间,以便让臣子畅所欲言,分析论证自己的意见。这样,君主不但能听到各种不同的意见,而且能了解其底细,听到真话。之所以会有如此效果,是因为君主不露声色,群臣便无所凭借,即使是谄媚之臣,进言时也难以察言观色去迎合君主的想法,而只能发表自己的见解。由此看来,这种听言之道,乃是构筑"群言堂"的基石之一。当然,韩非所提倡的这种听言之道,不过是君主统治臣下的手段之一,与民主政治中的言论自由是不可同日而语的。但如果抛弃了其君主统治的一面,只利用它来营造一种宽松的议论局面,恐怕还是有值得借鉴之处的。应该进一步说明的是,君主听言时除了在表面上不露声色外,还应该在心中排除一切成见。《八经》所说的"不怀爱而听"就是这个意思。只有这样,君主才能公允地判断臣子言论的是非优劣。这也是韩非听言术的一个重要方面,值得重视。

　　以上所说的术,无论是形名术,还是用人术、听言术,其目的都在于指导君主如何充分发挥群臣在政治中的作用,以提高行政效率,巩固自己的统治。虽然其中有些主张不尽可取,但很多说法显然具有积极意义而值得借鉴。至于韩非从消极方面着眼而设计的防止君主统治权被破坏、被篡夺的治臣止奸之术,虽是那一时代政风的反映,但其阴暗卑劣之甚,不能不受到后人的非议。

　　在韩非看来,君臣的利益不同,臣下之所以为君主卖命,只是因为君主掌握了生杀大权。实际上,群臣时时在打君主的主意,损公以济私。因此,君主如果无术以治臣止奸,就会被劫弑。基于这样的认识,韩非对各种奸臣的行为作了深入的研究,同时煞费苦心地设计了各种治臣止奸的手段。这一系列察奸、防奸、禁奸、灭奸的手段,我们不妨称之为治奸术。

在《韩非子》中,有关奸臣奸术的论述十分丰富,如《主道》之"五壅",《八奸》之"八术",《孤愤》之"重人",《奸劫弑臣》之"擅主之臣",《备内》之"奸臣",《三守》之"三劫",《南面》之"诱于事""壅于言",《饰邪》之"败法之人",《内储说下》之"似类之事""参疑之势",《外储说右上》之"猛狗""社鼠",《难一》之"擅主之臣",《说疑》之"五奸",《八经》之"乱之所生六""五患"等,令人目不暇接。特别是"内储说""外储说"六篇,既有察奸、止奸手段的理论概括,又有很多具体的事例可供借鉴。限于篇幅,在此只能介绍其中的主要内容。而且,有些奸术及治奸之术,如敌国废置、众端参观、一听责下等,已在上文用人术、听言术中有所论述;还有一些治奸术如"必罚明威""信赏尽能"等,实属法治的范畴,已在上文执法措施中有所论及。这些内容,当然也不再赘述了。

韩非的治奸术内容丰富,其中不少阴谋权术显得阴暗卑劣,令人触目惊心,所以它是韩非学说中最受人非议的部分。不过,这些手段虽然是为君主设计的,但平心而论,它不但可以使我们深刻地认识封建统治阶级内部残酷的政治斗争,而且在对敌斗争中仍有某种借鉴意义,所以还是应该认真地读一读。从韩非纷繁的论述中,我们可把其治奸术的要领大致归纳为如下几个方面:

第一,不可信人,谨防暗算。《备内》说:"人主之患在于信人。信人,则制于人。人臣之于其君,非有骨肉之亲也,缚于势而不得不事也。故为人臣者,窥觇其君心也无须臾之休,而人主怠傲处其上,此世所以有劫君弑主也。为人主而大信其子,则奸臣得乘于子以成其私,故李兑傅赵王而饿主父。为人主而大信其妻,则奸臣得乘于妻以成其私,故优施傅丽姬杀申生而立奚齐。夫以妻之近与子之亲而犹不可信,则其余无可信者矣。"在韩非看来,就是亲近的妻子、儿子都会被奸臣利用而"不可信"，"则其余无可信者矣"。这是因为臣子与君主并无骨肉之亲，他们为君主效劳，只是由于君主手握生杀大权，他们一旦有了足够的力量或适当的机会，就会篡夺君位或杀死君主。如果再深入探究，则是因为人性自利。由于利益的驱使，人是什么事情都做得出来的，为君者如果不提高警惕，就难免会遭殃。除了"人性自利"这一理论武器外，韩非的上述观点还源于他对历史教训的总结，因为春秋战国时期臣子弑君、宫廷内乱的事情实在太多了。正如《备内》所引《桃左春秋》曰："人主之疾死者不能处半。"当然，韩非此说也不无偏颇之处，因为大臣弑君、后妃乱宫的事固然不少，但也并非全是这样。

第二，挟知而问、倒言反事来了解奸情。《内储说上》说："挟智而问，则不智者至；深智一物，众隐皆变。""倒言反事以尝所疑，则奸情得。"这是要君主拿自己已经知道的事去询问臣子，以考察臣子的诚信程度；说与本意相反的话、做与实情相反的事，去试探有疑问的事以获得奸情。《内储说上》举了不少事例来说明其论点，如："有相与讼者，子产离之而无使得通辞，倒其言以告而知之。"子产将案件的当事人隔离起来，使他们不能搞攻守同盟，然后把他们各自的话倒过来说给另一方听，以诱使其供出实情，可见古人对审讯技术已有相当研究。

第三，审察利害，侦破奸情。《内储说下》说："事起而有所利，其尸主；有所害，必反察之。是以明主之论也，国害则省其利者，臣害则察其反者。"凡奸臣行奸，总会有人得利，有人受害。如果细加分析，就能知道谁在捣鬼。这实是韩非人性自利的社会观在政治理论上的反映。既然人性自利，人们的一切社会活动都受到物质利益的支配，那么他们所有的言行就必然是为了使自己得利，或使那些妨碍自己得利的对手遭殃。从这一观点出发来观察人们的言行，就能比较容易地识破那些似乎隐蔽难见的阴谋诡计与奸言奸行了。

第四，奖励告奸，因人知人。《八经》说："与其用一人，不如用一国。"《难三》说:"不任典成之吏,不察参伍之政,不明度量,恃尽聪明、劳智虑而以知奸,不亦无术乎?且夫物众而智寡,寡不胜众,智不足以遍知物,故因物以治物。下众而上寡,寡不胜众者,言君不足以遍知臣也,故因人以知人。是以形体不劳而事治,智虑不用而奸得。"《奸劫弑臣》说:"是以国治而兵强,地广而主尊。此其所以然者,匿罪之罚重而告奸之赏厚也。此亦使天下必为己视听之道也。"靠国君一人来察奸毕竟有限,所以必须发动全国之人告奸。只有采取这种"因人以知人"的办法,才能"智虑不用而奸得"。相反,如果不依靠治安、司法部门,不依靠发动民众,全靠孤家寡人的智慧与能力,那么,即便使用了上面所说的挟知而问、倒言反事、审察利害等察奸手段,还是属于"无术"一类。

第五,疑诏诡使,使臣尽职。这是用来管理下属的权术,即利用使下属猜疑的命令和诡诈的差遣来使下属摸不透自己的安排,从而多加整饬,谨慎尽职。《内储说上》举了不少事例来说明这种手段,如:"庞敬,县令也。遣市者行,而召公大夫而还之。立以间,无以诏之,卒遣行。市者以为令与公大夫有言,不相信,以至无奸。"庞敬召回公大夫,虽然只让他站了一会儿而没有与他说什么,但别人却以为庞敬对公大夫另有秘密嘱托而不敢再为非作歹了。这种止奸之术,在于凭借自己的心计来离间臣下的关系,防止他们结党营私。

第六,及早发现奸情,及时加以消灭。《难三》说:"明君见小奸于微,故民无大谋;行小诛于细,故民无大乱。此谓'图难于其所易也,为大者于其所细也'。"韩非灵活地把《老子》第六十三章中"图难于其易,为大于其细"的原则发挥成了"见小奸于微""行小诛于细"的政治理论,这对政治实践无疑具有更为直接的指导意义。因为如果我们忽略"小奸"而任其发展,就会像《外储说右上》所说的那样,"行久而成积,积成而力多,力多而能杀",最后势必酿成大祸,处理起来就麻烦了。所以,对于奸邪,必须及早加以消灭,最好是"禁奸于未萌"(《韩非子·心度》)。

第七,对症下药,不择手段。上面谈了些具体的治奸术,限于篇幅,我们不可能再一一论列。所以,像《内储说上》提到的全面设防;《内储说下》提到的对同罪之人应斩尽杀绝,不能使臣下权势相当以免内乱;《难三》提到的不能只观察人们在公开场合的表现,而应该洞察臣下在背后的所作所为;《难四》提到的不要树敌过多,以免造成力不敌众的局面……只能留待读者去阅读原著了。在此,我们不妨作一提纲挈领的概括,即对待不同之"奸",韩非主张对症下药,采取不同的防治办法。其中《八经》的论述,更可以说是一个治奸术的总纲,其中论述的奸术很多,所提出的治奸之术更是令人毛骨悚然,甚至说:"生害事,死伤名,则行饮食;不然,而与其雠:此谓除阴奸也。"由此可见,为了除奸,韩非是主张不择手段的,明诛暗杀,无所不用。他在《孤愤》中还愤怒地揭露奸臣们使法术之士"不僇于吏诛,必死于私剑"。其实,封建统治者内部的斗争都是不择手段的,他们的行为同样卑劣。韩非的言论正可以使我们看清统治阶级内部这种勾心斗角、尔虞我诈的斗争实质。

第八,加强思想统治,禁绝邪恶之心。韩非主张"禁奸于未萌",但怎样才能做到这一点呢?他认为只能从狠抓思想统治着手,实行思想禁锢,禁绝邪恶之心,即《说疑》所说的"禁奸之法,太上禁其心"。至于上面提到的一些禁止邪恶言行的权术,在韩非看来,不过是一些低劣的勾当。这是因为思想上的统制,可以防患于未然,使人心服口服;言论上的禁绝,则只能达到使人敢怒不敢言、口服而心不服的地步;至于行事的禁止,那就只能使事态不再恶化下去,而难以控制思想与舆论了。那么,用什么方法来禁止邪恶的思想呢?韩非认为应该在实行法治的同时,注意端正社会的道德观念,即《五蠹》所说的"誉辅其赏,毁随其罚"。为此,韩非批判了很多他认为是不利于君主统治而只会助长邪恶的世俗观念。这些批判详见于《诡使》《六反》《八说》之中。应该说明的是，各个时代不同的统治集团由于代表着不同人群的利益而使各个时代的政治具有不同的内涵，因而其道德观念中指为"奸邪"的内容也不尽相同。但如果排除了这些具体内容的差异，那么韩非在注重赏罚的同时强调对社会道德观念的端正，就完全是正确的了。诚如《八经》所说："赏者有诽焉，不足以劝；罚者有誉焉，不足以禁。"物质奖励虽然是一种强化性的激励措施，但能激励人的不只是"利"，"名"同样能激励人。出于自尊的需要，人们会有较高层次的精神需求，所以毁誉同样可以成为有效的激励手段。搞政治管理的，应该从人的欲望与需求出发去利用各种激励手段，以控制、改变、塑造人的心灵和行为。

（四）韩非的势治学说

权势，《韩非子》中又称为"权""柄""势""威""势位""威势""势重"，都是指统治权而言，包括用人之权、赏罚之权等等。只有统治权掌握在手，才是真正的统治者，才能统驭民众，发号施令而令行禁止，才可"使人不得不爱我"，"使天下不得不为己视，使天下不得不为己听"（《韩非子·奸劫弑臣》）。可以说，有了权势就有了一切。如果没有权势，即使贤能，也不能服人，就像圣人孔子也只能在庸劣的鲁哀公面前俯首称臣（见《韩非子·五蠹》）。有鉴于此，韩非认为，为了保持自己尊贵的地位，为了治国安身，为了立功成名，君主必须牢牢掌握权势。为此，韩非全面地论述了权势的重要作用、权势的形成条件、掌权用势的方法以及丧失政权的原因等一系列问题，形成了他的势治学说，成为他政治学说中的一个重要组成部分，与其法治、术治学说鼎足而立。

在韩非看来，君主要掌握住权势，必须注意以下几个方面：

第一，君主要保持自己的独尊地位，莫使大臣过分显贵，以防大臣篡权。《扬榷》说："明君贵独道之容。""有道之君，不贵其臣；贵之富之，备将代之。""一家二贵，事乃无功。夫妻持政，子无适从。"《爱臣》说：

"爱臣太亲，必危其身；人臣太贵，必易主位。"君主应该树立独一无二、至高无上的权威，以这种权威来统治一切。一旦这种君尊臣卑的局面被打破，君主的地位就危险了。

第二，君主要利用法治、术治来巩固权势、用好权势。《八经》说："设法度以齐民，信赏罚以尽能，明诽誉以劝沮。名号、赏罚、法令三隅，故大臣有行则尊君，百姓有功则利上，此之谓有道之国也。"在韩非看来，贤能聪慧的与蠢笨不开窍的君主为数不多，大部分的君主都属中等资质。这些中等资质的君主只要能利用好"法度""赏罚""诽誉"，就能使臣民"尊君""利上"，这就是《难势》所谓的"抱法处势则治"。这种用法治来巩固自己权势的主张有一种循环往复的特点：君主抱法处势则臣民尊君利上，臣民尊君利上则君权稳固，君权稳固则更可以凭借法治使臣民尊君利上。如此往复，就可以达到上面所说的君权至高无上的境地了。当然，在巩固权势方面，单靠法治还不行，还应该利用术治。如《外储说右下》所说的"治吏不治民"，就是值得君主重视的用权原则。

第三，君主要独揽一切大权，既不可以把权势借给臣下使用，也不可以与臣下共同使用权势。《内储说下》说："权势不可以借人。上失其一，臣以为百。故臣得借，则力多；力多，则内外为用；内外为用，则人主壅。"权势是君主的命根子，是千万不能让臣下去使用的，什么权都得牢牢掌握在手中。《主道》说："臣闭其主，则主失位；臣制财利，则主失德；臣擅行令，则主失制；臣得行义，则主失明；臣得树人，则主失党。此人主之所以独擅也，非人臣之所以得操也。"可见，无论什么权落到臣子手中，对君主都是不利的，所以，听政权、用财权、号令权、教化权、用人权、赏罚权等至关重要的权力，君主都必须"独擅"而"不可以借人"。把权势借给臣下使用固然不行，与臣下共同使用也不行。《外储说右下》说："夫以王良、造父之巧，共辔而御，不能使马，人主安能与其臣共权以为治？"王良、造父不能共御，更何况君臣异利而异心，怎可以共权而治呢？舵手多了要翻船，共权而治，必然造成混乱的政治局面。这就是韩非主张君主"独擅"（独揽大权）的原因。

应该进一步说明的是，君权至高无上，臣民要无条件地服从，这只是韩非势治学说的一个方面。除此之外，韩非还冷静地透视了君主势位的成因。《功名》说："人主者，天下一力以共载之，故安；众同心以共立之，故尊。"这种权势取决于民众意志、来自臣民支持的政治理论无疑具有合理性。从这种认识出发，他十分强调君主对臣民的依赖关系，认为"人主之患在莫之应"，如果"位不载于世"，即使"德若尧、舜，行若伯夷"，也会"功不立，名不遂"。所以君主虽然和臣下"异使"，还是应该得到臣下的密切配合，只有"众人助之以力，近者结之以成，远者誉之以名，尊者载之以势"，才能建立丰功伟绩而英名永存（见《韩非子·功名》）。

总之，君主之权势为胜众之资，但君主之权势又来自众人的支持，这是韩非势治学说中不可或缺的两个方面。只有明白了君主与众人之间这种相互制约的关系，才能真正把握韩非的势治学说。

六、韩非思想的历史作用与现实意义

上面我们分门别类地介绍了韩非的主要思想。为了达到君主独揽大权的目的，韩非主张将法、术、势结合起来。没有法治，术治与势治就会受到妨碍，因为没有一个统一的行为准则，赏罚就无所适从，奸臣就会钻空子，术治就难以应付，国家就会混乱，君主的权势也就不能巩固。没有术治，法治会被破坏，君主的权势会被篡夺。没有势，就是亡国，哪里还谈得上法治、术治呢？只有法、术、势相依而治，才能使"明君无为于上，群臣竦惧乎下。……臣有其劳，君有其成功"（《韩非子·主道》），"超五帝，侔三王"（《韩非子·五蠹》），建立君主集权制度。这在当今民主政治成为发展总趋势的情况下，显然是应该批判的东西，但在当时是符合历史要求的。

韩非的业绩，首先就在于他能顺应历史潮流，综合百家学说，提出一套完整的君主专制的政治理论。这种理论，受到了秦王政的推崇。秦王朝的建立，固然是由各种复杂的社会因素的合力所促成，但韩非的政治思想，无疑是一个极为重要的因素。我们完全可以说，是韩非的思想加速了封建贵族制的崩溃与君主集权制统一大国的建立，使中国的历史发生了一个划时代的转变。因此，韩非的思想是时代的产物，又极大地影响了那个时代，加速了历史的进程。

其次，韩非的思想不仅主宰了有秦一代，而且也实际主宰了秦朝以来的整个君主统治时期。汉初黄老思想的流行，无疑与韩非思想有关。即使汉武帝将儒家思想定于一尊，但实际施行的仍是王、霸杂糅的政治策略。更由于历代的政治体制基本上都是君主集权制，所以，韩非的思想体系并没有过时，它始终是历代帝王政治的筋骨。周孔教《重刻〈韩非子〉序》说："韩非子之书，世多以惨刻摈之。然三代而降，操其术而治者十九。"这真正道出了历史的实情！只不过历代统治者觉得韩非赤裸裸的强权政治理论与毫无掩饰的权术学说难以张扬，所以大都只是"走私式"地利用韩非的理论罢了。这一点，赵用贤在《韩非子书序》中说得很明白："三代而后，申、韩之说常胜。世之言治者，操其术而恒讳其迹。予以为彼其尽绌圣贤之旨，而独能以其说击排诋訾，历千百年而不废，盖必有所以为《韩非子》者在矣。"毛泽东说得更是简明扼要："其教孔孟者，其法亦必申韩。"⑬应该说，自汉至清的中国政治思想都是王霸杂糅、外儒内法的，历代封建统治者都以孔孟之道来润色政治，而真正用来支撑政治的仍然是韩非的思想。现在研究中国传统文化的学者，往往只谈儒家思想，那是不够全面的。

当然，韩非的思想也不无缺陷，如鼓吹独裁、尊君抑民、无视人权、排斥百家、禁绝思想自由。在他的思想里，没有一点民主的影子。要说人权、人格，只有君主才有。其他的人只有为君主效劳卖命的义务，只有做君主驯服工具的资格：或者去做牛马为君主种田，或者去做猎犬为君主打仗，或者去做走狗向君主告奸。总之，一切人格、个性都必须熔铸到君欲之中。

韩非的思想尽管有种种缺陷，但它对中国历史的巨大作用与影响，却是任何人都无法否认的。诚然，韩非的思想不仅仅具有历史价值，主宰了整个封建社会，而且具有现实意义。如韩非唯物的宇宙观，发展的历史观，重视实力、实利的社会观，以及在此基础上产生的某些政治观，诸如以法治国的法治思想、"事异则备变"的改革思想、富国强兵的策略思想，都有不少合理的因素值得我们借鉴。

七、本书编纂说明

作为一本普及中华传统文化的读本，我们不可能将《韩非子》中的丰富内容详尽地介绍给读者，而只能撷取其中最具有代表性、最具启迪作用的篇章，既阐明其真正的学术内涵，以消除某些误读与曲解；又进行一些必要的现代解读，以凸显人类智慧与社会经验的普适性。这样做的目的，首先是为了使广大读者能准确而便捷地了解《韩非子》的主要内容，其次也是为了使当今的领导者、管理者能从中汲取政治管理方面的经验与方法，而从更广阔的文化视野来说，此举则是在为中华传统文化走向世界尽一份绵薄之力。

限于篇幅，我们选取了《韩非子》中的十八篇进行现代性解读，而对其中有些篇章的内容还作了删节。当然，这种删节并不会消减阅读时的整体感，因为这些篇中的章节具有相对的独立性。

由于以前很多版本《韩非子》文多讹误，所以我在《韩非子》的善本汇校方面下了不少功夫，本书之原文即以我汇校善本、择善而从的最终校勘成果《韩非子校疏析论》（知识产权出版社 2018 年 4 月第 3 版）为底本，不同的只是将原有的繁体字和异体字转换成了当今通行的规范简体字而已。本书对《韩非子》各版本之间的原文异同，一概略而不论。读者如果想了解《韩非子》各善本文字之异同，以及有关《韩非子》的诸多学术问题，可参阅拙著《韩非子校疏析论》。

"中华传统文化百部经典"设定的受众对象是中等文化水平以上的读者，为此，本书注释力求详尽周备，畅达易懂，也不避必要的重出。对稍难理解的句子或语段均作串讲。对某些容易误解或不易深刻理解的句子或语段，则在串讲之外作进一步的解释，以便读者能透彻地理解它的原意。对于古籍史料的引用，也采取转述的方式，一般不直接引录古籍原文。

为了节省篇幅，本书注释不作繁琐的考证，也不标明其来源。另外，对于较长的注释，若有重复的必要，则采用参见的方法以节约篇幅。

每篇后的点评，旨在帮助读者掌握该篇要领。它实际上是导读部分的一种延伸，是导读部分与选注部分得以结合的桥梁，所以力求与导读部分相互照应，以期收到相辅相成的效果。由于篇中已有详细的注释，所以在点评部分大多直接引用原文，以免冗长。

此外，本书审订者蒋重跃、梁涛、高华平三位教授对初稿提出了不少有益的修改意见，中华百部经典编纂办公室牛淑娟女士和国家图书馆出版社于春媚女士也为约稿与编辑耗费了不少精力，在此一并致以衷心的谢意！

学无止境，书中如有不当之处，尚望海内外有识之士不吝赐教，以便再版时修正，从而使本书在普及中华传统文化方面发挥更大更好的作用。

张 觉

2018 年 5 月 13 日于太仓浏家港

① 参见钱穆《先秦诸子系年》。
② 参见陈千钧《韩非新传》。
③ 此用陈千钧《韩非新传》之说。
④ 参见陈千钧《韩非新传》。
⑤ 参见《韩非子·问田》。
⑥ 见《史记·老子韩非列传》。
⑦ 见《战国策·秦策五》。
⑧ 见《史记·老子韩非列传》。
⑨ 见《史记·李斯列传》。
⑩ 见《孔丛子·答问》。
⑪ 参见拙著《韩非子考论》第二章第一节。
⑫ 见胡适《中国哲学史大纲》卷上,"北京大学丛书"本,1919年5月再版,第365—366页。
⑬ 见中共中央文献研究室编《毛泽东读文史古籍批语集》,中央文献出版社1993年11月版,第344页。

韩非子

主道第五

道者[1]，万物之始[2]，是非之纪也[3]。是以明君守始以知万物之源[4]，治纪以知善败之端[5]。故虚静以待令[6]，令名自命也[7]，令事自定也[8]。虚则知实之情[9]，静则知动者正[10]。有言者自为名[11]，有事者自为形[12]；形名参同[13]，君乃无事焉[14]，归之其情[15]。故曰：君无见其所欲[16]，君见其所欲，臣自将雕琢[17]；君无见其意，君见其意，臣将自表异[18]。故曰：去好去

古代臣子的命运往往操纵在君主手中，所以他们会察言观色，力求迎合君主的意图，以便获得君主的好感而谋得私利。君主不露爱憎，臣子就摸不透其心思，就无法弄虚作假。这是有权者防止被"马屁精"欺骗迷惑的好办法。

恶[19]，臣乃见素[20]；去旧去智[21]，臣乃自备[22]。

[**注释**]

[1]道：韩非所说的道，有两种含义。此处的"道"是哲学意义上的"道"，指天地万物的普遍法则，也就是整个宇宙发展的客观规律，它是产生天地万物的总根源。下文四个"道"以及篇名中的"道"，是政治学意义上的"道"，指君主的统治术，即君主控制和使用群臣的策略、手段。如果从政治哲学或形式逻辑的角度来说，其政治学意义上的"道"为种概念，哲学意义上的"道"为属概念，这两个概念具有从属关系，"主道"从属于"道"，所以韩非在此强调指出，"明君"必遵循这个"道"来了解"万物之源"和"善败之端"。　[2]始：开始，本原。道家认为，道是产生天地万物的总根源。　[3]纪：纪纲，法度，准则。　[4]是以：因此。守始以知万物之源：遵循着这个本原来了解万物的由来。守，遵循，遵守。源，根源。　[5]这句是说：研究这个准则来了解善恶成败的起因。治，研究。端，开头。　[6]虚静以待令：用虚静的态度来对待（一切事物）。虚，空虚，指心里没有成见。静，安静，指行动不急躁，一切都按法办事。韩非所说的"虚静"，借用了道家"虚静"的说法而注入了新的内容，所以与道家常说的"虚静"含义不同。道家所说的"虚静"，是指空虚寂静，没有形体，没有声音，无思无欲。令：衍文。　[7]这句是说：使名称按照它自己所反映的内容自己来加以命名，指不要人为地去命名。其言外之意是：君主不要说话，让进说的人来说话。令，使。命，取名。　[8]这句是说：使事情按照它自己所具有的性质自己来确定内容，指不要人为地干预事情的自然发展。其言外之意是：君主不要去确定事情该怎么做，而让做事的人自己去确定该怎么做。定，确定。　[9]这句是说：没有成见，就能了解事物的真相。

实，事实，指外界客观事物，也兼指人们的内在本质。情，内情，真相。　[10] 这句是说：安静不急躁，就能了解行动的常规。动，行动。正，准则，规律。　[11] 这句是说：让进说的人自己来发表意见。言外之意是：君主不要事先说话而规定言路。有言者，发表言论的人。名，名称，这里指发表的言论。　[12] 这句是说：让办事的人自己来做事。言外之意是：君主不要事先规定他该怎么做。有事者，做事的人。形，形状，情形，此指事情。　[13] 这句是说：君主只要拿臣下做的事和他发表的言论互相对比验证，看是否互相契合。参，检验，验证。同，会合，指把它们放在一起加以对比，看是否相同。形名参同，即所谓的"形名术"，可参见本书"导读"第五节第（三）小节及《二柄》注。　[14] 焉：于之，即在这里，在具体的说话和做事方面。　[15] 这句是说：（臣下）使言行归向真实。归，回归，这里是使动用法，使……回归。之，它们，指臣下发表的意见与所做的事情。情，真实。　[16] 无：通"毋"，不要。见（xiàn）：同"现"，表现。　[17] 这句是说：臣下将修饰自己的言行（来迎合君主的欲望）。雕琢，雕刻加工，引申为言语行为上的修饰。　[18] 表：表现。异：指异常的才能。　[19] 好（hào）：喜爱。恶（wù）：憎恶。　[20] 见（xiàn）：同"现"，表现，露出。素：通"愫"，真情。君主不露爱憎，臣下就不能投其所好，只能老老实实地说真话、办实事，所以说"去好去恶，臣乃见素"。　[21] 去旧去智：去掉智巧。这是为了保证法治的客观性和稳定性，使法的实施不因为君主的随心所欲而受到干扰。旧，故，"故"在古代有巧的意思，指技巧、伪诈，与"智"意义相近。智，智慧。　[22] 臣乃自备：臣下就自己防范自己。君主不用智巧，一切都按法办事，那么臣下也就用不着再去防范君主，去窥测君主的意向，而只要依据法的规定自己防范自己就行了，所以说"去旧去智，臣乃自备"。备，防备，慎重对待。

韩非的无为思想虽然源于老子，却又不同于老子。他的无为，并不是放任臣民去"自化""自正"，而是法制控制中的无为，即君主在臣民依法办事的情况下不再去干涉他们。这样，臣民在遵纪守法的情况下获得了高度的自由。但如果触犯了法令，则君主并非无为，而必将进行重罚。因此，群臣会"竦惧乎下"。

故有智而不以虑[1]，使万物知其处[2]；有行而不以贤[3]，观臣下之所因[4]；有勇而不以怒[5]，使群臣尽其武[6]。是故去智而有明[7]，去贤而有功[8]，去勇而有强[9]。群臣守职，百官有常[10]；因能而使之[11]，是谓习常[12]。故曰：寂乎其无位而处[13]，漻乎莫得其所[14]。明君无为于上[15]，群臣竦惧乎下[16]。

[注释]

[1]这句是说：所以君主有了智慧也不用它来谋划事情（一切依法办事）。　[2]这句是说：使众人都了解到他们各自的处所。这是指让群臣各处本分，这样，整个社会就秩序井然、有条不紊了。万物，众人，各类人等，这里指群臣。　[3]这句应该理解为"有贤而不以行"。意思是：君主有了德才也不用它来做事。君主这样做，是为了使臣下无法凭借君主的贤能来骗欺君主。贤，贤能，有道德有才能。　[4]这句是说：用它来观察臣下立身行事的依据。因，依照，根据。　[5]这句是说：君主有了勇力也不用来逞强。怒，通"努"，尽力，奋发。　[6]尽：全部用出。武：勇力。　[7]是故：所以。去智而有明：君主不用自己的智慧（一切依法办事），就有了明智。　[8]这句是说：不用自己的德才（而使臣下各尽其能），就有了功业。　[9]这句是说：不用自己的勇力（而用天下人的勇力），就有了国家的强盛。　[10]常：常规，经久性的规范。　[11]因：根据。能：能力，才能。使：使用。　[12]习常：遵循永恒的规范。习，通"袭"，沿袭，因

循。　[13]这句是说：是多么寂静啊，君主没有把自己放在尊贵的君位上。乎，语气词。　[14]这句是说：是多么寥廓啊，臣下没有哪一个能知道君主的处所。漻，通"寥"，空廓，空虚，没有形体。　[15]明：圣明，英明，明智。无为：无所作为。韩非所说的"无为"，继承了老子的无为思想，又有所发展。老子所谓的"无为"，指不做故意的人为努力，不强行干预，即排除故意的人为因素而一切因顺自然。韩非继承了这一基本思想，又注入了自己的法术思想。韩非所谓的"无为"是一种治理臣民的方法，其含义是排除故意的人为因素（如个人的智巧和主观成见等），不作强行的人为努力。具体而言，其哲学上的含义，是指一切行动顺应自然，不主观地去做违反客观规律的事；其政治学上的含义，是指君臣一切依法办事，不用智慧去干扰法治，君主不暴露自己的才能、好恶，以免让臣下有所凭借而影响了正常的统治。　[16]竦（sǒng）：通"悚"，恐惧。乎：于，在。君主无为，既不用智虑，又不表示好恶，臣下捉摸不透君主的心意，所以都诚惶诚恐地履行自己的职责而不敢为非作歹，这就是韩非所说的无为而治。

　　明君之道[1]：使智者尽其虑，而君因以断事[2]，故君不穷于智[3]；贤者敕其材[4]，君因而任之[5]，故君不穷于能；有功则君有其贤，有过则臣任其罪[6]，故君不穷于名[7]。是故不贤而为贤者师[8]，不智而为智者正[9]。臣有其劳，君有其成功[10]，此之谓贤主之经也[11]。

韩非提倡"无为"，并不是真要君主什么都不做，而是要君主只治人，不治事，充分利用他人的聪明才智去建立功业。这其实也是所有政治家应该具备的基本素质。如果不能利用别人的力量而只能依靠自己的力量，那绝不是什么政治家，而只是孤家寡人而已。

[注释]

[1]道：统治术，统治臣民的方法。　[2]因：依靠，根据。断：判断，决断，裁决。　[3]穷：穷尽。君主依靠臣下的智慧来决断事情，所以他在智慧方面不会穷尽。　[4]"贤者"承上省去了"使"字。敕（chì）：通"饬"，整顿，整治。材：通"才"，才干。君主使贤能的人锻炼才干，是为了使他们为自己效劳。　[5]任：任用。　[6]任：承担，担负。　[7]这句是说：所以君主在名誉方面也不会不如意。穷，不得志。名，名誉，声誉。　[8]这句是说：所以不贤的君主可以做贤人的老师。　[9]这句是说：不聪明的君主可以做聪明人的君长。正，君长。　[10]成：成功。功：和上下文不押韵，是衍文。　[11]经：常规，永恒的法规，常用的原则。

> 秘密性是韩非术治学说的重要特征之一，韩非因此而为人诟病。诚然，在政治斗争中少不了深藏不露、不动声色的谋划。明争与暗斗，应是政治斗争中不可或缺的两个方面。如果不懂得这个道理，就会在政治斗争中处于劣势甚至丧失政权。

道在不可见[1]，用在不可知[2]。虚静无事，以暗见疵[3]；见而不见，闻而不闻，知而不知[4]。知其言以往[5]，勿变勿更[6]，以参合阅焉[7]。官有一人[8]，勿令通言，则万物皆尽[9]。

[注释]

[1]这句是说：君主的统治术在于隐蔽，使臣下无法测度。道，统治术，君主的统治方法。不可见，不可能被（臣下）看见。　[2]这句是说：术的运用在于变幻莫测，使臣下不能了解。用，指术的使用。不可知，不可能被（臣下）知道。　[3]这句是说：从暗地里来观察臣下的过错。疵，小毛病。　[4]"见而不见"三句是说：看见了好像没看见，听见了好像没听见，知道了好像不

知道。这就是上面所说的"虚静无事"。而，如，好像。　[5]其言：指臣下的意见。以往：以后。　[6]这句是说：别去变更（臣下的主张）。　[7]参合：即上文的"参同"，是把言与行放在一起对比验证的一种考察方法。阅：检阅，考察。　[8]这句是说：每个官职只配置一个人。官，官职，官位。　[9]"勿令通言"二句是说：不要让他们互相通气，否则一切事情都会暴露无遗。令：使，让。尽，穷尽，指完全暴露出来。

函其迹[1]，匿其端[2]，下不能原[3]；去其智，绝其能[4]，下不能意[5]。保吾所以往而稽同之[6]，谨执其柄而固握之[7]。绝其能望[8]，破其意[9]，毋使人欲之[10]。不谨其闭[11]，不固其门，虎乃将存[12]。不慎其事，不掩其情，贼乃将生。弑其主[13]，代其所[14]，人莫不与[15]，故谓之虎。处其主之侧，为奸臣，闻其主之忒[16]，故谓之贼。散其党，收其余[17]，闭其门，夺其辅[18]，国乃无虎。大不可量，深不可测[19]，同合刑名[20]，审验法式[21]，擅为者诛[22]，国乃无贼。

奸臣或罪犯的产生，既取决于其内因，但防范的疏漏也是不可忽视的重要因素。

[注释]

[1]这句是说：君主掩盖自己的行迹。函，包容，包含。此处指掩盖，覆盖。其，指君主的。下面五个"其"同此。　[2]匿：

隐藏。端：开头，头绪。此处指念头。　[3]下：指臣下。原：推原，推测。　[4]绝：断绝，抛弃。能：才能。　[5]意：意料，测度。　[6]这句是说：君主要记住以往听到的臣子言论去考核检验他们。保，守住，与上文之"勿变勿更"相应。所以往，与上文之"知其言以往"相应，指以往所知之言。稽同，即上文的"参合"。稽，考核，验证。　[7]谨：谨慎。柄：权柄。固：牢固。　[8]绝其能：指君主抛弃自己的才能。其，参见注[1]。望：衍文。　[9]破其意：破除臣下对君主的测度。　[10]毋：不要。欲：贪求。之：指君主的权柄。　[11]谨：严，严格。闭：关，防守。　[12]虎：比喻杀害君主、篡夺政权的奸臣。　[13]弑(shì)：古代把臣杀君、子杀父叫做"弑"。　[14]代其所：取代君主的地位。所，处所，指君位。　[15]与：结交，亲附。　[16]闻：是"间(jiàn)"的误字。间，窥伺，侦察。忒(tè)：差错，过失。　[17]收：收拾。其余：奸臣的余党。余，残渣余孽。　[18]其辅：奸臣的帮凶。辅，辅助，辅佐。　[19]"大不可量"二句指君主的统治术大到不可以度量，深得不可以探测。　[20]同合刑名：即前文的"形名参同"。同合，会同，审核，指把形名放在一起比较考察，看是否相合。刑，通"形"。　[21]这句是说：审查和检验法规的实施情况。法式，法规。　[22]擅：擅自，自作主张。为：做，指胡作非为。诛：惩罚。

是故人主有五壅[1]：臣闭其主曰壅[2]，臣制财利曰壅[3]，臣擅行令曰壅，臣得行义曰壅[4]，臣得树人曰壅[5]。臣闭其主，则主失位[6]；臣制财利，则主失德[7]；臣擅行令，则主失制[8]；臣得行义，则主失明[9]；臣得树人，则主失党。此人主之所以独擅也[10]，非人臣之所以得操也[11]。

> 一言以蔽之，行政权、财政权、制令权、福利权、用人权，都是至关重要的权力，当权者必须牢牢掌握在手中。当权者"失位"就成了平民，"失德"就没了资本，"失制"就不能指使人，"失明""失党"就成了孤家寡人。所以，当权者一定要掌握这些大权。

[注释]

[1] 壅：堵塞，隔绝，蒙蔽。　[2] 闭：封闭。　[3] 制：控制。财：财物。利：利益。　[4] 行义：施行仁义，指擅自给人好处，如施舍财物、赦免罪犯等。　[5] 树人：指扶植私人党羽。树，扶持，培养。　[6] 臣下把君主封闭在外而不让君主处理政事，君主的地位就如同虚设，所以说"主失位"。　[7] 德：奖赏的大权。参见《二柄》。臣下控制了奖赏用的财物，所以说"主失德"。　[8] 制：诏，君主的命令。　[9] 明：通"萌""氓"，老百姓，民众。　[10] 擅：拥有，据有。　[11] 操：把持，掌握。

人主之道，静退以为宝[1]。不自操事而知拙与巧[2]，不自计虑而知福与咎[3]。是以不言而善应[4]，不约而善增[5]。言已应，则执其契[6]；事已增，则操其符[7]。符契之所合，赏罚之所生也[8]。故群臣陈其言[9]，君以其言授其事，事以责其功[10]。功当其事[11]，事当其言，则赏；功不当其事，事不当其言，则诛。明君之道，臣不得陈言而不当。

> 根据实绩与言论是否相合来进行赏罚，臣下就会讲真话，办实事，忠于职守，而不会弄虚作假了。

[注释]

[1] 静退以为宝：即"以静退为宝"，把安静退让作为宝贵的方法。退，退让，指不为人先、不抛头露面。　[2] "不自操事"句是说：不亲自操劳事务，并不是不管事，而是静退在后，让臣下去操劳，君主自己只是用形名参同的方法加以检验，由此君主就能知道臣下办事是笨拙还是灵巧了。　[3] 不自计虑而知福与咎：君主不亲自谋划，而让臣下去考虑，自己只用形名参同的方法去考察，所以能知道臣下的计谋会得福，还是会得祸。咎，失误，祸患。　[4] 不言而善应：指君主不说话，但臣下却能用很好的意见来报答君主的不说话。　[5] 不约而善增：指君主对臣下的事情虽然不作硬性规定，但臣下却能用很好的技能来增加做事的功效。约，约束。增，增益，增加。　[6] "言已应"二句是说：臣下的言论已经汇报上来，君主就把它当作契握在手中（准备以后验证时使用）。契，券，是古代的一种凭证。古人在竹简或木简上刻字，刻好后剖为两半，双方各留一半，验证时将两半相合，看是否契合。　[7] "事已增"二句是说：臣下做的事已经增加了功效，君主就把它当作符拿在手里（准备以后验证时使用）。符，信符，古代国君命官封爵或调兵遣将时用的凭证，用竹、木、铜、玉等材料制成，上面刻有文字，刻好后剖成两半，君臣双方各执一半，验证时将两半相合，看是否符合，以辨真假。　[8] "符契之所合"二句是说：符契相合的地方，就是赏罚产生的地方。也就是说，符契是否相互吻合，是赏罚的依据。　[9] 陈：陈述，说出。　[10] "君以其言授其事"二句是说：君主根据他们的意见分别给他们职事，然后根据他们的职事来责求他们的成绩。"事以责其功"即"以事责其功"，"事"是"以"的前置宾语。责，责求，要求。功，成绩，功效。　[11] 当（dàng）：符合，相当。

是故明君之行赏也，暧乎如时雨[1]，百姓利其泽[2]；其行罚也，畏乎如雷霆[3]，神圣不能解也[4]。故明君无偷赏[5]，无赦罚[6]。赏偷，则功臣堕其业[7]；赦罚，则奸臣易为非。是故诚有功[8]，则虽疏贱必赏[9]；诚有过，则虽近爱必诛[10]。疏贱必赏，近爱必诛，则疏贱者不怠，而近爱者不骄也[11]。

赏罚时一律以功过为依据，而不因亲疏贵贱来区别对待的做法，反映了在法律面前人人平等的思想，它对于打破贵族特权具有重要意义。惟其如此，才能使所有人都追求立功而不敢犯罪。

[**注释**]

[1]暧(ài)乎如时雨：形容君主施行奖赏，充沛得就像及时雨。暧，浓云遮盖的样子，形容雨水充沛，比喻奖赏优厚。时雨，及时的雨。　[2]利：贪图。泽：恩泽，恩惠。　[3]畏乎如雷霆：威严啊，像雷霆一样。畏，通"威"，威严。　[4]神圣：神明。解：免除。神圣不能解，即下文的"明君……无赦罚"。　[5]偷赏：胡乱地赏赐，指不合法的赏赐。偷，苟且，随便。　[6]赦：赦免。　[7]堕：通"惰"，懈怠。业：事业。随便施行赏赐，可使人不劳而获，人们也就不会再努力去建功立业了。　[8]诚：确实，的确。　[9]疏：疏远，不亲近。贱：卑贱，指地位低。　[10]近：亲近。爱：宠爱。　[11]骄：骄横，放纵。

[**点评**]

本文论述君主的道术，所以题为"主道"。它主要论述了君主统治臣民的基本原则。

韩非认为，君主应该掌握反映社会规律的"道"，利用"道"来"知万物之源","知善败之端"。这种具有哲学意味的论述所包含的政治含义是:君主掌握了这种统治之"道",就能"不自操事而知拙与巧,不自计虑而知福与咎",就可以使"群臣守职,百官有常",各尽其能。

文章较为详细地论述了这种治臣之"道"的主要内容——虚静无为。韩非认为,君主应该"有智而不以虑""有行而不以贤""有勇而不以怒",应该一切依靠臣子,即用智者之虑来断事,用贤者之材来办事,用勇者之力来致强。这样,"有功则君有其贤,有过则臣任其罪",是"臣有其劳,君有其成功"。由此可见,韩非的无为思想首先是一种君主充分利用臣子的政治原则。此外,他的无为思想还包含着一个重要内容,即君主不暴露自己的欲望和见解,"见而不见,闻而不闻,知而不知",这样,臣下就无法算计君主。这显然是一种驾驭臣下的权术,是对道家神秘莫测的道术思想的一种发挥和利用。

其次,韩非认为君主应该对臣下进行严格的考核,实行严格的赏罚。韩非宣扬虚静无为,并不是要君主什么事都不做,而只是要君主"虚静以待",使"有言者自为名,有事者自为形",然后"君以其言授其事,事以责其功",这就是所谓的"刑名术",是韩非极力提倡的一种考核方法。韩非认为,通过这样的考核,臣子的功过就明确了,赏罚也就容易进行了,即"功当其事,事当其言,则赏;功不当其事,事不当其言,则诛"。在这里,韩非特别强调了严格的赏罚制度,他要求君主"无偷赏,无赦罚""诚有功,则虽疏贱必赏;诚有过,则虽近爱必诛"。只有这样，才能使"疏贱者不怠，而近爱者不骄"。这种严格执法的思想无疑是可贵的。

此外，韩非还强调了君主专制的重要性。他认为，君主应该牢牢掌握各种大权，不能让臣下"闭其主""制财利""擅行令""行义""树人"。否则，君主就危险了。

由此可见，本文不但充分体现了韩非的术治思想，还涉及到其法治思想与势治思想。更为重要的是，韩非在文章中还突出地阐明了君主统治术的理论来源和哲学基础。从文章中我们可以看出，他扬弃了老子的哲学思想，把老子哲学思想中最为核心的"道""虚静"等改造成了法家的政治思想原则。老子所说的道，是一种先于天地而存在的假想实体，它是产生天地万物的总根源。韩非从这一点加以引发，认为道既然产生万物，那么道也就是判定万物是非的准则，这一准则在政治生活中的反映，就是顺自然之道而立的反映社会现实要求的常规法纪。韩非主张法治，其哲学基础就在于此。老子宣扬道，是主张一切听凭自然，让社会自然地发展，反对人们对社会的强行干涉，所以宣扬虚静无为的处世哲学。韩非则把道家放任而无法度的虚静无为，发挥成为一切以法度为准则而不去扰乱法治的统治手段。

总之，此文较为全面地体现了韩非的政治思想与哲学思想，是一篇短小精悍的代表作。

有度第六（节录）

国家的强盛取决于方方面面，如政治策略、外交活动、战略战术等，而最关键的因素还是在搞好内政。要搞好内政，首先必须抓法治。韩非特别强调法治对于国家强弱的决定性作用，此乃法家本色。

国无常强[1]，无常弱。奉法者强[2]，则国强；奉法者弱[3]，则国弱[4]。

[注释]

[1]常：永久的。 [2]奉法者：奉行法度的君主。强：有力，指坚决依法办事，不顾私情。 [3]弱：软弱，无力，指实行法治不坚决。 [4]此下删去了"荆庄王并国二十六"至"乱弱甚矣"一段有关史事的述评。

故当今之时，能去私曲就公法者[1]，民安而国治；能去私行行公法者[2]，则兵强而敌弱。故审得失有法度之制者加以群臣之上[3]，则主不可欺以诈伪[4]；审得失有权衡之称者以听远事[5]，则主不可欺以天下之轻重[6]。

[注释]

[1] 去私曲就公法者：除去臣下谋取私利的歪门邪道，而追求实施国法的国家。《韩非子》中，"私"指臣下的、个人的，与"家""臣"相应；"公"指国家的、君主的，与"国""君"相应。曲，不正直，奸邪。就，靠近，趋向。　[2] 私行：臣下图谋私利的行为。　[3] 审得失有法度之制者：指审察是非得失时有法度的规定作为依据的君主。审，审察。制，制度，规章，规定，与"法度"意义相同。加：凌驾。以：介词，在。　[4] 这句是说：那么君主就不可能被臣下的狡诈虚伪所欺骗。　[5] 这句是说：审察是非得失时有秤（法度）作为标准的君主来听取远方的事情。权，秤锤。衡，秤杆。权衡，秤，比喻法度。称（chèng），同"秤"，与"权衡"意义相同，比喻法度。　[6] 轻重：比喻事情的真假。君主有秤（法度）作为标准，一衡量就可以知道是轻是重，所以说"不可欺以天下之轻重"。

今若以誉进能[1]，则臣离上而下比周[2]；若以党举官[3]，则民务交而不求用于法[4]。故官之失能者其国乱[5]。以誉为赏、以毁为罚也[6]，则好赏恶罚之人[7]，释公行[8]，行私术[9]，比周以相为也[10]。忘主外交[11]，以进其与[12]，则其下所以为上者薄矣[13]。交众、与多[14]，外内朋党[15]，虽有大过[16]，其蔽多矣[17]。故忠臣危死

政治的关键问题是用人，而能得到什么样的人又取决于采取什么样的方法来选拔。如果根据大臣的赞誉来选拔人，那就只能得到靠吹捧来巴结大臣的政客；如果根据朋党关系来选拔人，那就只能得到与大臣紧密勾结的私党；如果凭自己的感觉来选拔人，那就只能得到阿谀奉迎、投自己所好的人。这些人其实只有歪才而没有真正的德才。

于非罪，奸邪之臣安利于无功[18]。忠臣之所以危死而不以其罪[19]，则良臣伏矣[20]；奸邪之臣安利不以功，则奸臣进矣[21]。此亡之本也[22]。若是[23]，则群臣废法而行私重、轻公法矣[24]。数至能人之门[25]，不壹至主之廷[26]；百虑私家之便[27]，不壹图主之国[28]。属数虽多[29]，非所尊君也[30]；百官虽具[31]，非所以任国也[32]。然则主有人主之名[33]，而实托于群臣之家也[34]。

[注释]

[1] 以：凭借，根据。誉：声誉，名声。进：晋升，提拔。能：有能力的人，人才，但这里不是指真正的人才，因为靠名声选拔的人，其声誉往往是臣下互相吹捧造成的，这种人往往不是真正有才能的人，所以下文说这是"失能"。 [2] 离：背离。上：指君主。比周：勾结。群臣在下面互相勾结，是为了互相吹捧来博取名誉，从而得到君主的提拔。 [3] 党：朋党。举：推举。官：官吏。 [4] 务：从事，致力于。交：结交，结党，勾结。用于法：在合法中进用，即凭自己的功劳得到进用。 [5] 能：能力，才能。失能，失去了才能这一标准。官之失能即任命官吏不拿才能作为标准。这一句的意思承接上面几句而来，是对上面几句的总结，说明选拔人才、推举官吏只根据声誉与朋党关系而不根据才能，那么臣子就会在下面互相勾结、为非作歹而不依法求得进用，这样，国家就会混乱。 [6] 以毁为罚：用诋毁的坏话作为处罚的依据。毁，诋毁，毁谤。 [7] 好（hào）：喜

欢。恶（wù）：厌恶。　[8] 释：抛弃，丢掉。公行：国家的法度。行，道，指法度。　[9] 行私术：干谋私的勾当，耍手段，施阴谋。　[10] 相为：我为你，你为我，即互相帮助照顾，这里指相互之间包庇利用。　[11] 忘主外交：忘记了君主的利益而在朝廷外面私下结交党羽。外，指朝廷外面。　[12] 进：推荐，进用。与：党与，党羽。　[13] 薄：少。由于奸臣不顾君主的利益而私下结交，进用他们的党羽，官职都被这些奸臣占了，所以臣下替君主着想和尽力的地方就少了。　[14] 交众：结交广泛。与多：党羽众多。　[15] 外：朝廷外面。内：朝廷内部。朋党：结成私党。　[16] 过：罪过。　[17] 其：指结交党羽、犯有大过的奸臣。蔽：蒙蔽，遮盖，指为他掩盖罪责的人。　[18] "故忠臣危死于非罪"二句是说：（由于奸臣相互勾结），所以忠臣在无罪的情况下也遭受到危难与死亡，而奸臣在无功的情况下却得到了平安与利益。　[19] 后"以"字：因为。　[20] 伏：潜伏，藏匿，隐退。　[21] 进：进用。　[22] 亡：指国家的衰亡。本：根源，根本原因。　[23] 若是：像这样。　[24] 行私重：玩弄自己的权势。重，权。轻：轻视，看轻。　[25] 数（shuò）：屡次。能人：有才能的人，这里指那些结党营私而当权的奸臣。因为他们蒙蔽了君主，君主认为他们有才能，所以称他们为"能人"。　[26] 不壹：没有一次，一次也不。壹，一次。　[27] 这句是说：千方百计地谋取大臣私家的利益。虑，考虑，打算。《韩非子》中，"私"与"公"相对，"家"与"国"相对。卿大夫统治的地方叫"家"，诸侯统治的地方叫"国"；"国"的统治者称"君主""人主""君""主""上"，"家"的统治者称"人臣""臣""下"。有关君主的称"公"，有关臣下的称"私"，所以这里"私家"连称。私家，指大夫以下臣子的家庭。君主的家庭则叫"公室"。便，利益，好处。　[28] 这句是说：一点不考虑君主的国家。图，考虑，谋划。　[29] 属：下属，指君主手下的官员。数：数量。　[30]尊：尊贵，此处为使动用法，使……尊贵。　[31]具：具备，齐备。　[32]非所以任国：不是用来担当国家大事的人。指（百官）不能胜任国事。任，担任。　[33]然则：连词，用在句子开头，表示"既然这样，那么……"。　[34]托：寄托，依附。家：私家。

要想真正得到对自己建功立业有帮助的德才兼备的人，就应该排除一切主观因素（包括自己的感觉与臣下的毁誉），完全根据法律的规定衡量功劳来选拔人才。依法择人，量功授官，无疑可使那些没有实际才能而只会见风使舵、投机钻营的人没有空子可钻。

故臣曰[1]：亡国之廷无人焉。廷无人者，非朝廷之衰也[2]；家务相益[3]，不务厚国[4]；大臣务相尊[5]，而不务尊君；小臣奉禄养交[6]，不以官为事[7]。此其所以然者[8]，由主之不上断于法[9]，而信下为之也[10]。故明主使法择人[11]，不自举也[12]；使法量功[13]，不自度也[14]。能者不可弊，败者不可饰，誉者不能进，非者弗能退[15]，则君臣之间明辩而易治[16]，故主雠法则可也[17]。

[注释]

[1]臣：韩非自称。　[2]"廷无人者"二句是说：朝廷没有臣子，并不是说朝廷上大臣太少了。朝廷之衰，朝廷的衰落，指朝廷上大臣稀少。衰，衰微，衰弱。　[3]这句是说：臣下致力于相互帮忙来使对方富足。家，私家，指臣下，与下文的"大臣"意义相同。务，从事，致力于。相益，相互使对方富裕。益，富，此处为使动用法。　[4]厚：富，此处为使动用法，使……富裕。　[5]务相尊：致力于互相推崇。尊，使……尊贵。　[6]奉：持，拿。禄：薪俸，俸禄。养：供养，豢养。交：结交，指私下

结交的朋友、私党。　[7] 不以官为事：不把公职当作自己的职事。官，官职。　[8] 这句是说：这样的状况之所以会形成。然，如此，成为这样。　[9] 由：由于。上断于法：在上面按法裁决事情。　[10] 信下为之：任凭臣下去做事。信，信从，任凭。　[11] 使：用。法：法制。择：选择。　[12] 不自举：不按照自己的看法来提拔。　[13] 量：衡量。功：功劳，成绩。　[14] 不自度（duó）：不凭主观看法来估量。度，估量，推测。　[15] "能者不可弊"四句是说：（使用法律来衡量功劳），有才能的人就不会被埋没，败坏事情的人就不可能被掩饰，徒有虚名的人就不能够升官，有功劳而被毁谤的人就不会被罢官。弊，通"蔽"，遮盖。非，通"诽"，毁谤，诽谤。退，撤职或降低职务。　[16] 明：明白，明确。辩：通"辨"，辨别。这句承上文而来，意思是：（君主使用法律来衡量臣下的功过，臣下依法来取赏受罚，这样，贤能的人和败坏事情的人都不能被毁誉所掩饰而被分辨得清清楚楚。）那么君臣之间就能够明确地辨别功过是非，国家也就容易治理了。　[17] 雠：用。

贤者之为人臣[1]，北面委质[2]，无有二心[3]；朝廷不敢辞贱，军旅不敢辞难[4]；顺上之为[5]，从主之法[6]，虚心以待令而无是非也[7]。故有口不以私言[8]，有目不以私视[9]，而上尽制之[10]。为人臣者，譬之若手[11]，上以修头[12]，下以修足；清暖寒热[13]，不得不救入[14]；镆铘傅体，不敢弗搏[15]。

在韩非看来，是否死心塌地地为君主效力，把自己的一切献给君主，是衡量臣子之德的唯一标准。从民主、人权的角度来看，这种学说显然具有残酷的非人性，但从一般的政治学角度来看，用人者任用忠于自己的人恐怕是一条政治通则。谁违背了这一通则，就不可能成为出色的政治家。因为没有忠于他的人拥戴他、为他效劳，他就会被别人甚至自己任用的人赶下政治舞台。

臣子"无是非"而唯命是从，实是一把双刃剑。如果君主决策正确，臣子"无是非"而竭力尽忠，就能取得成功；如果君主决策错误，臣子"无是非"就会助纣为虐，结果将后患无穷。

[注释]

[1]贤者:有道德有能力的人。为:做。 [2]北面:向北。古代君主向南坐,臣下朝见时则向北,所以说"北面"。委质:指把身体托付给君主,表示愿意为君主效死(此用《史记·仲尼弟子列传》"子路后儒服委质"《索隐》引服虔之说)。委,委托。质,体质,指身体。 [3]无有二心:一心一意。 [4]"朝廷不敢辞贱"二句是说:在朝廷上不敢推辞卑贱的官职,在军队中不敢拒绝参加危险的战役。意为在内不争荣华富贵,出外打仗不怕死。 [5]顺上之为:听从君主的指使。顺,顺从,依顺。为,行为。 [6]从:服从,遵守。法:法令。 [7]这句是说:排除私心杂念来等待命令,对于君主的命令不加然否,只是顺从。虚心,指心里没有成见和私心杂念。无是非,不说对也不说不对,指听从命令,不加批评。 [8]不以私言:不为私家辩说,指为国君辩说。以,为。 [9]不以私视:不为私家察看,指为国君察看。 [10]上尽制之:君主完全控制它们。之,指臣下的"口"与"目"。 [11]譬之若手:拿他们打比方就像手,指人臣好比手。之,指人臣。 [12]修:治理,料理。 [13]清暖寒热:偏指"寒热",指身体受冷热侵袭。清,凉。 [14]救:挽救,援助。入:加入,指插手。 [15]"镆铘傅体"二句是说:锋利的宝剑逼近身体,不能不搏斗。镆铘,同"莫邪",宝剑名,相传为吴国大夫莫邪所铸,这里泛指利剑。傅,通"附",靠近。搏,搏斗。

> 依法维护森严的等级制度,是韩非学说中至为重要的管理思想。应该说,也是古代的一条政治通则。

无私贤哲之臣[1],无私事能之士[2]。故民不越乡而交[3],无百里之戚[4]。贵贱不相逾[5],愚智提衡而立[6],治之至也[7]。

[注释]

[1]无：通"毋"，不。私：偏爱，不公道地对待。无私，不偏袒，指公道地使用。贤：贤能，有道德有才能。哲：明哲，聪明，有智慧。 [2]事能：使用才能。事，通"使"。 [3]越乡：到他乡。越，逾越，超越。交：结私交。 [4]这句是说：没有百里以外的亲戚。 [5]这句是说：高贵的与卑贱的臣子各守自己的职责，不超出自己的名分界限。逾，逾越，超越。 [6]这句是说：（一切以法为准则取得任用和赏罚），愚笨的和聪明的平等地生活着。君主"无私贤哲之臣"，所以使"愚智提衡而立"。提衡，拿着秤，引申为保持平衡，使两样东西保持平等。提，拿着，持。衡，秤，引申为平衡。立，存在，生存。 [7]治之至：政治的最高境界，即治理得好到极点。

今夫轻爵禄[1]，易去亡[2]，以择其主[3]，臣不谓廉[4]。诈说逆法[5]，倍主强谏[6]，臣不谓忠。行惠施利，收下为名[7]，臣不谓仁。离俗隐居[8]，而以作非上[9]，臣不谓义。外使诸侯[10]，内耗其国[11]，伺其危崄之陂[12]，以恐其主曰："交非我不亲[13]，怨非我不解[14]。"而主乃信之，以国听之[15]，卑主之名以显其身[16]，毁国之厚以利其家[17]，臣不谓智。此数物者[18]，险世之说也[19]，而先王之法所简也[20]。先王之法曰[21]："臣毋或作威[22]，毋或作利[23]，从王之指[24]；

倍主强谏，未必不忠；但诈说逆法，必定不忠。

无或作恶[25],从王之路[26]。"古者世治之民[27],奉公法[28],废私术[29],专意一行[30],具以待任[31]。

[注释]

[1]夫(fú):那,那种。轻:轻视,看不起。爵禄:爵位和俸禄。 [2]易:轻易,此处为意动用法,把……看得很轻。去:离开(本国)。亡:逃亡(到外国)。 [3]择:选择。主:君主。 [4]臣:韩非自称,等于说"我"。廉:清廉,正直,有棱角。 [5]诈:欺骗。逆:违反。 [6]倍主:违背君主的意图。倍,通"背",违背。强:强行,勉力。谏:谏说,劝说。 [7]收下为名:收买民心来制造自己的声望。 [8]离俗:避世,逃离现实。 [9]作:是"诈"的误字。诈,欺骗,编造谎言。非:通"诽",诽谤,毁谤。 [10]外使诸侯:向外出使到其他诸侯国,指勾结外国。 [11]内耗其国:在国内耗费自己的国家,指消费俸禄,损耗国家的财富。 [12]伺:窥测,侦察。崄:同"险"。陂(bēi):山边,引申为边际。这句是指趁国家危险的时候。 [13]交:指和外国结交。亲:亲近。 [14]怨:指外国的怨恨。 [15]以国听之:把整个国家都拿来听任他处理。听,听从,听任。 [16]卑:低,此处为使动用法,使……低。显:显扬。身:自身。显其身,炫耀他自己。 [17]毁:损耗。厚:财富。利:使……有利,便利。 [18]此数物:指上文所批判的廉、忠、仁、义、智。物,事物。 [19]险世:乱世。 [20]先王:这里指韩非理想中推行法治的古代君主。简:简慢,抛弃。 [21]下面五句见于《尚书·洪范》,文字不完全相同。 [22]毋:不要。或:有。作威:逞威风,指私下大兴杀戮刑罚,建立自己的威势。作,行,做。威,威风,

威严。 [23]作利：施行恩惠，指私下进行奖赏施舍，以收取民心。 [24]从：顺从，服从，遵循。指：通"旨"，旨意。 [25]作恶：干坏事。 [26]路：道路，指行动的途径，此指法度。 [27]世治：社会治理得好。 [28]奉：奉行，遵守。 [29]废：抛弃。私术：谋取私利的手段。 [30]专意一行：把自己的思想和行动都集中在一点上（用来为君主办事）。专意，一心一意。一行，统一行动。 [31]具：通"俱"，都，全部。待任：等待君主的任用。

夫为人主而身察百官[1]，则日不足[2]，力不给[3]。且上用目，则下饰观[4]；上用耳，则下饰声[5]；上用虑，则下繁辞[6]。先王以三者为不足[7]，故舍己能而因法数、审赏罚[8]。先王之所守要[9]，故法省而不侵[10]。独制四海之内[11]，聪智不得用其诈，险躁不得关其佞[12]，奸邪无所依。远在千里外，不敢易其辞[13]；势在郎中[14]，不敢蔽善饰非[15]；朝廷群下[16]，直凑单微[17]，不敢相逾越[18]。故治不足而日有余[19]，上之任势使然也[20]。

官事民政繁多复杂，君主只凭个人的智能，即使日理万机，也忙不过来。只有依靠法治，在全国制造一种严格的法治环境，使所有臣民都依法办事，才能有事半功倍之效。

[注释]

[1]夫：发语词。为：做。身：亲身，亲自。察：考察。 [2]日：日子，时间。足：够。 [3]力：指精力。给（jǐ）：足，够。 [4]下：指臣下。饰观：装饰外观，指乔装打扮，使君主看不到真相。 [5]饰

声：修饰言辞，指玩弄花言巧语，使君主听不出其中的诡诈。　[6]繁辞：使言辞繁多，指夸夸其谈，说了很多意见，让君主去选择以逃避自己的责任。　[7]三者：指使用眼睛观察、使用耳朵探听、动脑筋思考。　[8]因：依靠，凭借。数：术。审：审察，弄明白。审察赏罚是为了严格地实行它。　[9]所守要：把握住法术赏罚这个关键。所守，所把握的，指"因法数、审赏罚"。要，要领，关键。　[10]省：简要，简明。不侵：指君权不受侵犯。　[11]制：控制。　[12]这句是说：能说会道、喋喋不休的人不能施展他们谄媚的口才。险，通"恮"，能说会道。躁，通"噪"，多言，喧哗。关，措置。佞，善辩，巧言谄媚。恮者善于花言巧语，噪者说话多，所以"险躁"与"佞"相应。　[13]"远在千里外"二句是说：臣子出使而远在千里之外，也不敢违反君主的嘱托而随便乱说。易其辞，改变君主的话。　[14]势在郎中：指权位处在郎中。势，权力，职权。郎中，君主的侍从官，主管通报和警卫工作，臣下的事情一般都由郎中通报给君主，所以郎中的权势可以用来"蔽善饰非"。　[15]蔽善饰非：隐瞒好人好事而掩饰坏人坏事。　[16]群下：群臣。　[17]直凑单微：直接聚集个人微薄的力量（给君主）。　[18]不敢相逾越：不敢互相逾越职守，指各人只做好本职工作。　[19]治不足：治理国家的事不够做，也就是说，费力不多。　[20]任势：运用权势，指上文的"因法数、审赏罚"。使然：使它这样。

夫人臣之侵其主也，如地形焉[1]，即渐以往[2]，使人主失端[3]，东西易面而不自知[4]，故先王立司南以端朝夕[5]。故明主使其群臣不游意于法之外[6]，不为惠于法之内[7]，动无非法[8]。

法，所以凌过游外私也[9]；严刑，所以遂令惩下也[10]。威不贷错[11]，制不共门[12]。威、制共[13]，则众邪彰矣[14]；法不信[15]，则君行危矣[16]；刑不断[17]，则邪不胜矣[18]。故曰：巧匠目意中绳，然必先以规矩为度[19]；上智捷举中事[20]，必以先王之法为比[21]。故绳直而枉木斫[22]，准夷而高科削[23]，权衡县而重益轻[24]，斗石设而多益少[25]。故以法治国，举措而已矣[26]。

没有严厉的法治，人就没有恐惧感，其贪欲往往就会恶性膨胀，再加上臣子有权力作支撑，其腐败就难以避免了。可以说，没有严刑重法的约束，绝对的权力就会孕育绝对的腐败。对于嗜贪成性的贪官污吏，更不能指望他们能以道德准则来自律，只有加大依法惩处的力度，才会有成效。

[注释]

[1]"夫人臣之侵其主也"二句是说：臣下侵害他的君主，就像地形（迷惑走路的人那样）。　[2]即渐以往：逐渐地下去。　[3]失端：迷失方向。　[4]东西易面：东西颠倒。易面，改变方向。　[5]立：设置。司南：古代测定方向的一种仪器，功能与现在的指南针一样。端：正。朝夕：早晨和傍晚，此指东方和西方。太阳早晨从东方升起，傍晚在西方落下，所以朝夕也指东方和西方。立司南以端朝夕，设置司南来判断东方和西方。言外之意是：用国法来辨别正邪。　[6]不游意于法之外：不在法度的规定外打主意。游，纵，放纵。意，意图，意念。　[7]这句是说：不在法度的规定内私下施行恩惠。韩非认为，即使法律所规定的奖赏，也应由君主独揽，如果臣下使用了，就会得民心而给君主造成威胁，所以臣下"于法之内"也不能"为惠"（施行恩惠）。　[8]动无非法：行动没有不合法的。　[9]这句是说：法是用来打击违法行为和摒弃私行的工具。凌，侵凌，打击。过

游,越轨放纵,承上文"游意于法之外"而言,指违法行为。外,使……在外,摒弃,排除。私,承上文"为惠于法之内"而言,指谋私利的行为。 [10] 这句是说:严厉的刑法是用来贯彻法令、惩罚臣下的工具。遂令,使法令通行。遂,通,贯彻。 [11] 贷:当作"贰",因字形相近而误。错:通"措",施行。威不贰错,威势不能在君臣两方面都施行,指君主要独揽大权。 [12] 制不共门:权力不能出于君臣两个门户。这也是说君主要独揽大权。制,权力,政权。 [13] 共:指君臣双方共有。 [14] 众邪:各种邪恶,指众多的奸臣、坏人。彰:明显,这里指明目张胆,肆无忌惮。 [15] 信:讲信用。 [16] 行:将。 [17] 刑不断:执行刑罚不坚决果断。断,决断。 [18] 不胜:承受不了,指很多。胜,堪,能承受。 [19] "巧匠目意中(zhòng)绳"二句是说:高明的木匠用眼睛测度就能和墨线一样笔直,但必定先把圆规和角尺当作标准。意,臆测,揣度,估计。中,合。绳,木匠用的墨线。规,画圆的工具。矩,画方的工具。度,标准。 [20] 这句是说:才智极高的人靠他的聪慧来行事就能符合事理。捷,敏捷,聪慧。举,行动。中,合。 [21] 比:比较,参照。 [22] 这句是说:所以墨线拉直了,弯曲的木头就可以被砍削。枉,曲。斫,砍削。 [23] 准:水准,测量水平的仪器。夷:平。高科削:凸出的木节被削去。科,通"瘑",木节。 [24] 权衡:秤,称轻重的工具。县:"悬"的古字,悬挂。重益轻:减去重的而增加轻的。这是为了使秤平衡。 [25] 斗石:量容积的工具,十斗为一石。多益少:减去多的而增加少的。这是为了使斗和石满平。 [26] 举措:做与不做,指合法的就做,不合法的就弃置不做。举,实行。措,放置。而已矣:罢了。

执法时对臣民一视同仁,是与现代法治精神相通的。法治的可贵,就在于大公无私,以法权代替君权,打破贵族特权,做到在法律面前人人平等。

法不阿贵[1],绳不挠曲[2]。法之所加,智者弗能辞[3]，勇者弗敢争[4]。刑过不避大臣[5]，赏善不遗匹夫[6]。

[注释]

[1]阿（ē）：偏袒，曲从。贵：权贵，地位高贵的人。　[2]绳不挠曲：比喻法度不迁就不正直的邪恶行为。绳，墨线，喻指法律的准绳。挠曲，向弯曲屈服，迁就弯曲。挠，通"桡"，屈服。　[3]辞：辞说，用言辞辩解。　[4]争：抗争。　[5]刑过：惩罚罪过。　[6]遗：遗漏，漏掉。匹夫：普通民众。

故矫上之失[1]，诘下之邪[2]，治乱决缪[3]，绌羡齐非[4]，一民之轨[5]，莫如法。属官威民[6]，退淫殆[7]，止诈伪，莫如刑。刑重，则不敢以贵易贱[8]；法审[9]，则上尊而不侵。上尊而不侵，则主强而守要[10]，故先王贵之而传之[11]。人主释法用私[12]，则上下不别矣[13]。

> 恐怕不是那么简单。道德的约束和自身素质提高也是关键。

[注释]

[1]矫：纠正。上：指君主。失：过失。　[2]诘：责问，追究。邪：邪恶。　[3]治乱：治理混乱。决：解决。缪（liǎo）：通"缭"，缠结，比喻纠纷。　[4]绌：通"黜"，削减，除去。羡：羡慕，贪欲。齐：整治，纠正。非：错误。　[5]一民之轨：统一人民的行为规范。一，统一。轨，法则，规范。　[6]属：当作"厉（厲）"，字形相近而误。"厉"通"励"，劝勉，激励。威：威吓，威慑。　[7]退：

打退，消除。淫：荒淫，淫乱。殆：危险。　[8] 易：轻视。上文说"刑过不避大臣，赏善不遗匹夫"，所以这里说臣下不敢凭高贵的地位去轻视那些卑贱的人。　[9] 审：严明。　[10] 则：因为。守要：把握住治国的关键。　[11] 贵：看重。之：指"刑""法"。传之：把它传下来。　[12] 释：放弃。私：指臣下。　[13] 上下：君臣。别：区别。

[点评]

本文主要论述了治国必须要有法度的政治主张，所以题为"有度"。它系统地阐述了韩非的法治思想。

首先，韩非强调了以法治国的重要性及其作用。以法治国，对外关系到本国在列国间的地位，"奉法者强，则国强；奉法者弱，则国弱"；对内则关系到君主统治地位的巩固，"能去私曲就公法者，民安而国治"，"主不可欺以诈伪"，"君臣之间明辩而易治"。由此可见，君主以法治国，就可以稳坐江山而"独制四海之内"。一言以蔽之，"法审，则上尊而不侵"。实行法治的最终目的是巩固君主的专制统治，这便是韩非法治思想的实质。韩非主张法治的最终目的虽然是"上尊"，但还是将"矫上之失"列为法治的首要作用，可见他并不认为君主可以无法无天，任意妄为。当然，真正要用法律去规范君主恐怕并非那么容易，所以"诘下之邪"，"一民之轨"，才是我国传统法治思想的重心所在。

韩非的法治思想实际上是他无为而治的政治思想的一种延伸和体现，因为"为人主而身察百官，则日不足，力不给"，而且"上用目，则下饰观；上用耳，则下饰声；

上用虑,则下繁辞"。所以,君主只有虚静无为,"舍己能而因法数"才能解决问题。当然,韩非提倡法治,也是出于现实的考虑。在那个时代,"人臣之侵其主也,如地形焉,即渐以往,使人主失端,东西易面而不自知"。因此,君主如果"释法用私",就会"上下不别";只有"以法治国",才能"上尊而不侵"。

韩非提倡法治,其主要内容包括两个方面:一是要君主根据法令来考核提拔官员,即"使法量功","使法择人",既不"以誉进能""以党举官",也"不自举"。二是要君主凭借法令来控制群臣,"使其群臣不游意于法之外,不为惠于法之内,动无非法",从而达到"贵贱不相逾,愚智提衡而立"的境界。由此可见,维护森严的等级制度是韩非法治思想的核心。

为了实现其法治的预期目标,韩非提出了严格的执法原则,这也是其法治思想的重要组成部分。韩非认为,君主必须严格执法,以维护法治的客观性和权威性。他提出:"法不阿贵,绳不挠曲。法之所加,智者弗能辞,勇者弗敢争。刑过不避大臣,赏善不遗匹夫。"虽然他所谓的"法不阿贵"并没有把君主包括在内,但对于"刑不上大夫"的传统政法观念来说,韩非这种带有法律面前人人平等色彩的法治观念显然具有进步性。当然,由于韩非提倡法治的最终目的还是为了君主,所以他要求君主独操赏罚大权,即"威不贷错,制不共门"。只有这样,法治才能真正成为君主手中的统治工具。

二柄第七

明主之所导制其臣者[1],二柄而已矣[2]。二柄者,刑、德也。何谓"刑""德"?曰:杀戮之谓"刑",庆赏之谓"德"[3]。为人臣者畏诛罚而利庆赏[4],故人主自用其刑德,则群臣畏其威而归其利矣[5]。故世之奸臣则不然[6],所恶[7],则能得之其主而罪之[8];所爱,则能得之其主而赏之。今人主非使赏罚之威利出于己也[9],听其臣而行其赏罚[10],则一国之人皆畏其臣而易其君、归其臣而去其君矣[11]。此人主失刑德之患也[12]。

有权实施奖赏的人,人们会因感激他而爱戴他;有权使用刑罚的人,人们会因害怕他而听他指挥。因此,刑赏大权是当权者必须牢牢掌握的。

[注释]

[1]明主:英明的君主。所导制其臣者:用来控制臣下的手段。所导,所由,所以。导,通"道",由。制,控制,制约。 [2]柄:权柄。 [3]"杀戮之谓刑"二句是说,杀戮的权力叫做刑,奖赏的权力叫做德。戮,杀。庆,奖励。赏,赏赐。 [4]畏:害怕。诛:杀,责罚,惩罚。利:以……为利,贪图,喜欢。 [5]畏其威:惧怕君主的威势。归其利:追求君主赏赐的利益。归,趋向,追求。 [6]故:通"顾",可是,但是。世:世间,当今社会。则:却。然:这样。 [7]所恶:指奸臣所憎恶的人。 [8]则:就。得之其主:从他君主那里取得刑赏大权。罪:惩治,惩办。 [9]今:假如。 [10]听:听任,任凭。行:施行。 [11]则:那么。一国:全国,整个国家。易:轻视,看不起。归:趋向,归附。去:离开,背离。 [12]患:祸患,祸害。

夫虎之所以能服狗者[1],爪牙也,使虎释其爪牙而使狗用之[2],则虎反服于狗矣[3]。人主者,以刑德制臣者也。今君人者释其刑德而使臣用之[4],则君反制于臣矣[5]。故田常上请爵禄而行之群臣[6],下大斗斛而施于百姓[7],此简公失德而田常用之也[8],故简公见弑[9]。子罕谓宋君曰[10]:"夫庆赏赐予者,民之所喜也,君自行之;杀戮刑罚者,民之所恶也,臣请当之[11]。"于是宋君失刑而子罕用之[12],故宋君见劫[13]。田常

虎为兽王,爪牙是锐利的武器,狗有走狗、狂犬等名号,用它们分别比喻君主、刑赏大权、奸臣,生动而贴切。如此妙喻,令人过目不忘。

> 韩非之文大都针对现实而发，这便是他对当时昏君的当头棒喝。

徒用德[14]，而简公弑；子罕徒用刑，而宋君劫。故今世为人臣者兼刑德而用之[15]，则是世主之危甚于简公、宋君也[16]，故劫杀拥蔽之[17]。主非失刑德而使臣用之[18]，而不危亡者，则未尝有也。

[注释]

[1]服：制服。　[2]前"使"：假使，如果。释：抛开，丢掉。后"使"：让。　[3]服于狗：被狗制服。　[4]君人者：统治人民的人，即君主。　[5]反制于臣：反而被臣下所控制。　[6]田常：即田成子，也叫陈恒、陈成子，春秋时期齐国的大臣。他的祖先陈公子完因内乱而逃到齐国，从此将陈氏改为田氏。田完的后代逐渐强盛。到齐悼公时，陈釐子田乞已控制齐国大权。田乞死后，他的儿子田常代立，继续推行其父争取民众的办法，用大斗出贷，用小斗收取。齐简公四年（前481），田常杀死简公，拥立齐平公，自任相国。从此，齐国的政权完全由田氏控制。上：上层，指在朝廷。请：请求，指向君主求取。行之群臣：把它赐给群臣。行，施。　[7]下：下层，指在民间。大：使……大，加大。斛（hú）：量容积的器具，古代十斗为一斛。施：施舍，给恩惠。　[8]简公：春秋时期齐悼公之子，吕氏，名壬。公元前485年，悼公被杀，他被立为齐国国君，公元前481年被田常所杀。德：奖赏大权。　[9]见弑：被杀。　[10]子罕：指战国时期的皇喜，戴氏，名皇喜，字子罕。他曾任宋国司城（国内掌管土木建筑工程的最高长官），公元前370年杀了宋桓侯，夺取了宋国的政权。宋君：指宋桓侯，战国时期宋国国君，又

称"辟公",子姓,名兵,或作"璧兵"。　[11]臣:子罕自称,等于说"我"。请:愿。当:担当,掌管。　[12]刑:用刑的权力。　[13]见:被。劫:劫持,强取,抢夺。　[14]徒:只,仅仅。　[15]兼:兼并,合并。　[16]甚于:比……厉害。　[17]拥:通"壅",堵塞,隔绝。蔽:蒙蔽。之:指今世之君主。　[18]非:是"兼"的坏字。兼,同时。

人主将欲禁奸,则审合刑名者,言异事也[1]。为人臣者陈而言[2],君以其言授之事[3],专以其事责其功[4]。功当其事[5],事当其言,则赏;功不当其事,事不当其言,则罚。故群臣其言大而功小者则罚,非罚小功也,罚功不当名也;群臣其言小而功大者亦罚,非不说于大功也[6],以为不当名也害甚于有大功[7],故罚。

[注释]
[1]"人主将欲禁奸"三句是说:君主将要禁止奸邪,就审察考核形是否与名相合,也就是看臣下的言论是否不同于他们所做的事。审,审察,仔细考察。合,会合,考核,指把形与名放在一起加以对比,看是否符合。刑,通"形",情形,形状,此指事情。名,名称,此指言论。异,不同。　[2]陈:陈述。而:其,他的。言:言论,指意见。　[3]以:凭,根据。授之事:交给他职事。　[4]专:专一,专门。责:责求,追究。功:功效,成绩。　[5]当:与……相当,与……相符合。　[6]说:通"悦",喜欢,高兴。　[7]这

从人治的角度来看,"言小而功大者亦罚"显然不合情理,但韩非正是用这种似乎有违人之常情的"奇谈怪论"将严格的法治精神阐述得入木三分。这种偏激之辞,似乎是其短处,却又是其长处,其文因此而抓住了读者,吸引了读者的注意力。

句是说：认为功绩与言论不相当的危害超过了他所取得的大功。韩非主张严格地依法办事，认为功不当名就扰乱了法治，所以说它的害处比有大功还厉害。也，句中语气词。

昔者韩昭侯醉而寝[1]，典冠者见君之寒也[2]，故加衣于君之上。觉寝而说[3]，问左右曰[4]："谁加衣者？"左右对曰："典冠。"君因兼罪典衣与典冠[5]。其罪典衣，以为失其事也[6]；其罪典冠，以为越其职也[7]。非不恶寒也[8]，以为侵官之害甚于寒[9]。故明主之畜臣[10]，臣不得越官而有功[11]，不得陈言而不当。越官则死，不当则罪。守业其官[12]，所言者贞也[13]，则群臣不得朋党相为矣[14]。

举"兼罪典衣与典冠"之例，既说明臣子不可失职，又说明臣子不可越职。韩文构思之妙，于此可见一斑。

[注释]

[1]韩昭侯：战国时期韩国国君，前358—前333年在位。他具有法治、术治思想，于公元前351年任用申不害为相，实行政治改革，曾使韩国一度强盛。寝：睡。　[2]典冠：掌管君主帽子的侍从。典，主管，掌管。　[3]觉寝：睡醒。说（yuè）：通"悦"，高兴。　[4]左右：指君主身边的侍从。　[5]兼：同时。罪：责罚。典衣：掌管君主衣服的侍从。　[6]失其事：没有完成他的职事，即失职。　[7]越其职：超越了他的职责范围。　[8]非不恶寒：不是不怕冷。　[9]侵官：侵犯他人的职权，即越职。官，官职，

职权。　[10]畜臣：指统治臣下。畜，畜养。　[11]越官：越职，超越职权。　[12]守业其官：守职于其官，指在他的职权范围内行事。此承上文"不得越官而有功"而言，指不越职去取功。守，奉守，掌管。业，职业，职务。　[13]贞：当，一致，指符合（事实）。所言者贞：承上文"不得陈言而不当"而言，指所说的话与所做的事相一致。　[14]朋党相为：结党营私，狼狈为奸。朋党，勾结。相为，我为你，你为我，互相帮助。

人主有二患：任贤[1]，则臣将乘于贤以劫其君[2]；妄举[3]，则事沮不胜[4]。故人主好贤[5]，则群臣饰行以要君欲[6]，则是群臣之情不效[7]；群臣之情不效，则人主无以异其臣矣[8]。故越王好勇而民多轻死[9]；楚灵王好细腰而国中多饿人[10]；齐桓公妒外而好内[11]，故竖刁自宫以治内[12]；桓公好味[13]，易牙蒸其首子而进之[14]；燕子哙好贤，故子之明不受国[15]。故君见恶[16]，则群臣匿端[17]；君见好，则群臣诬能[18]。

[注释]

[1]任：任用。　[2]这句是说：那么臣下将会依靠自己的才干来胁迫他的君主。乘，凭借，利用。劫，劫持，胁迫，挟制。　[3]妄：胡乱，随便。举：推举，提拔，指任用官吏。　[4]这句是说：那么事情就会败坏得不可收拾。沮（jǔ），败坏。不胜，

"越王好勇而民多轻死"，结果使越王成就了灭吴的功业，可见臣民迎合君主的欲望不一定就是坏事。这里的问题其实在于"群臣诬能"或"饰行以要君欲"，所以，君主怎样去了解臣子的真情，怎样使用各种手段去对付两面三刀的臣子，才是关键所在。

不能承受，不堪。　[5]好（hào）：喜爱。下文的"好"字同此。　[6]饰行：掩饰自己的行为。饰，粉饰，伪装。要（yāo）：迎合。　[7]情：真情，真相。效：显现，显露。　[8]无以异其臣：无法识别臣下的真假好坏。异，分辨，区别。　[9]越王：指越王勾践，春秋末年越国的君主，前496—前465年在位。他曾一度被吴国打败而前往吴国做吴王夫差的奴仆，后来归国，卧薪尝胆，富国强兵，最终灭掉了吴国。轻死：不怕死。轻，轻视，看轻。据《韩非子·内储说上》记载，越王准备讨伐吴国，要让人民为他拼死打仗。一次他外出，看见气鼓鼓的青蛙，就扶着车前的横木向它表示敬意。跟随他的人问他为什么对青蛙这样尊敬，他说："因为它有勇气啊！"后来就有十几个人愿意为越王效命。所以这里说：越王喜爱勇敢，就有很多人不怕死。　[10]这句是说：楚灵王喜欢细腰，国内就有很多饿肚子的人。据《墨子·兼爱中》记载，楚灵王喜欢细腰，他的臣子为了使腰变细，都只吃一顿饭，等到一年，朝廷中的大臣多面黄肌瘦，要扶着墙壁才能走路。楚灵王，熊氏，名围，春秋时期楚国国君，前540—前529年在位。饿，严重的饥饿（一般的肚子饿叫"饥"）。　[11]齐桓公：姜姓，吕氏，名小白，春秋时期齐国国君，前685—前643年在位，依靠管仲的辅佐，成为春秋五霸中的第一个霸主。但在管仲死后，他重用了投其所好的竖刁、易牙、开方等人。公元前643年，他因竖刁等人作乱而被饿死。妒：忌妒。外：指外朝的卿大夫。好内：爱好后宫女色。　[12]竖刁：齐桓公宠爱的家臣，名刁。竖，年轻的家臣。宫：阉割，把睾丸割掉。治内：治理后宫的事。　[13]味：食物，此指美味的食物。　[14]易牙：齐桓公宠信的近臣。首子：刚出生的长子。进：进奉，进献。　[15]"燕子哙好贤"二句是说：燕王子哙（kuài）爱好贤名，所以子之表面上不肯接受王位。子哙，战国时期燕国国君，名哙，前320—前

318年在位。公元前318年，他把君位让给相国子之。前315年，太子平等起兵攻打子之。前314年，齐宣王乘机攻占燕国，他和子之都被杀。子之，燕王哙的相。明，表面上。受国，指接受王位。据《韩非子·外储说右下》记载，子之的同党潘寿劝燕王哙说："人们都说尧贤明，是因为他要把天下禅让给许由，许由不接受，结果尧既有了贤名又没有失去天下。现在您如果把王位禅让给子之，子之一定不会接受，但这样您却有了和尧一样的贤名。"燕王哙就把国家交给了子之。这里说"燕子哙好贤"，就是指他羡慕尧的贤名。这里说"子之明不受国"，是指子之授意潘寿所说的"子之必不受"。实际上，这只是子之的一个圈套，子之表面上说不接受王位，实际上因此而得国，结果造成燕国大乱，齐国帮助燕太子攻子之，子哙、子之被杀。事详见《史记·燕召公世家》。　[16]见（xiàn）：同"现"，表现，流露。下面两个"见"字同。恶（wù）：厌恶。　[17]匿端：隐藏事端，指把君主所厌恶的那一方面的事情隐瞒起来。匿，隐藏。端，事端，事物的一个方面。　[18]诬能：捏造才能，指迎合君主的爱好，虽然无能，也冒充有才能，以讨好君主而求得任用。诬，欺骗，捏造。

> 选拔臣子的确是一个重要而又颇伤脑筋的问题。如果任用了有才干却不忠于自己的人，反而会给自己带来危险；如果胡乱地提拔了蠢才，则又会败坏自己的事业。因此，必须选拔德才兼备的人才行。那么，如何选拔德才兼备的人呢？韩非提出了"掩其情""匿其端"的无为原则，要君主不显露自己的爱憎，以免"群臣诬能"来骗取官职，但这其实只是众多措施中之一种。《有度》中提出的依法择人，量功授官，才是更重要的措施。

人主欲见[1]，则群臣之情态得其资矣[2]。故子之，托于贤以夺其君者也[3]；竖刁、易牙，因君之欲以侵其君者也[4]。其卒[5]，子哙以乱死[6]，桓公虫流出户而不葬[7]。此其故何也？人君以情借臣之患也[8]。人臣之情，非必能爱其君也，为重利之故也[9]。今人主不掩其情[10]，不匿其端[11]，而使人臣有缘以侵其主[12]，则群臣为子之、田常不难矣。故曰："去好去恶[13]，群臣见素[14]。"群臣见素，则大君不蔽矣[15]。

[注释]

[1]人主欲见：君主的欲望表现出来。 [2]这句是说：那么群臣在表现自己的情态时就得到了它的资助，指臣子可根据君主的欲望而投其所好。情态，情形、态度。资，资助，凭借。 [3]这句是说：所以子之是依靠子哙的好贤来篡夺其君位的。托，依靠，凭借。 [4]因：因循，依顺，凭借。 [5]卒：结果。 [6]乱：战乱。 [7]户：门。据《史记·齐太公世家》记载，齐桓公患重病，他的五个儿子在竖刁、易牙等人的怂恿下争立太子，桓公一死，竖刁、易牙就作乱，桓公的五个儿子相互攻伐，结果宫中空空，没人给桓公敛棺，桓公的尸体放在床上六十七日，尸体上的蛆虫都爬到了门外。 [8]情：真情，内情，指君主的好恶。借臣：借给臣下，资助了臣下，指被臣下利用。 [9]为：因为。重：看重。故：缘故。 [10]掩：掩盖，隐蔽。 [11]端：开头，此指念头。 [12]缘：凭借。 [13]去好去恶：去掉爱好和憎恶，指不表现出自己的好恶。 [14]素：同"愫"，真情。君主不表现出好恶，臣下便没有可因循的，而只能显出他们的真情。 [15]不蔽：不被蒙蔽。

[点评]

本文主要论述如何使用杀戮、赏赐这两种权柄的问题，所以题为"二柄"。

文章先强调了君主掌握刑赏大权的重要性和作用。君主之所以能制服臣下，主要是靠刑与赏这两种权柄。君主掌握了刑赏大权，"则群臣畏其威而归其利"，完全被君主控制住了。刑赏为什么有如此巨大的作用呢？韩非认为，这是由于它符合人们好利恶害的心理，即臣下都"畏诛罚而利庆赏"。

刑赏大权既然如此重要，所以君主必须牢握在手，"使赏罚之威利出于己"。如果君主把刑赏大权交给大臣，那么，"一国之人皆畏其臣而易其君、归其臣而去其君"，结果"君反制于臣矣"。文中还举出田常、子罕劫弑君主的历史事件，说明韩非的这一结论不但来自他对人们心理的分析，而且也是他总结历史事实所得出的经验教训。

接着，韩非又论述了赏罚的依据。在这一点上，他提出了"审合刑名"的方法，也就是所谓的"刑名术"。这种方法看上去很简单，即让臣下先说出自己的主张，然后君主"以其言授之事，专以其事责其功。功当其事，事当其言，则赏；功不当其事，事不当其言，则罚"。这种方法虽然简单，却极其严格，其严格程度超出了人之常情：即使臣子立了大功，但如果其功劳"不当其言"，那么也得处罚。因为在韩非看来，"不当名也害甚于有大功"。所以，韩非的"刑名术"要求"臣不得越官而有功，不得陈言而不当"，臣子必须规规矩矩、按部就班地为君主效劳。

最后，韩非指出了君主施行赏罚时必须注意的问题。由于赏罚涉及到臣下的切身利益，而臣下又都是"重利"的，所以他们会千方百计地"饰行以要君欲"，这样，君主就不能真正了解到"群臣之情",赏罚也就失去了正确的依据。有鉴于此,韩非提出,君主必须"掩其情""匿其端",不把自己的爱憎之情暴露出来,不使"群臣之情态得其资",这样,就能使"群臣见素""大君不蔽",赏罚也就可以准确地执行了。

孤愤第十一

智术之士[1]，必远见而明察[2]，不明察，不能烛私[3]；能法之士[4]，必强毅而劲直[5]，不劲直，不能矫奸[6]。

"远见而明察"应是政治家必须具备的基本素质之一。

"强毅而劲直"应该是清官的固有品性。

[注释]

[1]智术之士：精通统治术的人，指精通法术的政治理论家。智，通"知"，通晓，明了。术，统治臣民的策略和手段。 [2]远见：看得远，目光远大。明察：观察得分明，指眼光敏锐，能透彻地察见事物。 [3]烛：照见，洞察。私：隐私，阴情，指私下的勾当、营私舞弊的阴谋诡计。 [4]能法之士：能够执法的人，指积极推行法治的政治实践家。 [5]强毅：刚强坚毅，坚定果断。劲直：刚劲正直，指执法严明。 [6]矫：矫正，纠正。奸：邪恶，指违法乱纪的罪恶活动。

明察正直、公正执法的"智法之士"与违法乱纪、以权谋私的"贵重之臣"是"不可两存之仇",这是由其品性(品质性格)决定的。

人臣循令而从事[1],案法而治官[2],非谓重人也[3]。重人也者,无令而擅为[4],亏法以利私[5],耗国以便家[6],力能得其君[7],此所为重人也[8]。智术之士明察,听用[9],且烛重人之阴情[10];能法之士劲直,听用,且矫重人之奸行。故智术能法之士用,则贵重之臣必在绳之外矣[11]。是智法之士与当涂之人[12],不可两存之仇也[13]。

[注释]

[1]循:遵循,按照。令:命令。从事:参与政事,办理公事。从,参。事,职事,职务。 [2]案:通"按",按照。治官:治理政事,履行职责。官,官职,职务。 [3]非谓重人也:不是我所说的重人啊。重人,权臣,擅自操纵大权的人。下文的"贵重之臣""当涂之人""邪臣""大臣""重臣"等都是指这种人。 [4]无令:没有命令,这里指无视法令。擅为:擅自行动,即专断独行。擅,擅自,独自,自作主张。 [5]亏:亏损,损害,破坏。利私:使私家得利,即谋取私利。 [6]耗:损耗。便家:便利私家,与上文"利私"的意义相同。便,利。家,指大臣的私家,参见《有度》注。 [7]力:力量,指权力,权势。得:得到,引申为掌握,控制。 [8]为:通"谓",说。 [9]听用:指被君主听信任用。听,听从,听信。用,任用。 [10]且:将。阴情:隐私,私下的勾当。 [11]在绳之外:比喻不为法律所容,要受到法律制裁。绳,木工用的墨线,比喻法律的准绳。 [12]是:

这，这样。智法之士："知术能法之士"的省称，统指法术之士。当涂：当道，当权，掌权。涂，通"途"，道路。　[13]不可两存：不可并存，即势不两立。

　　当涂之人擅事要[1]，则外内为之用矣[2]。是以诸侯不因[3]，则事不应[4]，故敌国为之讼[5]；百官不因，则业不进[6]，故群臣为之用；郎中不因，则不得近主，故左右为之匿[7]；学士不因[8]，则养禄薄礼卑[9]，故学士为之谈也[10]。此四助者[11]，邪臣之所以自饰也[12]。重人不能忠主而进其仇[13]，人主不能越四助而烛察其臣[14]，故人主愈弊而大臣愈重[15]。

当权者之所以可使国内外之人为他效劳，都是因为权势具有可使人获利的性能。钱权交易、权色交易之类，也都是权势性能的滋生物。

[注释]

[1]擅事要：独揽处理国家政务的机要大权。擅，独揽，据有。事，指政事。要，机要，关键。　[2]外：国外，指其他诸侯国。内：国内，指臣子，即下文提到的"百官""郎中""学士"等。为之用：给他使用，为他效劳。之，他，指当涂之人。　[3]不因：指不依靠当涂之人。因，凭借，依靠。　[4]事不应：事情不被答应，指外交事务办不成。应，应承，接受。　[5]敌国：力量匹敌的国家，指"诸侯"。为之讼：给他歌功颂德。讼，通"颂"，颂扬。　[6]业不进：职位不能提升。业，职业，职务。　[7]"郎中不因"三句是说：郎中如果不依附当涂之人，就不能接近君主，（现在靠他当上了君主身边的侍从），所以那些君主身边的侍

从都为他隐瞒罪行。郎中，君主的侍从官，主管通报和警卫工作。左右，君主身边的侍从，此指"郎中"。为之匿，为他隐瞒罪行。匿，隐瞒。 [8]学士：有学问的人，指儒生。 [9]养禄薄：给养薪俸微薄，指经济待遇低。礼卑：礼节上的待遇低下，指政治待遇低。 [10]谈：说话，指说好话、吹捧。 [11]四助：四种辅助，指诸侯、百官、郎中、学士这四种为当涂之人效劳的帮凶。 [12]邪臣：奸臣，指当涂之人。饰：掩饰，粉饰，伪装。 [13]进：推荐。仇：仇敌，即上文提到的与重人"不可两存"的"智法之士"。 [14]越四助：指冲破这四种辅助势力制造的假象。越，越过，超出。 [15]弊：通"蔽"，蒙蔽。大臣：指重人。重：指权势大。

凡当涂者之于人主也[1]，希不信爱也[2]，又且习故[3]。若夫即主心、同乎好恶[4]，固其所自进也[5]。官爵贵重[6]，朋党又众[7]，而一国为之讼[8]。则法术之士欲干上者[9]，非有所信爱之亲、习故之泽也[10]，又将以法术之言矫人主阿辟之心[11]，是与人主相反也。处势卑贱[12]，无党孤特[13]。夫以疏远与近爱信争，其数不胜也[14]；以新旅与习故争[15]，其数不胜也；以反主意与同好争[16]，其数不胜也；以轻贱与贵重争[17]，其数不胜也；以一口与一国争[18]，其数不胜也。法术之士操五不胜之势[19]，以岁数而又不得见[20]；当涂之人乘五胜之资[21]，而旦暮独说于前[22]。故法术之士奚道得进[23]，而人主奚时得悟乎[24]？故资必不胜而势不两存[25]，法术之士焉得不危[26]？其可以罪过诬者[27]，以公法而诛之[28]；其不可被以罪过者[29]，以私剑而穷之[30]。是明法术而逆主上者[31]，不僇于吏诛[32]，必死于私剑矣。朋党比周以弊主、言曲以便私者[33]，必信于重人矣[34]。故其可以功伐借者[35]，以官爵贵之[36]；其不可借以美名者[37]，以外权重之[38]。是以弊主上而趋于私门者[39]，不显于官爵[40]，必重于外权矣[41]。今人主不合参验而行诛[42]，不待见功而爵禄[43]，故法术之士安能蒙死亡而进其说[44]？奸邪之臣安肯乘利而退其身[45]？故主上愈卑，私门益尊。

[**注释**]

[1]凡：凡是，所有的。 [2]希不信爱：很少不被信任和宠爱。希，同"稀"，少。 [3]且：而且。习：熟悉，亲近。故：故旧，老关系。习故，熟悉的老关系。 [4]若夫：至于那。即：就，靠近，迎合。心，心意，心理。同乎好恶（hào wù）：在好恶方面与君主相同，即君主喜爱的也喜爱、君主憎恶的也憎恶，指投合君主的好恶。乎，于，在。好，喜爱。恶，厌恶。 [5]固其所自进：

本来就是他们用来取得进用的手段。固,本来。其,他们,指当涂之人。自,由,从。进,进身,向上爬。 [6]官:官职。爵:爵位,君主国家所封的贵族等级。贵:显贵,地位高。重:重要,指职务重要、权力大。 [7]朋党:同党,党羽。 [8]一国:全国,指国内的百官、郎中、学士等人。讼:通"颂",颂扬。 [9]则:而,可是。法术之士:即知术能法之士。干上:求取君主任用。干,求。 [10]所信爱之亲:被信任宠爱的亲密关系。亲,亲爱,亲近。泽:恩泽,指交情。 [11]阿(ē):偏袒,曲从,迎合。辟:通"僻",邪恶,这里指重人的罪恶。 [12]处势:所处的地位。势,势位,地位。 [13]孤特:孤独。 [14]其数不胜也:按常规来说是不会取胜的。数,定数,常规,情理。 [15]新旅:新到的旅客,比喻陌生而交情不深厚的人。旅,客。 [16]反主意:违反君主的心意,就上文"将以法术之言矫人主阿辟之心"而言。同好:投合君主的爱好,就上文"同乎好恶"而言。 [17]轻:轻微,指职务不重要。贱:卑贱,指地位低。 [18]一口:一张嘴,形容法术之士的"无党孤特"。一国:全国,指当涂之人"朋党又众,而一国为之讼"。 [19]操五不胜之势:处于这五种不能胜利的形势下。操,掌握,引申为占据。势,形势。 [20]以岁数:用年来计算,形容时间长,就是长年累月的意思。数,计算。不得见:指不能见到君主。 [21]乘:趁着,凭借。资:资助,凭借的条件。 [22]旦暮:早晨和晚上,指每时每刻。说(shuì):进说,劝说。于前:指在君主面前。 [23]奚道:何由,靠什么。奚,何,什么。道,由,从。得进:得到进用。 [24]奚时得悟:什么时候能够醒悟。 [25]资必不胜:凭借的条件一定不能得胜。势不两存:客观的形势决定不可能(与当涂之人)同时并存。 [26]焉得:怎么能,哪里能够。 [27]以:用,凭借。诬:诬陷,陷害。 [28]公法:国家的法令。诛:杀。 [29]被:加。 [30]这句是说：派遣刺客来暗杀他。私剑，私门豢养的刺客。穷，穷尽，指结束生命。　[31] 是：这样。明：明了，精通。逆主上：违背君主，即上文所说的"矫人主阿辟之心，是与人主相反也"。逆，违背，不迎合。　[32] 不僇于吏诛：不被杀于官吏的惩处。僇，通"戮"，杀害。　[33] 这句是说：拉党结派、紧密勾结来蒙蔽君主，花言巧语、歪曲事实来使权臣得利的人。比周，勾结。弊，通"蔽"。曲，歪曲，指歪曲事实、颠倒是非。便，利。　[34] 信于重人：被重人信任。　[35] 可以功伐借者：可以用功劳作为借口的。功伐，功劳。借，凭借，借助，借口。　[36] 贵之：使他们显贵，指提高他们的地位。　[37] 借以美名：用美好的名声作为凭借。　[38] 外权：其他国家诸侯的势力。重之：重用他们，使他们担任重要的职务。　[39] 趋：奔走，投奔。私门：指重人的门下。　[40] 显于官爵：因加官进爵而显贵。显，显贵，地位高。　[41] 重于外权：由于外国势力而得到重用。　[42] 合：会合，指把言与事、名和实放在一起比较，看是否符合。参验：检验，验证。合参验，（用事实来）比较验证。"合参验"是韩非提倡的一种考核办法，即所谓的形名术，可参见本书"导读"第五节第（三）小节及《主道》《二柄》注。行诛：行使刑罚。　[43] 待：等。见功：见到臣下的功劳。爵禄：此处用作动词，给予爵位俸禄。　[44] 安：哪里，怎么。蒙：蒙受，冒着。　[45] 乘利：处在有利的时机。

　　夫越虽国富兵强[1]，中国之主皆知无益于己也[2]，曰："非吾所得制也[3]。"今有国者虽地广人众，然而人主壅蔽[4]，大臣专权，是国为越君主不能控制政权就是亡国之君。为了说明这一问题，韩非既着眼于地理作横向类比，又着眼于历史作纵向对照，再着眼于现实以"死人"喻说。其连类博喻以明其意，于此可见一斑。

也[5]。智不类越，而不智不类其国，不察其类者也[6]。人主所以谓齐亡者[7]，非地与城亡也，吕氏弗制而田氏用之也；所以谓晋亡者[8]，亦非地与城亡也，姬氏不制而六卿专之也[9]。今大臣执柄独断[10]，而上弗知收[11]，是人主不明也。与死人同病者，不可生也；与亡国同事者[12]，不可存也。今袭迹于齐、晋[13]，欲国安存，不可得也。

[注释]

[1]越：古代南方的一个诸侯国，范围包括今浙江大部和江苏、江西的部分地区，公元前473年攻灭吴国后迁都琅琊（今山东青岛黄岛区），后为楚所灭。　[2]中国：指当时中原地区各诸侯国。　[3]制：控制。　[4]壅：阻塞，隔绝，此处用作被动。壅蔽，被蒙蔽。　[5]这句是说：这样，他的国家就成为越国了。也就是说，他的国家和越国一样，不能加以控制了。　[6]"智不类越"三句是说：知道自己的国家不像越国那样遥远而无法控制，却不知道自己的国家被大臣专权已不像自己的国家了，这是不明了自己的国家与越国的相似之处啊。智，通"知"。类，类似，相似。　[7]主：当作"之"。齐：诸侯国名。西周初，周武王把齐国封给姜太公吕尚，以后为吕尚后代世袭，故为吕氏之国。齐简公四年（前481），田常杀死了齐简公而拥立齐平公，自己任相国，于是齐国的政权完全为田氏控制，吕氏之君名存实亡，所以韩非称之为"齐亡"。亡：灭亡，指不能控制政权。　[8]晋：诸侯国名，侯爵。西周初，周公灭唐，成王把此地封给自己的弟弟叔虞，叔

虞的儿子燮因唐城南有晋水，改称为晋侯。周是姬姓，晋国为姬姓世袭，所以为姬姓之国。晋顷公十二年（前514），赵氏、韩氏、魏氏、智氏、范氏、中行（háng）氏等六卿以国法诛灭晋国的宗族，夺取了姬氏宗族的封地，各任命自己的儿子为大夫。这样，晋国的政权完全控制在六卿手中，晋侯已名存实亡。　[9]卿：诸侯国内的高级官爵，在公之下，大夫之上。六卿，指晋顷公（前525—前512年在位）、晋定公（前511—前475年在位）之时的范氏、中行氏、智氏、赵氏、韩氏、魏氏六大家族，由于这六氏酿成了晋国的灭亡，所以一般所称之"六卿"往往是指这六氏。专：独占。　[10]执：握。柄：权柄，指国家大权。　[11]收：指收回权力。　[12]事：行，做事。　[13]袭迹于齐、晋：沿着齐国、晋国的老路走，指重蹈覆辙。袭，因袭，沿着。迹，踪迹。

凡法术之难行也，不独万乘[1]，千乘亦然[2]。人主之左右不必智也[3]，人主于人有所智而听之[4]，因与左右论其言，是与愚人论智也；人主之左右不必贤也，人主于人有所贤而礼之[5]，因与左右论其行，是与不肖论贤也[6]。智者决策于愚人，贤士程行于不肖[7]，则贤智之士羞而人主之论悖矣[8]。

所谓"左右不必智"，则未必皆愚。韩非为了表达自己的观点，便不顾上文所言而推断说"与左右论其言，是与愚人论智"。从逻辑上来说，此论证显然无效。

外行评价内行、无德者评价有德者之事所在多有，可见韩非揭示的是社会通病。

[注释]

[1]独：单，只。万乘（shèng）：万辆兵车，指拥有万辆兵

车的诸侯国，泛指强大的诸侯国（参见《备内》注）。　[2]千乘：拥有千辆兵车的诸侯国，泛指较小的诸侯国。亦：也。然：这样。　[3]不必：不一定。智：智慧，聪明。　[4]这句是说：君主在人们中间发现了自己认为是有智慧的人而听取他们的意见。所智，被认为有智慧的，指君主心目中的聪明人。　[5]礼：礼遇，尊重。　[6]不肖：不贤，指没有道德和才能的人。　[7]"智者决策于愚人"二句是说：有智慧的人要由愚蠢的人来裁决自己的计谋，有德才的人要由无能之辈来评定自己的品行。决，决断，判断，裁决。策，计策。程，衡量，度量，品评。行，德行，品行。　[8]羞：感到耻辱，受耻辱。论：论断。悖：谬误，荒谬。

受贿之事在古代官场上司空见惯，而并非限于"人主之左右"。在当时的政治环境中，人们为了不吃亏或者想多得利，就会千方百计地向有权者行贿。结果，也就没有了公正，不愿送礼行贿的修智之士得不到任用，得到重用的就只能是那些奉承拍马、大搞腐败的人。

究竟是"以功伐决智行""以叁伍审罪过"，还是只听"左右近习之言"，实是区别君主是英明还是昏庸的分水岭。

人臣之欲得官者，其修士且以精絜固身[1]，其智士且以治辩进业[2]。其修士不能以货赂事人[3]，恃其精洁[4]；而更不能以枉法为治[5]；则修智之士不事左右、不听请谒矣[6]。人主之左右，行非伯夷也[7]，求索不得[8]，货赂不至[9]，则精辩之功息[10]，而毁诬之言起矣[11]。治辩之功制于近习[12]，精洁之行决于毁誉[13]，则修智之吏废[14]，则人主之明塞矣[15]。不以功伐决智行[16]，不以叁伍审罪过[17]，而听左右近习之言，则无能之士在廷，而愚污之吏处官矣[18]。

[注释]

[1]修士：道德修养高尚的人，指法术之士。且：将。以精絜固身：以廉洁来约束自己，即保持自身的廉洁。精，通"清"（用松皋圆之说），清白。絜，通"洁"，廉洁。固，坚持，约束。身：自身。　[2]智士：有智慧的人，指法术之士。治辩：办事分明，指不枉法，即下文的"不能以枉法为治"。辩，通"辨"，分辨，分明。进业：使自己的功业有所长进。　[3]货赂：财物贿赂。事：侍奉，奉承。　[4]恃：依仗，依靠。　[5]根据上下文，"更"字上脱"其智士"三字。枉法：违法。　[6]不听请谒（yè）：指不接受私下的说情请托。请，请求。谒，请求，拜托。"不事左右"指修士而言，"不听请谒"指智士而言。修士廉洁，所以不用货赂侍奉左右；智士治辩不枉法，所以不听请谒。　[7]行非伯夷：品行并不像伯夷那样清高廉洁。伯夷，古人心目中的清高廉洁之人（其事迹可参见《奸劫弑臣》注），韩非也沿袭了这种说法。　[8]求索不得：索取的东西没有得到。求索，求取，索取，这里指私下的要求和勒索。　[9]货赂不至：财物贿赂没送到。　[10]精辩之功息：指修士、智士的功业被抹杀。精辩，指上文的"精絜"和"治辩"。息，止息，消灭。　[11]毁：诋毁，毁谤。诬：诬蔑，诬陷。　[12]制：控制。近习：亲近的人，指君主身边的亲信。　[13]决于毁誉：指根据君主左右亲信的诋毁或吹捧来判断。决，判断。毁誉，诋毁和称誉。　[14]修智之吏：品德好、有智慧的官吏。废：废除，罢免。　[15]则：而。明：明察，聪明。　[16]决：判断。智行：智慧和品行。　[17]这句是说：不通过多方面的比较检验来审查罪行和过错。叁伍：三与五，表示多而错杂，引申为将多方面的情况放在一起加以比照检验。　[18]污：贪污，腐败。处官：在官位上。

韩非把"人臣有大罪",归咎于君主的"大失",这其实也是君主集权思想的组成部分。既然实行君主集权,那么臣子有罪,君主就负有管理责任了。

万乘之患,大臣太重[1];千乘之患,左右太信[2]:此人主之所公患也[3]。且人臣有大罪,人主有大失,臣主之利与相异者也[4]。何以明之哉[5]?曰:主利在有能而任官,臣利在无能而得事[6];主利在有劳而爵禄,臣利在无功而富贵;主利在豪杰使能[7],臣利在朋党用私[8]。是以国地削而私家富,主上卑而大臣重。故主失势而臣得国[9],主更称蕃臣而相室剖符[10]。此人臣之所以谲主便私也[11]。故当世之重臣,主变势而得固宠者[12],十无二三[13]。是其故何也[14]?人臣之罪大也。臣有大罪者,其行欺主也,其罪当死亡也[15]。智士者远见而畏于死亡,必不从重人矣;贤士者修廉而羞与奸臣欺其主[16],必不从重臣矣。是当涂者之徒属[17],非愚而不知患者,必污而不避奸者也[18]。大臣挟愚污之人[19],上与之欺主,下与之收利侵渔[20],朋党比周,相与一口[21],惑主败法[22],以乱士民,使国家危削[23],主上劳辱[24],此大罪也。臣有大罪而主弗禁,此大失也。使其主有大失于上[25],臣有大罪于下,索国之不亡者[26],不可得也。

[**注释**]

[1]患：祸害。重：指权势重。 [2]左右太信：对身边的近臣太信任。 [3]公：共同。 [4]与相异：当作"相与异"，不相同。 [5]明：说明。 [6]事：职事，指官职。 [7]豪杰使能：对豪杰使用其才能。 [8]用私：任用自己的臣属，指任用党羽。 [9]势：权势，指君主的权力和威势。 [10]更称蕃臣：改称臣属。更，改变。蕃，通"藩"，属国，封建王朝给诸侯王的封国。蕃臣，从属国的臣子，受封的臣属。相室剖符：相国剖分信符，指执政大臣掌握了政权，行使君主的权力，用信符任命官吏、发号施令，即上面所说的"主失势而臣得国"。相室，指相国，是国内最高的执政大臣。剖符，古代用符作为君臣间的凭证。君主任命官吏、分封领地、调兵遣将时，把符分成两半，一半留在朝廷，一半交给官吏作为凭证，这叫做剖符。剖符的大权应该是君主掌握的。剖，剖分。符，信符，参见《主道》注。 [11]谲（jué）：欺诈。便私：利私，谋取私利。 [12]这句是说：政治形势发生变化后，能得到原有尊宠的。主变势，君主改变了权势，指君权更替，新的君主掌握大权，改变了政治形势。固，通"故"，原来的。宠，尊宠，荣耀。 [13]十无二三：十个里面还不到两三个，形容稀少。 [14]这句是说：这种情况，它的缘故是什么呢？是，此，这。 [15]当：判决，判处。 [16]这句是说：贤能的人廉洁自好而认为和奸臣一起去欺骗他的君主是可耻的。修，有修养，美好。廉，方正，正直。羞，羞耻，此处为意动用法。 [17]是：这样。徒属：指当涂者的追随者。徒，徒党。属，部属。 [18]污：贪污，腐败。不避奸：不回避邪恶，指肆无忌惮地去干坏事。 [19]挟：挟持，控制。 [20]收：搜刮（钱财）。利：贪污（钱财）。侵：侵害。渔：猎取，掠夺。 [21]相与一口：互相统一口径，指串通一气、相互附和。一，统一。 [22]惑：

迷惑。败法：败坏法制。　[23]削：指国土被其他国家侵占割削。　[24]劳：劳累，劳苦。辱：耻辱，屈辱。　[25]使：假使，如果。　[26]索：求。

[点评]

本文主要论述法术之士的孤独与愤慨，所以题为"孤愤"。

由于法术之士"远见而明察""强毅而劲直"，他们将"烛重人之阴情"，"矫重人之奸行"，所以，他们与掌握重权的"当涂之人"一定是"不可两存之仇"。

由于"当涂之人擅事要"，因而"外内为之用"，把君主给蒙蔽了；再加上他们善于迎合君主，"即主心、同乎好恶"，所以他们受到了君主的信任和重用。至于法术之士，不但没有"信爱之亲、习故之泽"而"处势卑贱，无党孤特"，而且还要"以法术之言矫人主阿辟之心"，君主又不能觉悟，不但"不以功伐决智行，不以参伍审罪过"，而且一切都"听左右近习之言"，因此，法术之士一定斗不过"当涂之人"，结果"不僇于吏诛，必死于私剑"。至于那些"奸邪之臣"，"朋党比周以弊主，言曲以便私"，从而获得了重人的赏识和重用，"不显于官爵"，就"重于外权"，结果使得"主上愈卑，私门益尊"，君主也就不能不危亡了。这种极为尖锐激烈的政治斗争，是当时韩国朝政的真实写照，在那动荡不安的战国时代，富有典型意义。因此，它对于我们了解那个时代的历史状况和政治现实，都具有极大的价值。

当然，奸臣有如此"大罪"，得归咎于君主的"大失"，因为这是君主使"大臣太重"、对"左右太信"的结果。由于"臣主之利相与异"，所以君主不可不防臣下"谲主便私"，以避免"主上卑而大臣重""主失势而臣得国"的结局。韩非的论述语重心长，因此秦王政读了《孤愤》之后，赞叹不绝。从这里我们也可以看出这篇文章在当时所具有的重大现实意义。

说难第十二

人之常情，往往听得进合自己心意的话而听不进与自己观点不同的话，即所谓"话不投机半句多"。说者先摸透听者的心理，然后再设法去迎合它，才能取得进说的成功。这在交际领域具有普遍意义。到什么山唱什么歌，说话要看对象，写文章要看读者，这应该是每个人交际时必须遵循的基本原则。违反了这一原则，就很难取得满意的效果。对于拥有生杀大权的君主，当然更不能随意进言，因为弄不好就会招来杀身之祸，历史上很多忠臣就是因为其直言进谏不合昏君心意而死于非命。因此，对于昏庸之人，进说者如果既要保持节操，又不招致伤害，就只能三缄其口了。

凡说之难[1]：非吾知之有以说之之难也[2]，又非吾辩之能明吾意之难也[3]，又非吾敢横失而能尽之难也[4]。凡说之难：在知所说之心，可以吾说当之[5]。

[注释]

[1]说（shuì）：进说，游说，谏说。 [2]之：第一个是代词，指事理；第二个是代词，指谏说的对象，即君主；第三个是结构助词，相当于"的"。 [3]辩：辩说。之：第一个是代词，指事理；第二个是结构助词，相当于"的"。 [4]"凡说之难"四句是说：大凡进说的困难，不是我能否了解事理从而拥有用来说服君主的论据这样的困难，也不是我能否辩说分析事理从而能阐明我的主张这样的困难，也不是我是否敢于毫无顾忌从而能够把我所知道的事理全部讲出来这样的困难。这也就是说，向君主进说的困难，

不在于我言之无理、辞不达意、没有胆气。横失，横行放肆，指毫无顾忌而畅所欲言，与下文"极骋智辩"的意思相似。失，通"佚"（yì），放肆。　[5]"在知所说之心"二句是说：在于了解被劝说的君主的心意，然后用我的话去迎合这种心意。当，适应，迎合。

所说出于为名高者也，而说之以厚利，则见下节而遇卑贱[1]，必弃远矣[2]。所说出于厚利者也，而说之以名高，则见无心而远事情[3]，必不收矣[4]。所说阴为厚利而显为名高者也[5]，而说之以名高，则阳收其身而实疏之[6]；说之以厚利，则阴用其言显弃其身矣。此不可不察也[7]。

[注释]
[1]"所说出于为名高者也"三句是说：所劝说的君主属于追求高尚名声的人，如果用重利去劝说他，那么游说者就会被看作是节操卑下且志向下贱。遇卑贱，合于卑贱，指志向与卑贱者相合。　[2]弃：遗弃，抛弃。远：疏远。　[3]心：心计，谋略。远事情：远离事实，脱离实际。　[4]收：接收，录用。　[5]阴：暗地里，指心底里。显：明，公开，指表面上。　[6]阳：表面上。身：本身，指进说的人。　[7]察：明察，注意。

夫事以密成[1]，语以泄败。未必其身泄之也[2]，而语及所匿之事[3]，如此者身危。彼显有

"阴为厚利而显为名高者"其实很多。因为大多数人都重利，但孔子又说："君子喻于义，小人喻于利。"（《论语·里仁》）于是人们认为"为厚利"者即小人。在这样的道德观念影响下，就出现了大量表面上讲求道义而满脑子带着铜臭味的"正人君子"。

人都不愿意暴露自己的隐私，所以忌讳别人言其"所匿之事"，说者即使不知道其隐私，但说辞一旦与其隐私有联系，也难免会遭忌恨，更何况面对拥有生杀之权的君主，所以会招致杀身之祸。

> 无论与谁说话，还是应该尽量避免"挑其恶"的话题。

所出事[4]，而乃以成他故[5]，说者不徒知所出而已矣[6]，又知其所以为，如此者身危。规异事而当[7]，知者揣之外而得之[8]，事泄于外，必以为己也[9]，如此者身危。周泽未渥也[10]，而语极知[11]，说行而有功[12]，则德忘[13]；说不行而有败，则见疑[14]，如此者身危。贵人有过端[15]，而说者明言礼义以挑其恶[16]，如此者身危。贵人或得计而欲自以为功[17]，说者与知焉[18]，如此者身危。强以其所不能为，止以其所不能已[19]，如此者身危。故与之论大人[20]，则以为间己矣[21]；与之论细人[22]，则以为卖重[23]。论其所爱，则以为藉资[24]；论其所憎，则以为尝己也[25]。径省其说[26]，则以为不智而拙之；米盐博辩[27]，则以为多而交之[28]。略事陈意[29]，则曰怯懦而不尽[30]；虑事广肆[31]，则曰草野而倨侮[32]。此说之难，不可不知也。

> "与之论大人"以下所述君主对说者的种种误解，主要源自君主对说者的不信任。所以，要避免这种种后果，说者首先应该采取各种办法，努力缩小与君主之间的距离，等到完全取得君主的信任，那么这些误解也就涣然冰释了。

[注释]

[1] 夫：发语词。以：因为。密：秘密。 [2] 其身：指进说者本人。泄：泄露，这里指有意泄露。 [3] 语：讲话，谈话。及：涉及，触及。所匿之事：（君主心中）所隐藏着的事。匿，隐

藏。　[4]彼：指被说者，即君主。显：公开，指表面上。有所出事：指做出某件事。出，生，做出。　[5]以成他故：用它来办成其他的事。故，事。　[6]不徒：不但。徒，只，仅。所出：指君主做出的那件事。而已矣：罢了。　[7]规：规划，谋划。异：异常，非同寻常。当：中肯，合意，指合乎君主心意。　[8]知者：聪明人。知，通"智"。揣（chuǎi）：估量，猜测。外：外部，外面。　[9]这句是说：君主必定认为是进说的人泄露的。　[10]周泽未渥：交情还没有深厚。周，密，亲密。泽，恩宠，情谊。渥，深厚。　[11]语极知：把知道的东西全说了。　[12]行：实行，指行得通。功：功效，成效。　[13]德：奖赏。忘：被遗忘。　[14]见疑：被怀疑。　[15]贵人：地位尊贵的人，指君主。过端：错事，缺点，短处。　[16]挑：拨弄，挑动，挑出。恶：不良行为。　[17]或：有时。得计：得到了理想的计谋，计谋得当。　[18]与（yù）知焉：参预并且了解了这一计谋。　[19]"强（qiǎng）以其所不能为"二句是说：强求君主去做他没有能力做的事，而君主不肯罢休的事却偏要阻止他做。强，勉强。已，停止。　[20]之：指君主。论：议论。大人：指大臣。　[21]这句是说：君主就认为是离间他与大臣的关系。间，离间。己，指国君自己。　[22]细人：小人，指君主身边的侍从。　[23]卖重：卖弄权势。君主身边的小臣虽然地位低微，但有权有势，与君主谈论其身边的小臣，那么君主会以为自己是想借他们来卖弄权势、炫耀自己。　[24]藉（jiè）资：借助，指凭借君主所喜爱的人来拉关系，以作为自己的资助。藉，凭借。资，资助。　[25]尝：试探。己：自己，指君主。　[26]径省其说：（进说的人）说话开门见山，简单扼要。径，直接，直截了当。省，简略。　[27]米盐：指日常琐碎的小事，这里是形容说话详尽繁琐。博：广博。辩：辩说，议论。　[28]这句是说：就认为他说得啰嗦而驳杂。多，啰嗦。交，通"驳",驳杂。　[29]略事陈意:简略地叙说事情,只陈述它的大意。　[30]怯懦:胆小怕事。　[31]虑:谋划。广肆:广泛放肆。　[32]草野:粗野。倨侮:傲慢。

"饰所说之所矜而灭其所耻"为此文主旨,其目的在于讨好对方,以取得对方的信任,并获得进说的成功。这一游说进程,在当时具有相当程度的正确性,值得注意。至于此下进说者如何针对不同的情况进行趋避投合,韩非也阐述得周密而细致,令人叹为观止。

"大意无所拂悟"的说辞虽然合乎听者的胃口,能使对方对自己亲近不疑而把话说完,但这不过是一些阿谀奉承之言,是以牺牲自己的主见为前提的,所以有独立人格的人往往不去做。

凡说之务[1],在知饰所说之所矜而灭其所耻[2]。彼有私急也,必以公义示而强之[3]。其意有下也[4],然而不能已[5],说者因为之饰其美而少其不为也[6]。其心有高也[7],而实不能及,说者为之举其过而见其恶[8],而多其不行也[9]。有欲矜以智能[10],则为之举异事之同类者[11],多为之地[12],使之资说于我[13],而佯不知也以资其智[14]。欲内相存之言[15],则必以美名明之[16],而微见其合于私利也[17]。欲陈危害之事[18],则显其毁诽[19],而微见其合于私患也[20]。誉异人与同行者[21],规异事与同计者[22]。有与同污者[23],则必以大饰其无伤也[24];有与同败者,则必以明饰其无失也。彼自多其力[25],则毋以其难概之也[26];自勇之断[27],则无以其谪怒之[28];自智其计[29],则毋以其败穷之[30]。大意无所拂悟,辞言无所击摩[31],然后极骋智辩焉[32]。此道所得,亲近不疑而得尽辞也[33]。

[**注释**]

[1]务：要务，要领。 [2]这句是说：在于懂得美化君主自鸣得意的地方而掩盖他认为耻辱的地方。饰，粉饰，美化。矜，自夸，自美，自鸣得意。灭，掩盖，遮蔽。 [3]"彼有私急也"二句是说：君主有个人的迫切需求，虽然不一定合于国家的利益，但进说者必须指明这是合乎国家利益的，并且劝勉他去做。彼，他，指君主。私急，私人的急事，指君主个人迫不及待的欲望。公义，指国家的利益。示，给人看，显示，指明。强（qiǎng），劝勉，鼓励。 [4]其意有下：指君主心里有卑鄙的念头。意，意念，意图。下，卑下。 [5]已：止，抑制。 [6]这句是说：进说的人就应该替他把这种卑鄙的念头粉饰成美好的，而嫌他不去做。前一个"为"，给，替。之，他，指君主。前一个"其"，指卑下的意图。少，贬低，看不起。 [7]高：指崇高远大的愿望。 [8]其：指高远的愿望。过：缺点。见：同"现"，显现，揭示。恶：坏处。 [9]多：称赞。行：做。 [10]矜：自夸。智：聪明才智。能：能力。 [11]举异事之同类者：举出与它类同的其他事情。异，其他。 [12]地：根据。 [13]这句是说：使他从我这里取得说话的材料。资，取，借取。 [14]佯：假装。资：资助，帮助。 [15]这句是说：想要进献保全君主私利的话。内（nà），通"纳"，进献。相，指代性副词，这里偏指君主。存，保全。相存，等于说"存君"，保全君主。 [16]美名：美好的名义，指符合公义的名义。名，名义。明：阐明。 [17]微见：暗示。微，隐约地，暗暗地。见，同"现"，显示。 [18]陈：陈述。 [19]这句是说：说明如果做了这种事情将会受到的诋毁和非议。显，明，显露，说明。其，指危害之事。毁诽，毁谤，指舆论的不满。 [20]合于私患：与个人祸患合在一起，指对君主有害。 [21]这句是说：称赞其他人中与君主有同样品行的人。这样，既赞誉了君主，又

韩非一心"振世"的崇高志趣具有无比的人格魅力，这种志趣应该是一切政治家、思想家必须具备的基本素质。如果他的政治目的不在于"振世"，那么他所说的不惜卑躬屈膝去迎合君主以求得"听用"的这一套手段就与《奸劫弑臣》所批判的"顺人主之心以取亲幸之势"的权奸之道没有什么本质区别了。由此文还可以看到，先说一些"大意无所拂忤，辞言无所击摩"的阿谀奉承之言只是进说者为了取得成功而必须付出的人格代价，是一种以屈求伸的谏说策略，韩非曲线"振世"的宗旨于此昭然若揭。

不显得阿谀奉承。誉，称赞。异，其他。行，品行。　[22]这句是说：谋划与君主所做的事有同样计策的其他事情。这样，既资助了君主的智谋，又避免了自我夸耀的嫌疑。　[23]与同污者：与君主有同样污点的人。　[24]饰：粉饰。伤：害。　[25]彼自多其力：君主自己夸耀他的力量。　[26]毋：不要。其难：君主难以办到的事。概：量米粟时用来刮平斗斛的木板，引申为刮平，这里是刮削、挫折的意思。　[27]勇：勇敢，这里是意动用法，认为……是勇敢的。之：其。断：决断。　[28]谪：过失。怒：激怒。　[29]智：这里是意动用法，认为……是聪明的，认为……是高明的。　[30]穷：困，窘迫，难堪，这里是使动用法，使……难堪。　[31]"大意无所拂悟"二句是说：进说的基本内容没有冒犯君主的地方，言辞没有与君主抵触的地方。大意，主旨，指进说的主要内容。拂悟，违反，抵触。悟，通"忤"。击摩，摩擦，抵触。　[32]骋：尽情施展，不受拘束地发挥。智：智慧，聪明。辩：口才。　[33]"此道所得"二句是说：这种方法所得到的，是君主对自己亲近不疑，从而能够说完自己的话。道，途径，方法。

伊尹为宰[1]，百里奚为虏[2]，皆所以干其上也[3]。此二人者，皆圣人也[4]；然犹不能无役身以进[5]，如此其污也[6]！今以吾言为宰虏，而可以听用而振世[7]，此非能仕之所耻也[8]。夫旷日离久[9]，而周泽既渥[10]，深计而不疑[11]，引争而不罪[12]，则明割利害以致其功[13]，直指是非以饰其身[14]，以此相持[15]，此说之成也。

[注释]

[1]伊尹：一名伊挚，商汤的相。宰：厨师。伊尹为宰，据《史记·殷本纪》和《墨子·尚贤》记载，伊尹想求得汤的任用而没有什么途径。汤娶有莘氏的女儿，伊尹就作为有莘氏女儿的陪嫁之臣，当厨师来接近汤。汤发现他有才能，就任用他为相。后来他帮助汤攻灭了夏桀。　[2]百里奚：春秋时人，原是虞国大夫，公元前655年晋献公灭虞，他被俘成为奴隶。后来晋献公把女儿嫁给秦国，将其作为陪嫁之臣。他在途中外逃，被楚国人抓住。秦穆公听说他有才能，就用五张羊皮把他赎了去，并授之以国政，称他为五羖大夫。后来，他与蹇叔、由余等共同帮助秦穆公建立了霸业。虏：奴隶。　[3]干其上：求其君，指求取君主的重用。干，求。　[4]圣人：才智道德杰出的人。　[5]犹：还是。役身：使自己成为仆役。役，仆役，供人役使的人，这里是使动用法。进：进用。　[6]如此其污："其污如此"的倒置，他们的卑下竟像这样！污，卑鄙，卑下。　[7]"今以吾言为宰虏"二句是说：现在即使把我的言论看作是像宰虏那样卑贱之人所讲的，但只要可以被听从并用它来拯救时世。振，救。　[8]能仕：智能之士，有才能的人。仕，通"士"。　[9]旷日：历时久远。旷，长久地耗费。离久：与"旷日"的意义相同，指经历了很长的时间。离，经。　[10]周泽既渥：（与君主的）交情已经很深厚。既，已。　[11]深计：深入地策划。　[12]引争：引发争论，发生争执。　[13]这句是说：明白地决断事情的利害得失，从而使君主取得成功。割，剖析，裁断。致，获致，取得。　[14]直指：直截了当地指明。饰：通"饬"，整治，端正。其：指君主。　[15]相持：相处，相待。

昔者郑武公欲伐胡[1]，故先以其女妻胡君

韩非说"知之"不难，只是为了突出"处知"之难。其实，由"不知"到"知之"也不易，只是"知之"后如何来处理其认知则更难，因为这不但需要较高的对自然界与社会规律的认知水平，还需要丰富的社会政治经验。

以娱其意[2]。因问于群臣："吾欲用兵，谁可伐者？"大夫关其思对曰[3]："胡可伐。"武公怒而戮之[4]，曰："胡，兄弟之国也[5]。子言伐之[6]，何也？"胡君闻之，以郑为亲己，遂不备郑。郑人袭胡，取之[7]。宋有富人，天雨墙坏。其子曰："不筑，必将有盗。"其邻人之父亦云[8]。暮而果大亡其财[9]。其家甚智其子[10]，而疑邻人之父。此二人说者皆当矣[11]，厚者为戮[12]，薄者见疑[13]，则非知之难也[14]，处知则难也[15]。故绕朝之言当矣[16]，其为圣人于晋[17]，而为戮于秦也，此不可不察。

[注释]

[1]昔者：从前。郑武公：姬姓，名掘突，春秋初期郑国君主，前770—前744年在位。胡：诸侯国名，归姓，在今河南漯河郾城区东南，春秋初年郑武公曾取其地，胡国便向东南迁移，居于今安徽阜阳一带，公元前495年被楚国所灭（参见《左传》定公十五年）。 [2]故：故意。妻：嫁给……为妻。娱：快乐，这里是使动用法，使……快乐。 [3]关其思：郑国大夫，周平王八年（前763）被杀。 [4]戮：杀。 [5]兄弟：指具有婚姻关系。 [6]子：你。 [7]取：指夺取土地。 [8]父：老人。云：说。 [9]亡：失。 [10]甚：很，非常。智：这里是意动用法，认为……聪明。 [11]此二人：指关其思和邻人之父。当：合适，

恰当。　[12]厚：重。为：被。　[13]薄：轻。见：被。　[14]知：了解，认识。之：指事理。　[15]处：处理，处置。　[16]绕朝：人名，春秋时期秦国大夫。据《左传》文公十三年与马王堆汉墓帛书《春秋事语》记载，晋国的大夫士会逃亡到秦国，晋国派魏寿余假装降秦以诱骗士会回国。绕朝识破了晋国的计谋，劝诫秦康公说："魏寿余这次来，实是为了诱骗士会，请您别接收他。"但康公没有听绕朝的劝告。士会回晋国后，觉得绕朝的才智对自己威胁很大，就派间谍到秦国谗毁绕朝。秦康公听信了谗言，杀了绕朝。韩非这里所说的"绕朝之言"，即指绕朝劝诫秦康公的话。当：适当。　[17]这句是说：他（指绕朝）在晋国人看来是极端明智的人，即指士会对他的看法。

昔者弥子瑕有宠于卫君[1]。卫国之法：窃驾君车者罪刖[2]。弥子瑕母病，人间往夜告弥子[3]，弥子矫驾君车以出[4]。君闻而贤之[5]，曰："孝哉！为母之故，忘其刖罪。"异日[6]，与君游于果园，食桃而甘[7]，不尽[8]，以其半啖君[9]。君曰："爱我哉！忘其口味以啖寡人[10]。"及弥子色衰爱弛[11]，得罪于君，君曰："是固尝矫驾吾车[12]，又尝啖我以余桃。"故弥子之行未变于初也，而以前之所以见贤而后获罪者，爱憎之变也[13]。故有爱于主，则智当而加亲[14]；有憎于主，则智不当见罪而加疏。故谏说谈论之士，不

情感会影响对人的态度、判断。所谓"情人眼里出西施"，是因为"爱"在起作用；所谓"因人废言"，是因为"憎"在起作用。明白了这一点，那么无论是与人说话，还是给人做事，都应该先审察对方对自己的态度，然后再决定该如何说、如何做。

可不察爱憎之主而后说焉。

[注释]

[1]弥子瑕：人名，春秋时期卫灵公的宠臣。卫君：指卫灵公，名元，春秋时期卫国君主，前534—前493年在位。　[2]窃驾：偷着驾御。罪：惩处，施刑。刖（yuè）：通"跀"，砍去脚尖的刑罚（用段玉裁之说）。　[3]间（jiàn）：隐微，秘密。　[4]矫：假托（君主的命令）。　[5]贤：有道德有才能，这里是意动用法。贤之，认为他有德行。　[6]异日：他日，有一天。　[7]甘：甜。　[8]不尽：不吃完。　[9]啖（dàn）君：给君吃。啖，给人吃。　[10]口味：嘴边的美味食物。味，美味的食物。寡人：君主自称的谦词。　[11]色：容颜。衰：衰老。弛：松驰，减退。　[12]是：这，指弥子瑕。固：本来。尝：曾经。　[13]"故弥子之行"三句是说：弥子瑕的行为与当初相比并没有改变，但在从前被看作是有德行的事情到后来却招致了罪名，这是因为君主对弥子瑕的爱憎态度有了改变。初，当初。　[14]加：更加。

夫龙之为虫也，柔可狎而骑也[1]；然其喉下有逆鳞径尺[2]，若人有婴之者[3]，则必杀人。人主亦有逆鳞，说者能无婴人主之逆鳞，则几矣[4]。

[注释]

[1]"夫龙之为虫也"二句是说：龙作为一种动物，驯服时可随便戏弄并骑着玩。为，作为。虫，古代对动物的泛称。柔，和顺，驯服。狎，戏弄。　[2]逆鳞：倒长的鳞片。径尺：长一尺。　[3]婴：

龙原是古人想象出来的动物，古代常把龙与帝王联系在一起。韩非在龙之"柔"态基础上，又进一步塑造出其喉下之"逆鳞"，然后再用于比喻，就非常贴切而令人难忘了。所谓"人主之逆鳞"，就是君主的忌讳反感区域。这样的区域其实每个人都有，所以游说者在进说前一定要先了解自己要游说的对象，尽量不要触犯其忌讳而引起反感，否则就难以取得理想的结果了。

通"撄",触犯,碰。　[4]几:接近,差不多。

[点评]

战国时期,政治斗争十分激烈,谋臣策士到处奔走游说,他们都想得到君主的支持以推行自己的政治主张。韩非生活在战国后期,不但深切地了解战国时期策士们游说的甘苦,而且也曾数次进说韩王而没有成功,对游说的困难有切肤之痛。《说难》便是他根据战国时期策士们的游说教训和自己的切身体会所写成的一份关于向君主进说的经验总结,它专门论述游说君主的困难,所以题为"说(shuì)难"。文章详尽地分析了游说成败的原因,并提出了相应的游说方法。

韩非首先指出,游说的困难,不在其他,而在于迎合君主的心理,即"知所说之心,可以吾说当之"。如果不合君主胃口,那么游说者不但会被君主"弃远",而且还会有生命危险。他详细地分析了招致"身危"的各种游说,从反面对游说中的失败教训作了总结。

接着,他从正面阐述了游说的各种具体方法。其中关键的一点,就在于说者"知饰所说之所矜而灭其所耻",以博取君主的欢心。等到"周泽既渥,深计而不疑,引争而不罪"的时候,就可以"极骋智辩","明割利害以致其功,直指是非以饰其身",取得游说的成功。

韩非再三强调:为了游说的成功,"谏说谈论之士,不可不察爱憎之主而后说",在获得君主的信任之前,尽可卑躬屈膝,尽可使用种种诡诈的手段来迎合君主的心理。这种游说之术,其目的虽然是想"听用而振世",因此与《孤愤》中"重人"的"谲主便私"、《奸劫弑臣》中"奸臣"的"欺主成私"截然不同,但无论如何,韩非这里所鼓吹的进身之术,尽管反映了当时法术之士的积极进取精神,但也反映出他们卑鄙幸进的作风,与《孤愤》中所批判的"重人""即主心,同乎好恶"以及《奸劫弑臣》中所批判的"奸臣皆欲顺人主之心以取亲幸之势"的奸臣之道相差无几。从道德本质上来看,当时的法术之士作为封建统治阶级的一部分,与当时的"重人""奸臣"是有相似之处的,他们都是专制政治的产物。

从《说难》可以看出,韩非对游说的诀窍是很有研究的,但结果却连自己也没有能够逃脱游说的祸害。他出使秦国,上书秦王而被秦王杀害。可见,当时向君主进说的确是很困难的。司马迁对此深表同情,所以把《说难》全文录入了《史记·老子韩非列传》,其文字虽略有差异,但此文却因司马迁的转录而更为一般人所熟知。

奸劫弑臣第十四

凡奸臣皆欲顺人主之心以取亲幸之势者也[1]。是以主有所善[2]，臣从而誉之[3]；主有所憎，臣因而毁之[4]。凡人之大体[5]，取舍同者则相是也[6]，取舍异者则相非也[7]。今人臣之所誉者，人主之所是也，此之谓同取；人臣之所毁者，人主之所非也，此之谓同舍。夫取舍合而相与逆者[8]，未尝闻也[9]。此人臣之所以信幸之道也[10]。夫奸臣得乘信幸之势以毁誉进退群臣者[11]，人主非有术数以御之也[12]，非参验以审之也[13]，必将以曩之合己信今之言[14]，此幸臣之所以得欺主成私者也[15]。故主必欺于上而臣必重于下

"顺人主之心以取亲幸之势"。韩非所谓的奸臣，从政治学的观点来看，实是深谙这一政治规律并能自觉而熟练地运用这一规律的政治高手。忠奸之不同，恐怕只在于忠臣为公而奸臣为私，忠臣与君主是"英雄所见略同"，而奸臣对君主是无原则地一味迎合顺从而已。

矣[16]，此之谓擅主之臣[17]。

[注释]

[1]凡：凡是，所有的。顺：依顺，迎合。亲：亲近。幸：宠爱。势：权势，地位。 [2]是以：因此。所善：所喜爱的东西。 [3]从：顺从，跟着。誉：赞美，指吹捧。 [4]因：沿袭，跟着。毁：诋毁，毁谤。 [5]大体：大致的情形，一般情况。 [6]这句是说：取舍相同的人就互相认可。取舍同，指观点一致。取，选取，赞成。舍，舍弃，反对。是，肯定。 [7]非：否定，指责。 [8]合：符合，一致。相与逆：指互相对立，发生冲突。逆，抵触，不顺。 [9]未尝：从来没有。尝，曾经。 [10]这句是说：这就是臣子被信任和宠爱的道理。 [11]乘：凭借，依靠。进：进用，提拔。退：辞退，罢免。 [12]术数：权术，君主驾驭臣下的手段。御：驾驭，控制。 [13]参验：检验，用事实加以比较验证。参验是一种考核办法，即参验形名，参见本书"导读"第五节第（三）小节及《主道》《二柄》注。审：审查，鉴别。 [14]这句是说：一定会因为过去与自己意见相同而轻信他今天说的话。以，因为。曩，过去，从前。 [15]幸臣：得宠的奸臣。成私：成就私利，指篡权的阴谋得逞。 [16]重：指权势重，即身居要职。 [17]擅主之臣：控制君主的臣子。擅，独揽，控制。

国有擅主之臣，则群下不得尽其智力以陈其忠[1]，百官之吏不得奉法以致其功矣[2]。何以明之[3]？夫安利者就之，危害者去之，此人之情也[4]。今为臣，尽力以致功、竭智以陈忠者，其趋利避害是人之常情。如果公开的正义规则不能使人得到利益，甚至还会使人遭殃，非正义的潜规则能给人带来莫大的好处而避免祸害，那就会导致社会道德意愿的普遍贫乏，使人们不愿意乃至不敢奉公守法、坚持正道，而都去投靠权门、搞歪门邪道了，这势必会导致社会道德的整体滑坡。要扭转这种世风日下的趋势，就必须采取韩非在下文所说的"设利害之道以示天下"的办法，使"正直之道可以得利"，使那些非正义的潜规则毫无作用甚至带来祸害，从而为构建良好的社会道德奠定一种良好的政治基础。只有这样，才能重建良好的社会道德。

身困而家贫[5]，父子罹其害[6]；为奸利以弊人主、行财货以事贵重之臣者[7]，身尊家富，父子被其泽[8]：人焉能去安利之道而就危害之处哉[9]？治国若此其过也[10]，而上欲下之无奸、吏之奉法，其不可得亦明矣。

[注释]

[1]群下：群臣。尽：竭尽，充分发挥。智：智慧。陈：表达，献出。 [2]百官之吏：各种官职的官员。官，官职，职务。奉：奉行，遵守。致：获致，取得。 [3]何以明之：用什么来说明它？ [4]"夫安利者就之"三句是说：安全有利的就靠近它，危险有害的就离开它，这是人之常情。趋利避害是韩非对人性的基本看法，是其政治思想的社会学基础。就，接近，靠近。去，离开。 [5]身：本身。困：穷困，处境困难。 [6]罹：遭受。 [7]为奸利：做邪恶的事而谋取私利。弊：通"蔽"，蒙蔽。行：施，赐，赠送。事：侍奉，奉承。贵：显贵，指地位高。重：重要，指权势重，身居要职。 [8]被：蒙受。泽：恩泽，好处。 [9]焉：怎么，哪里。去：离开，舍弃。 [10]这句是说：治理国家的过错竟像这样。若此，像这样。过，过错，错误。

故左右知贞信之不可以得安利也[1]，必曰："我以忠信事上、积功劳而求安，是犹盲而欲知黑白之情[2]，必不几矣[3]；若以道化、行正理、不趋富贵、事上而求安[4]，是犹聋而欲审清浊由于人性自利,任何统治集团都难免有一些以权谋私的当权者。这样的当权者越多,向当权者行贿而能获利的潜规则的作用就越大,而公开的正义规则的作用就越小。在这样的政治氛围中,谁还能按正义规则办事而使自己吃亏乃至遭殃呢?人们为了获得利益(即使是正当的利益),便只能按照非正义的潜规则去行事,整个社会也就难免世风日下了。由此可见,要使整个社会的道德素质提高,首先要清除以权谋私的当权者,消除政治腐败。

之声也[5],愈不几矣[6]。二者不可以得安,我安能无相比周、蔽主上、为奸私以适重人哉[7]?"此必不顾人主之义矣[8]。其百官之吏亦知方正之不可以得安也[9],必曰:"我以清廉事上而求安[10],若无规矩而欲为方圆也[11],必不几矣;若以守法、不朋党、治官而求安[12],是犹以足搔顶也[13],愈不几也。二者不可以得安,能无废法、行私以适重人哉[14]?"此必不顾君上之法矣。故以私为重人者众[15],而以法事君者少矣。是以主孤于上而臣成党于下[16],此田成之所以弑简公者也[17]。

[注释]

[1]左右:君主的近臣。贞:忠贞,有操守。信:诚实。安:安全,安乐。利:利益,好处。 [2]这句是说:这就好像是盲人想要知道黑色和白色的实际情况一样。 [3]必不几矣:一定是没有指望了。几,通"冀""觊",希望。 [4]以道化:用法术来移风易俗。道,术,此指法术。化,变化,指改变世道人心。行正理:推行正确的原则,指实行法治。趋:同"趋",趋向,投靠。富贵:指豪门贵族。 [5]审:审察,辨别。清:声音高扬清亮。浊:声音低沉粗重。 [6]愈:更加。 [7]安能:哪能。比周:勾结。为奸私:干邪恶的勾当来谋取私利。适:适合,迎合。重人:权臣,掌握大权、身居要职的奸臣。 [8]人主之义:指臣下侍奉君

主的合理的道德准则。 [9]方正：正直无邪。 [10]清：清白无私。廉：廉洁奉公。 [11]若：好像。规：圆规。矩：角尺，画方的器具。 [12]朋党：拉党结派，结成私党。治官：干好本职工作。官，官职，职事。 [13]顶：头顶。 [14]行私：干有利于私人的事。 [15]以私为重人者：用私行来帮助重人的人。 [16]孤：孤立。 [17]这句是说：这就是田成杀掉齐简公的原因啊。田成杀掉齐简公的事，参见《二柄》注。

夫有术者之为人臣也，得效度数之言，上明主法，下困奸臣，以尊主安国者也[1]。是以度数之言得效于前，则赏罚必用于后矣。人主诚明于圣人之术而不苟于世俗之言[2]，循名实而定是非[3]，因参验而审言辞[4]，是以左右近习之臣[5]，知伪诈之不可以得安也，必曰："我不去奸私之行、尽力竭智以事主，而乃以相与比周、妄毁誉以求安[6]，是犹负千钧之重陷于不测之渊而求生也[7]，必不几矣。"百官之吏亦知为奸利之不可以得安也，必曰："我不以清廉方正奉法，乃以贪污之心枉法以取私利[8]，是犹上高陵之巅堕峻谿之下而求生[9]，必不几矣。"安危之道若此其明也[10]，左右安能以虚言惑主[11]？而百官安敢以贪渔下[12]？是以臣得陈其忠而不弊[13]，下得

能够以法术帮助君主，整治奸臣，从而使君主尊贵，使国家安定，这是韩非心目中贤臣的标准。

管仲治齐、商君强秦的办法其实并不相同,但其富国强兵的法治精神是相通的,所以管仲、商君成了韩非推崇的法家先驱。此文所述,实际是韩非总结以往法家的政治经验而构拟的用法术来治国的大政方针,具有普遍的政治意义。

守其职而不怨。此管仲之所以治齐而商君之所以强秦也[14]。

[**注释**]

[1]"夫有术者之为人臣也"五句是说:掌握了统治手段的人做臣子,能够向君主献上有关法术的建议,对上彰明君主的法令,对下使奸臣走投无路,以此来使君主尊贵、国家安定。效,献出。度,法度。数,术数。困,使……穷困,制服。　[2]诚:真正。明:明白,明察。圣人之术:圣人的统治术,指法术。圣人,道德才智杰出的人,这里指韩非理想中执行法治的圣明君主。苟:当作"拘",拘泥,束缚。　[3]这句是说:根据名称和事实是否相符来判断是非。循,遵循,按照。定,判定,确定。　[4]这句是说:根据事实的比较验证来审察言论。因,凭借,根据。参验,检验,用事实加以比较验证。　[5]近习:亲近熟悉。　[6]乃:竟。妄:胡乱。　[7]负:背,承担。钧:古代重量单位,三十斤为一钧。不测之渊:深得不可测量的水潭。　[8]枉法:歪曲法令。　[9]高陵:高山。颠:通"巅",山顶。堕:坠落。峻:险峻,峻峭。豀:山谷。　[10]这句是说:安乐与危险的道理就像这样的明白。　[11]安:怎么,哪里。虚言:假话,空话。　[12]以:因为。贪:贪财,贪得无厌。渔下:鱼肉百姓,侵夺民众的利益。渔,侵夺。　[13]不弊:指不蒙蔽君主。弊,通"蔽",蒙蔽。　[14]管仲:名夷吾,字仲,春秋初期具有法家思想的政治家,齐桓公之相。他推行富国强兵的政策,使齐国国力大振,齐桓公因此而成就霸业。所以治齐:用来治理齐国的方法。商君:即商鞅,战国时期政治家,法家的代表人物。他初为魏国相国公叔痤的家臣,后来到秦国游说秦孝公。在秦孝公的支持下,他实行变法,奖励耕

战，推行连坐法，废除井田制，奠定了秦国富强的基础。公元前338年，秦孝公死，商鞅遭贵族诬害，被攻杀后车裂示众。

从是观之[1]，则圣人之治国也，固有使人不得不爱我之道[2]，而不恃人之以爱为我也[3]。恃人之以爱为我者危矣，恃吾不可不为者安矣[4]。夫君臣非有骨肉之亲，正直之道可以得利，则臣尽力以事主；正直之道不可以得安，则臣行私以干上[5]。明主知之，故设利害之道以示天下而已矣[6]。夫是以人主虽不口教百官[7]，不目索奸邪[8]，而国已治矣。人主者，非目若离娄乃为明也[9]，非耳若师旷乃为聪也[10]。目必不任其数[11]，而待目以为明[12]，所见者少矣，非不弊之术也[13]。耳必不因其势[14]，而待耳以为聪[15]，所闻者寡矣，非不欺之道也[16]。明主者，使天下不得不为己视，使天下不得不为己听，故身在深宫之中而明照四海之内[17]。而天下弗能蔽、弗能欺者[18]，何也？暗乱之道废而聪明之势兴也[19]。故善任势者国安[20]，不知因其势者国危[21]。古秦之俗[22]，君臣废法而服私[23]，是

"使人不得不爱我之道"是一种与儒家提倡的以相爱为本的仁政相对立的强权政治，即利用权势，严明法治，信赏必罚，使"正直之道可以得利"，从而使人们为了得赏免罚而"不得不为己视""不得不为己听"。韩非的这一主张乃基于他对人性的判断：君主与臣民之间并无什么亲爱关系，而只有利害关系，所以君主不能"恃人之以爱为我"，而只能依靠自己的权势法术"设利害之道以示天下"来实行统治。这种政治手段，在战国末期，无疑是统治者的最佳选择。

以国乱兵弱而主卑。商君说秦孝公以变法、易俗而明公道[24]，赏告奸[25]，困末作而利本事[26]。当此之时，秦民习故俗之有罪可以得免、无功可以得尊显也[27]，故轻犯新法[28]。于是犯之者其诛重而必[29]，告之者其赏厚而信[30]。故奸莫不得而被刑者众[31]，民疾怨而众过日闻[32]。孝公不听[33]，遂行商君之法。民后知有罪之必诛而私奸者众也[34]，故民莫犯，其刑无所加[35]。是以国治而兵强[36]，地广而主尊。此其所以然者，匿罪之罚重而告奸之赏厚也。此亦使天下必为己视听之道也。至治之法术已明矣[37]，而世学者弗知也[38]。

[**注释**]

[1] 是：此。　[2] 这句是说：本来就有使人不得不爱我的办法。固，本来。道，手段，办法。　[3] 恃：依靠，依赖。以爱为我：因为仁爱而为我效劳。　[4] 这句是说：依靠我（使人）不得不为我（效劳）的办法就能安定了。　[5] 行私以干上：搞私下的勾当来侵犯君主。干，侵犯。这两句即上文"百官之吏亦知方正之不可以得安"，因而"废法、行私以适重人"，使"主孤于上"之意。　[6] 利害之道：指赏罚制度。奖赏使人得到利益，惩罚使人得到害处，所以称为利害之道。示：给人看，公布。　[7] 是以：因此。口教：亲口教育。　[8] 目索：亲眼搜索。　[9] 这句是说：

并不是眼睛像离娄那样才算是视力好。若,像。离娄,又作离朱,传说是黄帝时代的人,视力特别好,能看清百步以外极细小的东西。乃,才。明,视力好,目光敏锐。　[10]师旷:春秋时期晋国主管音乐的太师,名旷,字子野,冀州南和(今河北南和)人,生而目盲,善辨声乐,也常参与政事,任职于晋悼公、晋平公之时,为古代著名的贤大夫。聪:听力好,听觉灵敏。　[11]目必不任其数:观察事物如果不运用自己的权术。目,看。必,诚,如果。"必"在古代常用来表示假设,如《论语·颜渊》:"必不得已而去,于斯三者何先?"《韩非子·八说》:"虎、豹必不用其爪牙而与鼷鼠同威,万金之家必不用其富厚而与监门同资。"《史记·郑世家》:"必以贤,则去疾不肖;必以顺,则公子坚长。"又《史记·韩世家》:"子必能不绝赵祀,死不恨矣。"又《史记·孟尝君列传》:"必受命于天,君何忧焉?必受命于户,则高其户耳,谁能至者!"又《史记·廉颇蔺相如列传》:"王必无人,臣愿奉璧往使。"又《史记·刺客列传》:"使以兄弟次邪,季子当立;必以子乎,则光真适嗣,当立。"任,用。数,术。　[12]待目以为明:依靠眼睛作为自己的视力,即依靠眼睛来看。待,等待,引申为依靠。明,视力。　[13]不弊之术:不受蒙蔽的方法。弊,通"蔽",蒙蔽。　[14]耳必不因其势:听取情况如果不依靠自己的权势。耳,听。因,凭借,依靠。　[15]待耳以为聪:依靠耳朵作为自己的听力,即依靠耳朵来听。聪,听力。　[16]不欺之道:不受欺骗的办法。　[17]明照:明察。　[18]弗:不。　[19]暗乱之道:愚昧混乱的办法,指"待目以为明""待耳以为聪"。聪明之势:耳聪目明的权势,指"天下不得不为己视,天下不得不为己听"的权势。兴:兴起,建立。　[20]善任势:善于运用权势。　[21]因:依靠,凭借。　[22]古秦:古时候的秦国,指商鞅变法前的秦国。　[23]服私:用个人的智谋。服,用。　[24]说

（shuì）：进说，劝说。秦孝公：战国时期秦国国君，嬴姓，名渠梁，前361—前338年在位。他即位后任用商鞅实行变法，使秦国日益富强。易：改变。明：彰明。公道：奉公的原则，即国法。　[25] 告：告发，揭发。　[26] 困：使……穷困，抑制。末作：不重要的劳作，指工商业。利：使……有利，奖励。本事：根本的大事，指农业，包括耕种与手工纺织。　[27] 这句是说：秦国的民众习惯于有罪可以赦免、无功可以显贵的旧风俗。习，习惯。故，旧。　[28] 轻：轻易。犯：触犯，违反。　[29] 于是：在这个时候。之：指新法。诛：处罚，惩罚。必：一定实行，坚决执行。　[30] 告之者：指揭发邪恶的人。信：守信用。　[31] 被刑者众：受惩处的人多。被，遭受。　[32] 疾：憎恨，厌恶。众过日闻：众人的指责每天都能听到。过，指责，责难。　[33] 不听：不听取，不理睬，指不接受民众的意见。　[34] "私"字承上省"诛"字。　[35] "民后知有罪"三句意为：有罪必诛，所以被惩处的私行和奸人很多，人们知道了，也就不敢再去犯法，刑罚也就没有施加的对象了。　[36] 国治而兵强：国家治理得好而军队强大。　[37] 至治：治理得最好。　[38] 世：在世的，现今社会上的。

政治的要义在于针对社会实际情况采取合宜有效的措施，不顾现实而照搬古代的一套，当然只能归之于"愚"了。

且夫世之愚学[1]，皆不知治乱之情[2]，谞讁多诵先古之书[3]，以乱当世之治；智虑不足以避阱井之陷[4]，又妄非有术之士[5]。听其言者危，用其计者乱，此亦愚之至大而患之至甚者也[6]。俱与有术之士有谈说之名[7]，而实相去千万也[8]，此夫名同而实有异者也[9]。夫世愚学之人比有术之士也，犹蚁垤之比大陵也[10]，其相去远矣。而圣人者，审于是非之实[11]，察于治乱之情也。故其治国也，正明法[12]，陈严刑[13]，将以救群生之乱[14]，去天下之祸，使强不陵弱[15]，众不暴寡[16]，耆老得遂[17]，幼孤得长，边境不侵，君臣相亲，父子相保[18]，而无死亡系虏之患[19]，此亦功之至厚者也[20]！愚人不知，顾以为暴[21]。

天下太平，没有战争祸乱，强者不欺侮弱者，人多势众者不残害人少力薄者，君臣之间能亲密相处，父子之间能互相护养，老人都能享尽天年，孤儿都能得到抚育，这是韩非的政治理想。

[**注释**]

[1]且夫：再说那。世：当代。愚学：愚蠢的学者，指儒家的门徒。　[2]不知治乱之情：不知道治和乱的实际情况，即不了解国家的政情。　[3]讘唲（niè jiá）：喋喋不休。诵：述说。这句是指社会上的腐儒喋喋不休地大量搬弄古书上的道德说教。　[4]这句是说：他们的智谋还不够用来避免掉入陷阱与水井的危险。阱，为防御或捕捉野兽而挖的陷坑。陷，指陷入阱井的危害。　[5]妄：胡乱。非：非难，责怪。　[6]这句是说：这些是最最愚蠢而对国家的危害又是最严重的人啊。至，极，最。甚，厉害。　[7]这句是说：同样和法术之士享有谈论政治、进说君主的名声。俱，一同，同样，都。　[8]实：实质。相去：相距，相差。　[9]这句是说：这些就是名声相同而实质不同的人啊。　[10]犹：好像。蚁：同"蚁"。垤（dié）：蚂蚁做窝时堆在穴口的小土堆，也叫"蚁封""蚁冢"。　[11]这句是说：对于是非的实际情况非常明了。审，明白，清楚。　[12]正明法：公正地彰明法令。正，正直，公正。　[13]陈：设置。严刑：严厉的刑法。　[14]救：给予帮

助来解除、消除。群生：众生，指民众。乱：祸乱。　[15]陵：欺侮。　[16]众不暴寡：指人多的大国不伤害人少的小国。暴，残害，虐待。　[17]耆（qí）：老人。遂：如愿，称心如意，指顺利地生活，享尽天年。　[18]保：保护，保养。　[19]死亡系虏之患：战死逃亡囚禁被俘的祸患。系，捆绑。　[20]功之至厚者：最大的功绩。　[21]顾：反。暴：残暴，暴虐。

世俗观念与正确的治国之道有时存在着不相一致甚至对立的情况。政治家的高明与可贵之处就在于：当世俗观念与治国之道不相一致甚至对立时，就不能一味迎合迁就世俗观念。诚然，只要能遵循治国规律而将国家治理好，人们终究会抛弃世俗偏见而拥护合宜的政策。因此，世俗观念是可以改变的，而合宜的治国之道则是不可不遵循的。

愚者固欲治而恶其所以治，皆恶危而喜其所以危者[1]。何以知之？夫严刑重罚者，民之所恶也，而国之所以治也；哀怜百姓轻刑罚者，民之所喜，而国之所以危也。圣人为法国者[2]，必逆于世而顺于道德[3]。知之者，同于义而异于俗[4]；弗知之者，异于义而同于俗。天下知之者少，则义非矣[5]。

[**注释**]

[1]"愚者固欲治"二句是说：愚蠢的人固然要国家治理得好，却憎恶那用来治理好国家的方法；都憎恶国家危亡，却喜欢那导致危亡的因素。　[2]为法国：为法于国，在国内推行法治。　[3]逆：违反。世：世俗。道德：治国的规律，指韩非所主张的法术。　[4]这句是说：赞同这合宜的道理而反对世俗的偏见。义，合宜的道德、行为或道理，这里指韩非提倡的法术。　[5]则义非矣：那么，这合宜的道理就被认为是错的了。非，不对的，不合理的。

处非道之位[1]，被众口之谮[2]，溺于当世之言[3]，而欲当严天子而求安[4]，几不亦难哉[5]？此夫智士所以至死而不显于世者也[6]。楚庄王之弟春申君有爱妾曰余[7]，春申君之正妻子曰甲[8]。余欲君之弃其妻也，因自伤其身以视君[9]，而泣曰："得为君之妾，甚幸[10]。虽然[11]，适夫人非所以事君也[12]，适君非所以事夫人也。身故不肖[13]，力不足以适二主。其势不俱适[14]，与其死夫人所者，不若赐死君前。妾以赐死[15]，若复幸于左右[16]，愿君必察之[17]，无为人笑[18]。"君因信妾余之诈，为弃正妻[19]。余又欲杀甲而以其子为后[20]，因自裂其亲身衣之里以示君[21]，而泣曰："余之得幸君之日久矣[22]，甲非弗知也，今乃欲强戏余。余与争之，至裂余之衣。而此子之不孝，莫大于此矣[23]。"君怒，而杀甲也。故妻以妾余之诈弃，而子以之死[24]。从是观之，父之爱子也，犹可以毁而害也[25]。君臣之相与也[26]，非有父子之亲也，而群臣之毁言，非特一妾之口也[27]，何怪夫贤圣之戮死哉[28]！此商君之所以车裂于秦而吴起之所以枝解于楚者

遭谗者之所以被杀戮，直接的原因是当权者听信了谗言；当权者之所以会听信谗言，一则因为昏庸（即"非明主弗能听"），但更主要的恐怕在于"众口"。出自"众口"之言往往能使人相信，这就是成语"众口铄金"的含义。因此，如何避免"众口之谮"，是"智士"应该深刻反思的问题。

"有罪固不欲诛，无功者皆欲尊显"，这是人的自利之心所致。"赏不加于无功，而诛必行于有罪"，这又是政治的需要。由此可见，人的自利之心往往会与维护公利的国法相抵触。

也[29]。凡人臣者，有罪固不欲诛，无功者皆欲尊显。而圣人之治国也，赏不加于无功，而诛必行于有罪者也。然则有术数者之为人臣也，固左右奸臣之所害，非明主弗能听也。

[**注释**]

[1]处非道之位：指法术之士处在自己的法术主张受到非议的地位。非，非难。　[2]潛（zèn）：诬陷。　[3]这句是说：淹没在当代的流言蜚语之中。溺，淹没。　[4]当：面对，对着。严：严厉。　[5]几不亦难哉：哪能不困难呢。几，通"岂"（用王引之《经传释词》之说）。　[6]智士：有智慧的人，指法术之士。显于世：在社会上享有声望，这是指智士的政治主张得到实现而受到社会的器重。显，显扬，传扬。　[7]楚庄王：芈姓，熊氏，名旅（一作"吕"），春秋时期楚国君主，前613—前591年在位，为春秋五霸之一。春申君：楚庄王之弟，非指战国时期楚国贵族黄歇。一说此处楚庄王即为楚顷襄王。　[8]子：儿子。甲：虚拟的人名。　[9]这句是说：便自己打伤了身体来让春申君看。视，通"示"。　[10]甚幸：很幸运。　[11]虽然：虽然这样。　[12]这句是说：顺从夫人并不是用来侍奉您的办法啊。也就是说：顺从了夫人，就无法侍候好您。适，迎合，顺从。夫人，指春申君的正妻。　[13]身：自己。故：通"固"，本来。不肖：不贤，无能。　[14]这句是说：实际情形是不能同时顺从（你们二位）。势，情势，情形。　[15]妾以赐死：我被恩赐死亡以后。以，通"已"，已经。　[16]这句是说：如果您又爱上了您身边的其他人。复，又，重新。幸，宠爱。　[17]这句是说：希望您一定要明察这种难以同时侍候好夫人与您的情况。愿，希望。察，

明察，看清楚。　[18]无为人笑：不要再被别人笑话。无，通"毋"，不要。　[19]为弃正妻：为了妾而遗弃了正妻。　[20]这句是说：余又想杀掉甲而让她的儿子作为继承人。　[21]亲身衣：贴近身体的衣服，即衬衣。亲，贴近。里：衣服里层。古代的衬衣有做成夹层的，所以有里子。示：给……看。　[22]得幸君：得幸于君，得到您的宠爱。　[23]莫大于此矣：没有比这个还大的了。　[24]这句是说：而春申君的儿子因为妾余的一番话被杀死。　[25]这句是说：尚且可以因为谗毁而杀害（自己的儿子）。毁，谗毁，诋毁。　[26]相与：相处，互相交往。　[27]这句是说：不只是一个妾的嘴，指不只出自一个妾的嘴。特，只，仅，单。　[28]这句是说：那些贤能圣明的人被杀死又有什么奇怪的呢？　[29]车裂：古代一种用车分裂身体的酷刑，俗称"五马分尸"，即把头和四肢分别拴在五辆车上，用马拉开，撕裂肢体。吴起：卫国左氏（今山东曹县北）人，战国初期杰出的军事家，早期法家的代表人物，初任鲁将，继任魏将，屡建战功，被魏文侯任为西河守。文侯死后，遭陷害而逃到楚国，不久任令尹，辅佐楚悼王实行变法，审明法令，废除贵族特权，整顿统治机构，裁减冗员。他的变法使楚国走向富强。公元前381年，楚悼王死，宗室大臣作乱，用乱箭射死吴起后，又将他五马分尸。枝解：即肢解，一种分裂肢体的酷刑。

世之学者说人主[1]，不曰"乘威严之势以困奸邪之臣"[2]，而皆曰"仁义惠爱而已矣"[3]。世主美仁义之名而不察其实[4]，是以大者国亡身死[5]，小者地削主卑[6]。何以明之？夫施与贫

> "不忍诛罚"，表面上似乎仁慈，其实只是世俗之小仁，而非普爱天下百姓之大仁，因为宽容罪犯而不加惩罚，就有可能使其进一步危害良民。

困者[7]，此世之所谓仁义[8]；哀怜百姓不忍诛罚者，此世之所谓惠爱也。夫有施与贫困，则无功者得赏；不忍诛罚，则暴乱者不止。国有无功得赏者，则民不外务当敌斩首[9]，内不急力田疾作[10]，皆欲行货财事富贵、为私善立名誉以取尊官厚俸[11]。故奸私之臣愈众，而暴乱之徒愈胜[12]，不亡何待[13]？

[注释]

[1]世：当代。说（shuì）：进说，劝说。 [2]这句是说：不说"凭借威严的权势去抑制奸邪的臣子"。困，使……穷困，抑制。 [3]仁义惠爱而已矣：仁义惠爱罢了，指君主只要仁义惠爱就可以治国了。 [4]美：赞美，欣赏。 [5]大者：严重的。 [6]小者：稍轻的。地削：国土削减。卑：地位低下。 [7]施：施舍。与：给予，帮助。 [8]世：世俗。 [9]外：对外。"外"字当在"不"字前。务：勉力从事，致力于。当：抵挡。斩首：指杀敌。 [10]这句是说：在国内不急切地尽力从事耕作。急，紧急，迫切。力，用力，尽力。田，耕作，耕种。疾，急切地从事。作，劳作，劳动。 [11]行货财：赠送钱财，即进行贿赂。事：侍奉，奉承。为私善立名誉：做私下的好事来树立声誉。 [12]胜：占优势，占上风。 [13]不亡何待：国家不灭亡，还能等到什么？意思是，只有亡国一条路。

夫严刑者，民之所畏也；重罚者，民之所恶

也。故圣人陈其所畏以禁其邪[1]，设其所恶以防其奸，是以国安而暴乱不起。吾以是明仁义爱惠之不足用，而严刑重罚之可以治国也。无棰策之威、衔橛之备[2]，虽造父不能以服马[3]；无规矩之法、绳墨之端[4]，虽王尔不能以成方圆[5]；无威严之势、赏罚之法，虽尧、舜不能以为治[6]。今世主皆轻释重罚严诛[7]，行爱惠，而欲霸王之功[8]，亦不可几也[9]。故善为主者[10]，明赏设利以劝之[11]，使民以功赏而不以仁义赐；严刑重罚以禁之，使民以罪诛而不以爱惠免。是以无功者不望[12]，而有罪者不幸矣[13]。

韩非之文，往往连用两个喻体来譬说一个本体，即所谓博喻。除此文以"棰策之威、衔橛之备""规矩之法、绳墨之端"来譬说"威严之势、赏罚之法"，还可参见《大体》《难势》之例。

"威严之势、赏罚之法"为法家最推崇的治国利器。

[**注释**]

[1]陈：设置，设立。　[2]棰：通"箠"，和"策"同义，竹制的鞭子。威：威力，威势。衔：马嚼子，勒在马口中的铁。橛（jué）：马嚼子，马口中所衔的横木。备：设备，装备。　[3]造父：人名，为周穆王车夫，善于驾驭车马。服：制服。　[4]规：圆规，木工画圆形的工具。矩：角尺，木工画方形的工具。　[5]王尔：古代巧匠。成：完全做好。　[6]这句是说：即使是尧、舜这样的贤君也无法来进行治理。　[7]轻：轻易，轻率。释：放弃。　[8]霸王之功：称霸称王的功业，指统一中国的功业。　[9]几：通"冀""觊"，希望。　[10]善为主者：善于做君主的人。　[11]明赏：明确奖赏。设利：设置利禄。劝：劝勉，鼓励。之：指臣

民。　[12]不望：不指望（得到赏赐）。　[13]不幸：指没有侥幸逃脱惩罚的心理。幸，侥幸。

托于犀车良马之上[1]，则可以陆犯阪阻之患[2]；乘舟之安[3]，持楫之利[4]，则可以水绝江河之难[5]；操法术之数[6]，行重罚严诛，则可以致霸王之功[7]。治国之有法术赏罚，犹若陆行之有犀车良马也、水行之有轻舟便楫也[8]，乘之者遂得其成[9]。伊尹得之[10]，汤以王[11]；管仲得之，齐以霸[12]；商君得之，秦以强。此三人者，皆明于霸王之术，察于治强之数[13]，而不以牵于世俗之言[14]；适当世明主之意[15]，则有直任布衣之士[16]，立为卿相之处[17]；处位治国[18]，则有尊主广地之实[19]：此之谓足贵之臣[20]。汤得伊尹，以百里之地立为天子；桓公得管仲，立为五霸主[21]，九合诸侯[22]，一匡天下[23]；孝公得商君，地以广，兵以强。故有忠臣者，外无敌国之患，内无乱臣之忧，长安于天下，而名垂后世[24]，所谓忠臣也。若夫豫让为智伯臣也[25]，上不能说人主使之明法术度数

在韩非看来，忠臣必须德才兼备，有治国的才能，能运用法术来"尊主安国"，使"外无敌国之患，内无乱臣之忧，长安于天下"。否则，即使为君主献身，也不能算是忠臣。由此可见，韩非是效果论者，而非动机论者。这一观念值得借鉴。

之理以避祸难之患，下不能领御其众以安其国。及襄子之杀智伯也[26]，豫让乃自黔劓[27]，败其形容[28]，以为智伯报襄子之仇。是虽有残形杀身以为人主之名[29]，而实无益于智伯若秋毫之末[30]。此吾之所下也[31]，而世主以为忠而高之[32]。古有伯夷、叔齐者[33]，武王让以天下而弗受[34]，二人饿死首阳之陵[35]。若此臣，不畏重诛，不利重赏[36]，不可以罚禁也，不可以赏使也[37]，此之谓无益之臣也。吾所少而去也[38]，而世主之所多而求也[39]。

[注释]

　　[1]这句是说：（把自己）寄托在坚车好马的上面。托，寄托，依靠。犀，坚固。　[2]陆犯阪阻之患：指在陆地上冲破艰难险阻。犯，触犯，冒犯。阪阻之患，山坡和险阻的患难。山坡的患难在于行进艰苦，险阻的患难在于行进危险，所以这里用来指艰苦危险的处境。阪，山坡。阻，要塞，险要的地方。患，忧患，患难。　[3]乘：凭借，依靠。安：安稳。　[4]持：通"恃"，倚仗，依赖。楫：船桨。利：便利。　[5]水绝江河之难：在水上越过江河阻隔的困难。绝，越过，横渡。　[6]操：掌握。数：技术，方法。　[7]致：取得。　[8]轻：轻便。便：便利，方便。　[9]乘：凭借，依靠。遂：就。成：成功。　[10]伊尹：商汤的相。得之：指掌握运用了法术赏罚。　[11]汤：原为商族领袖，后来任用伊

尹为相，灭掉夏桀，建立了商朝。以：因而。王：称王，统治天下。　[12]霸：称霸，做诸侯的盟主。　[13]治强之数：使国家安定强大的方法。　[14]这句是说：而不把自己局限在世俗的议论之中。牵，牵制，拘泥。　[15]适：适合。　[16]直任：直接任用。布衣之士：平民。　[17]立为卿相之处：站在卿、相的位子上，指任卿、相。为，于，在。卿，古代高级官名、爵位名，在公之下、大夫之上。相，辅助君主掌管国事的最高官吏，后来称作相国、宰相、丞相。处，处所，位置。　[18]处位：指处在卿相的高位。　[19]实：果实，成果，实绩。　[20]足贵：值得尊重。足，值得。　[21]五霸：春秋时期先后称霸的五个诸侯，指齐桓公、晋文公、楚庄王、吴王阖闾、越王勾践。主：首，指第一个。立为五霸主，成为五霸的第一个霸主。　[22]九合：多次会合。　[23]一匡天下：使天下归于一统、恢复正道。当时诸侯无视周天子，互相攻伐，齐桓公依靠管仲的辅助，会合诸侯，订立盟约，暂时制止了混战的局面，所以说"一匡天下"。一，统一，一致。匡，匡正，端正。　[24]垂：流传。　[25]若夫：至于那。豫让：春秋战国之际晋国人，晋卿智伯的家臣，受到智伯的尊宠。公元前453年，赵襄子联合韩、魏灭掉智伯，豫让决心要为智伯报仇，就改姓换名，自毁面容，用漆涂身破坏皮肤而成癞子，吞炭使自己声音沙哑，一再谋刺赵襄子，结果没有成功，被围后自杀。智伯：荀氏，名瑶，谥襄子，荀首的后代。荀首封于智（晋邑，今山西永济北），故其后代又以智为氏。公元前455年起，他联合韩、魏攻打赵襄子。前453年，赵国之臣张孟谈说服韩、魏与赵联合，决水灌智伯军，擒杀智伯而三分其地。　[26]及：等到。襄子：指赵襄子，名毋恤（一作"无恤"），春秋末期晋卿赵简子（赵鞅）之子，战国初期晋国大夫，前457—前425年在位。公元前453年，他联合韩康子、魏宣子共同灭了智氏。　[27]黔（qián）：黑色，此处用作动词，指涂黑皮肤。劓（yì）：割掉鼻子。　[28]败：毁坏。形容：容貌。　[29]是：这，这种臣子，指豫让。残：伤害。　[30]这句是说：而实际上对于智伯没有一点点好处。若，像。秋毫，兽类在秋天新长出来的毫毛。末，末端。秋毫之末，形容极其微小。　[31]下：鄙视，看不起。　[32]高：尊崇。　[33]伯夷：商朝末年孤竹国（今河北卢龙南）国君的长子。开始时，孤竹君让伯夷的弟弟叔齐做自己的继承人。孤竹君死后，叔齐把君位让给长兄伯夷，伯夷不接受。两人都不肯当君主，就投奔周文王。后来周武王起兵讨伐商纣王，他们竭力反对，认为武王这样做是不孝不仁。武王灭商，他们认为这是奇耻大辱，于是逃避到首阳山（今山西永济西南），坚持道义，不吃周朝的粮食，结果饿死在首阳山下（参见《史记·伯夷列传》）。古代都把伯夷、叔齐说成是清高廉洁的典范。　[34]武王：指周武王姬发，他继承父亲文王的遗志，带兵东征，消灭了商纣王，建立了周王朝。至于他把天子的位置让给伯夷、叔齐的说法，其他史书上没有记载。　[35]首阳之陵：指首阳山。　[36]利：认为……有利，贪图。　[37]使：使用，驱使。　[38]少：鄙视，看不起。去：除去，抛弃。　[39]多：称赞，赞扬。

谚曰："厉怜王[1]。"此不恭之言也。虽然，古无虚谚[2]，不可不察也。此谓劫杀死亡之主言也[3]。人主无法术以御其臣，虽长年而美材[4]，大臣犹将得势擅事主断而各为其私急[5]，而恐父兄豪杰之士借人主之力以禁诛于己也[6]，故弑贤长而立幼弱[7]，废正的而立不义[8]。故《春秋》记之曰[9]："楚王子围将聘于郑[10]，未出境，闻王病而反[11]。因入问病，以其冠缨绞王而杀之[12]，遂自立也。齐崔杼[13]，其妻美，而庄公通之[14]，数如崔氏之室[15]。及公往[16]，崔子之徒贾举率崔子之徒而攻公[17]。公入室，请与之分国，崔子不许[18]；公请自刃于庙[19]，崔子又不听[20]；公乃走[21]，逾于北墙[22]。贾举射公，中其股[23]，公坠，崔子之徒以戈斫公而死之[24]，而立其弟景公[25]。"近之所见：李兑之用赵也[26]，饿主父百日而死[27]；卓齿之用齐也[28]，擢湣王之筋[29]，悬之庙梁[30]，宿昔而死[31]。故厉虽痈肿疕疡[32]，上比于春秋，未至于绞颈射股也；下比于近世，未至饥死擢筋也。故劫杀死亡之君，此其心之忧惧，形之苦痛也[33]，必甚于厉矣[34]。由此观之，虽"厉怜王"可也[35]。

[注释]

[1] 厉（lài）怜王：生麻风病的人可怜君主。言外之意是：君主的痛苦比生癞病还厉害。厉，通"癞"。癞病是一种恶疮，又称麻风。"厉"在这里指生麻风病的人。　[2] 虚：虚妄。　[3] 这句

是说：这是针对被劫持而惨遭杀害的君主说的。谓，通"为"，给，对。　[4] 长年：年龄大。美材：资质好，有才能。　[5] 得势：取得权势。擅事主断：独揽国家大事，执掌决断大权。擅，独揽。事，职事。主，主持，掌管。断，决断。私急：私人紧要的事。　[6] 父兄：指君主的叔伯和兄弟。豪杰之士：指有术之士。　[7] 贤长：指有才能而年长的君主。立：君主即位叫"立"，这里是使动用法，使……立为君主，拥立。幼弱：指年幼而懦弱的君主。　[8] 正的：正统的嫡长子，指合法的继承人。按照古代的宗法制度，君位必须由大宗一系的嫡长子世袭，符合这一原则的才是正统的、合宜的。的，通"嫡"，此指正妻所生的长子。不义：不适宜，指不符合宗法继承原则，此指不该继位的人。　[9]《春秋》：古代史书，这里指《左氏春秋》，即《左传》。下面的事分别记载于《左传》昭公元年（前541）和襄公二十五年（前548）。　[10] 王子围：熊氏，名围。春秋时期楚共（gōng）王的儿子，故称王子围；楚康王之弟，郏（jiá）敖的叔父，故又称公子围。郏敖三年（前542），他任楚国令尹，主管楚国军事。公元前541年，他杀死楚王郏敖自立为王，即楚灵王，前540—前529年在位。聘：受君主委托而出国访问。古代诸侯之间或诸侯与天子之间派使节互相访问都叫做"聘"。郑：诸侯国名，位于今河南中部。　[11] 王：指楚王郏敖，楚康王之子，熊氏，名员，前544—前541年在位。反：通"返"，返回。　[12] 冠缨：系在脖子上的帽带。　[13] 崔杼（zhù）：春秋时期齐国大夫。　[14] 庄公：指齐庄公，姜姓，吕氏，名光，春秋时期齐国君主，前553—前548年在位。通：通奸。　[15] 数（shuò）：屡次，多次。如：往，到。室：内室，房间。　[16] 及：趁着，到。　[17] 徒：门徒，手下人。贾举：崔杼的家臣。率：带领。　[18] 崔子：指崔杼。许：许可，同意。　[19] 自刃：用刀自杀。庙：宗庙，安放祖宗神主和进行祭祀的地方。　[20]听：听从。　[21]乃：就。走：跑。　[22]逾：翻越。　[23]中：射中。股：大腿。　[24]戈：古代一种兵器，长柄横刃。斫：砍。　[25]景公：指齐景公，春秋时期齐国君主，齐庄公的异母弟，姜姓，吕氏，名杵臼，前547—前490年在位。　[26]李兑：战国时期赵国大臣，当时任司寇。由于赵惠文王当时还年轻，所以他与相国公子成专国政。用赵：任用于赵，在赵国掌权。　[27]饿：严重的饥饿（一般的肚子饿叫"饥"），这里是使动用法。主父：即赵武灵王，赵氏，名雍，战国时期赵国国君，前325—前299年在位。公元前299年，他把王位传给小儿子赵何（称"惠文王"），自号"主父"。后来，他又可怜长子赵章，想分割赵国，使赵章称王于代，于是引起内乱。前295年，李兑帮助赵惠文王与赵章争夺君权，公子章逃避到沙丘（今河北广宗西北大平台）主父离宫中，李兑与公子成包围沙丘宫，杀公子章后，怕放了主父而自己被诛，于是继续围主父于沙丘宫中三月余，主父因此被饿死。　[28]卓齿：也作"淖齿"，战国时期楚将。公元前284年，燕、秦、魏、韩、赵等五国联合攻齐，燕将乐毅攻入齐国首都临淄，齐湣（mǐn）王逃到莒（今山东莒县）。后来楚国派卓齿率兵救齐，卓齿便做了齐湣王的相，接着他又杀了湣王。　[29]擢（zhuó）：抽。湣王：战国时期齐国国君，或作齐闵王、齐愍王，田氏，名地（一作"遂"），齐宣王之子，约前301—前284年在位。　[30]悬之庙梁：把他吊在宗庙的梁上。　[31]宿昔：过了一夜，形容时间短。宿，停留。昔，通"夕"，夜。　[32]厉虽痈肿疕（bǐ）疡：癞疮化脓溃烂，弄得毛发脱落。痈肿，一种毒疮，患者的皮肤和皮下组织发炎化脓，非常疼痛。这里指癞疮的化脓。疕，头疮，痂疮，患者头发脱落。这里指癞疮造成的毛发脱落。疡，一种皮肤溃疡病，患者皮肤化脓溃疡。这里指癞疮的溃疡腐烂。　[33]形之苦痛：肉体上的痛苦。 [34]甚于厉：比患麻风病的人更厉害。 [35]这句是说：即使是"麻风病患者哀怜君主"，也是合适的。可，合适，应该。

[点评]

奸劫弑臣，指奸邪之臣、劫主之臣、弑君之臣。此文主要论述奸臣的奸行及其产生的危害，并进一步提出了君主应该采取的各种防奸措施。此文是韩非的代表作之一，较为集中地反映了韩非法、术、势兼治的政治思想。

在文章中，韩非首先指出了奸臣的本质特征："凡奸臣皆欲顺人主之心以取亲幸之势者也。"奸臣们往往善于迎合君主的心理，而人之常情是"取舍同者则相是"，这样，奸臣们就能骗得君主的信任，达到"欺主成私"的目的，成为"擅主之臣"。接着，韩非从人心趋利避害的角度出发，指出了奸臣必然横行天下的严重后果。因为"国有擅主之臣"以后，"尽其智力以陈其忠""奉法以致其功"的臣子，"身困而家贫"；而"行财货以事贵重之臣者，身尊家富"，这样，臣下就会不顾君主而"为奸私以适重人"，结果就造成了"主孤于上而臣成党于下"的严重局面，君主就有"劫杀死亡"的危险了。

为了使君主避免"劫杀死亡"之祸，韩非提出了一系列治奸的办法。这些办法，从总体上来讲，是一种强权政治，即君主"使人不得不爱我"，而"不恃人之以爱为我"。这种强权政治的具体内容大致可归为势治、法治、术治三个方面。

所谓势治，就是君主必须用好自己的权势，即"乘威严之势以困奸邪之臣"。君主利用了"聪明之势",就能"使天下不得不为己视,使天下不得不为己听",所以,"善任势者国安,不知因其势者国危"。

所谓法治,就是以法治国。以法治国的主要措施是对犯法的"诛重而必",对告奸的"赏厚而信"。出于治奸的需要,韩非认为必须"正明法,陈严刑"。因为"严刑""重罚",乃"民之所畏""民之所恶",所以君主可以"陈其所畏以禁其邪,设其所恶以防其奸"。只要"诛必行于有罪",就能使"国安而暴乱不起"。韩非认为,实行法治,还必须反对儒家宣扬的"仁义惠爱"。因为儒家所谓的仁义,是"施与贫困",这就会使"无功者得赏";无功可以得赏,人们就不会去努力耕战立功,而"皆欲行货财事富贵、为私善立名誉以取尊官厚俸",结果便使"奸私之臣愈众"。儒家所谓的惠爱,是"哀怜百姓不忍诛罚",这就会使有罪者逃脱诛罚,从而造成"暴乱者不止"的局面。所以,君主一定要"明赏设利以劝之,使民以功赏而不以仁义赐;严刑重罚以禁之,使民以罪诛而不以爱惠免"。

所谓术治,本篇主要强调了"循名实而定是非,因参验而审言辞"的形名术。这是一种考核臣下的手段,依靠它就可以准确地得到赏罚的依据,从而正确地施行赏罚,使臣下明了"伪诈"和"为奸利""不可以得安",使他们不得不"陈其忠而不弊","守其职而不怨"。如此,"人主虽不口教百官,不目索奸邪,而国已治矣"。

总之,韩非主张兼用势、法、术来禁奸治国。他认为"无威严之势、赏罚之法,虽尧、舜不能以为治","人主无法术以御其臣,虽长年而美材,大臣犹将得势擅事主断而各为其私急"。如果君主能"操法术之数,行重罚严诛,则可以致霸王之功",可以"去天下之祸,使强不陵弱,众不暴寡,耆老得遂,幼孤得长,边境不侵,君臣相亲,父子相保",这便是韩非所追求的最高的政治境界。

备内第十七

本文开头有振聋发聩之效。在韩非看来，君臣之间并无骨肉之亲，只是由于君主手握生杀大权，臣子才为君主效劳卖命，实际上，他们时时在打鬼主意，一有机会就会篡位杀君。即使是君主亲近的妻子、儿子，都会被奸臣利用而"不可信"，那就没有值得信任的人了。不过历史上大臣弑君、后妃乱宫的事固然不少，但并非全是如此，韩非把臣子都视为君主的敌人，未免偏颇。

人主之患在于信人[1]。信人，则制于人[2]。人臣之于其君，非有骨肉之亲也，缚于势而不得不事也[3]。故为人臣者，窥觇其君心也无须臾之休[4]，而人主怠傲处其上[5]，此世所以有劫君弑主也[6]。为人主而大信其子，则奸臣得乘于子以成其私[7]，故李兑傅赵王而饿主父[8]。为人主而大信其妻，则奸臣得乘于妻以成其私，故优施傅丽姬杀申生而立奚齐[9]。夫以妻之近与子之亲而犹不可信[10]，则其余无可信者矣。

[注释]

[1]患：祸患。信人：相信人。 [2]制于人：被人控制。制，

控制，制服。　[3] 缚：束缚，约束。　[4] 这句是说：窥测他们君主的心意没有片刻停止过。窥，从小孔、缝隙或隐蔽处偷看。觇（chān），偷看，暗中察看，侦察。须臾（yú），片刻，一会儿。　[5] 怠：懈怠。傲：同"傲"，傲慢。处：居。　[6] 劫：劫持，抢夺。　[7] 乘：凭借。成其私：成就他们的私利，使他们的阴谋得逞。　[8] 李兑傅赵王而饿主父：见《奸劫弑臣》最后一段注释。傅，辅佐。赵王，指赵惠文王，赵武灵王的小儿子，赵氏，名何，战国时期赵国国君，前298—前266年在位。　[9] 优施：春秋时期晋献公的俳优，名施。优，优伶，演员，以歌舞诙谐供人娱乐的人。丽姬：即骊姬，晋献公的宠姬，晋献公五年（前672）打败骊戎（今山西晋城西南）后所得的骊戎君之女，晋献公立为夫人。申生：晋献公的太子。奚齐：骊姬的儿子，后立为太子。骊姬想立奚齐为太子，在优施的教唆下诋毁申生，申生被迫自杀。公元前651年，献公死，奚齐继位为国君，后被晋大夫里克所杀，骊姬也被杀。　[10] 夫（fú）：发语词。犹：尚且，还。

且万乘之主、千乘之君[1]，后妃、夫人、適子为太子者[2]，或有欲其君之蚤死者[3]。何以知其然[4]？夫妻者[5]，非有骨肉之恩也，爱则亲，不爱则疏。语曰[6]："其母好者其子抱[7]。"然则其为之反也[8]，其母恶者其子释[9]。丈夫年五十而好色未解也[10]，妇人年三十而美色衰矣。以衰美之妇人事好色之丈夫，则身见疏

在韩非看来，由于利益的驱使，人是什么事情都做得出来的，为君者如果不提高警惕，就难免遭殃。如此坦率露骨的分析，如此尖锐偏激的观点，在其他典籍中是不多见的；而将封建婚姻的遮羞布如此毫不留情地撕个精光，在古今中外的历史上恐怕也是绝无仅有的。

贱[11]，而子疑不为后，此后妃、夫人之所以冀其君之死者也[12]。唯母为后而子为主，则令无不行，禁无不止，男女之乐不减于先君，而擅万乘不疑，此鸩毒扼昧之所以用也[13]。故《桃左春秋》曰[14]："人主之疾死者不能处半[15]。"人主弗知，则乱多资[16]。故曰：利君死者众[17]，则人主危。

[注释]

[1]且：况且。乘（shèng）：量词，指一辆兵车，包括一车四马、甲士三人、步卒七十二人。按照古代的礼制，天子拥有万辆兵车，诸侯拥有千辆兵车，大夫拥有百辆兵车。战国时期，诸侯的军事实力大大发展，出现了拥有万辆兵车的"万乘之国"，所以用"万乘"泛指大的诸侯国，用"千乘"指小的诸侯国。 [2]適（dí）子：正妻生的长子。適，通"嫡"。 [3]蚤：通"早"。 [4]何以知其然：凭什么知道他们会这样？ [5]夫（fú）：发语词。 [6]语：俗话。 [7]好（hào）：爱，受宠爱。 [8]然：这样，如此。则：那么。其：指代"其母好者其子抱"的说法。为之反：把它反过来。 [9]恶（wù）：讨厌，憎恨。释：放下，抛弃。 [10]解（xiè）：通"懈"，松懈，念头减弱。 [11]身：自身。见：被。疏：疏远。贱：鄙视，轻视，看不起。 [12]冀：希望。 [13]"唯母为后而子为主"六句是说：只有母亲成了太后而儿子做了君主，那么发布的命令就没有不执行的，下达的禁令就没有敢违反的，男女之间的欢乐也不比过去的君主在世时差，

而独揽拥有万辆兵车的大国的政权则更是毫无疑问的了,这就是鸩酒毒杀、绞缢扼杀、刎割斩杀等被使用的原因啊。不减于:不差于。减,少,降低。擅,独揽,占有。鸩(zhèn),一种毒鸟,此指用鸩的羽毛泡成的毒酒。扼,缢,指绞杀。眯,通"刎",割,指斩杀。 [14]《桃左春秋》:古代史书,已失传。 [15]疾死:生病而死。不能处半:不能居于半数,指不到一半。 [16]乱:指奸臣作乱。资:凭借。 [17]利君死者众:认为君主死了对自己有利的人多。

故王良爱马[1],越王勾践爱人[2],为战与驰。医善吮人之伤[3],含人之血,非骨肉之亲也,利所加也[4]。故舆人成舆[5],则欲人之富贵;匠人成棺,则欲人之夭死也[6]。非舆人仁而匠人贼也[7]。人不贵,则舆不售;人不死,则棺不买。情非憎人也,利在人之死也。

孟子也有类似的言论,《孟子·公孙丑上》曰:"矢人(造箭的人)岂不仁于函人(造铠甲的人)哉?矢人惟恐不伤人,函人惟恐伤人。巫(巫师)匠亦然,故术(谋生手段)不可不慎也。"但孟子只致力于劝导人们选择仁德的工作,而没有进一步揭示人们行为的深层动机——为利而行,其说显然比韩非逊色得多。

[注释]

[1]王良:春秋末年晋国大夫,赵简子的驾车人,以善于驾车闻名。 [2]勾践:春秋末年越国的君主,参见《二柄》注。 [3]吮(shǔn):聚拢嘴唇吸。伤:伤口。 [4]利所加:利益被加在这些事上面。 [5]舆人:造车的人。成:造成。舆:车子。 [6]夭:夭折。 [7]仁:仁慈。贼:残忍,狠毒。

故后妃、夫人、太子之党成而欲君之死也,

人性自利的社会观是韩非解剖众人行为的"手术刀"。世上虽然不乏大公无私、不为名不为利之人,特别是那些在思想或经济上达到了某种境界的人更是如此,但大多数人的言行还是围绕着自己的利益展开的。因此,以人性自利的观念去观察分析各种社会现象,往往能洞悉其中的奥秘,看清人们行为的来龙去脉;而根据这种人之常情去处理事情,也往往能取得成效。

此为君主设计的种种统治方法,是韩非术治、法治思想的具体外化物。

君不死,则势不重。情非憎君也,利在君之死也。故人主不可以不加心于利己死者[1]。故"日月晕围于外,其贼在内;备其所憎,祸在所爱[2]"。

[注释]
[1]加心:留心。 [2]"日月晕围于外"四句是说:所以说"太阳月亮有白色的光圈围绕在外面,它们的毛病却出在内部;防备自己所憎恨的人,祸根却在所亲爱的人身上"。晕,日月周围的光圈。贼,伤害,毛病。

是故明王不举不参之事,不食非常之食[1];远听而近视以审内外之失[2],省同异之言以知朋党之分[3],偶叁伍之验以责陈言之实[4];执后以应前[5],按法以治众,众端以参观[6];士无幸赏,赏无逾行[7];杀必当[8],罪不赦[9]:则奸邪无所容其私矣[10]。

[注释]
[1]"是故明王不举不参之事"二句是说:所以英明的帝王不做没有检验过的事情,不吃不寻常的食物。举,操办,做。 [2]远听:到远方打听。近视:在近处观察。审内外之失:审察朝廷内外的失误。 [3]省(xǐng):省察,考察,检查。同异之言:附和的与分歧的言论。朋党:党派。分:区分。 [4]这句是说:对照将

多方面的情况进行比较后所得到的检验结果,来督责臣子陈述意见的诚实。偶,对比,对照。叁伍,三与五,表示多而错杂,引申为将多方面的情况放在一起进行比较。验,检验,验证。责,求。 [5]这句是说:拿事后的结果来对照臣子事前的言行。执,操持,拿着。应,对照。 [6]这句是说:根据各方面的情况来检验观照。众端,众多的头绪,多方面的情况。参,检验,验证。观,观察,察看。 [7]"士无幸赏"二句是说:官吏没有侥幸得赏的,君主的奖赏没有超越法制规定而胡乱赐予的。士,古代统治阶级中次于卿大夫的一个阶层,此泛指官吏。幸,侥幸。逾,逾越。行,赐。 [8]当:得当,指和罪行相当。 [9]赦:赦免。 [10]奸邪:奸诈邪恶的人。容其私:容纳其私下的勾当,指施展他们的阴谋。

徭役多,则民苦;民苦,则权势起[1];权势起,则复除重[2];复除重,则贵人富[3]。苦民以富贵人[4],起势以藉人臣[5],非天下长利也[6]。故曰:徭役少,则民安;民安,则下无重权[7];下无重权,则权势灭;权势灭,则德在上矣[8]。

韩非之所以反对"徭役多",是因为徭役带来的利益多被臣子占了。至于减轻徭役,不但可以削弱臣子的权势,而且可以使民众对君主感恩戴德。由此可见,韩非考虑问题的出发点还是为了君主。

[注释]

[1]权势起:指管理徭役的官吏的权势发展起来。 [2]复:与"除"同义,表示免除赋税徭役。重:指权势重(用王先慎之说)。复除重,由于能免除民众的赋税徭役而权势更大。 [3]贵人:地位高贵的当权者。 [4]苦:使……劳苦。富:使……富裕。 [5]这句是说:造成权势来使臣下有所凭借。藉,凭借,这里是使动用法。 [6]天下:指国家。长利:长远利益。 [7]下:

水因锅之隔离，不但不能胜火，还会被火所胜。韩非将这一显而易见而又被人们忽视的现象取之入喻，既新鲜又了然。其敏锐的艺术捕捉力值得学习。

在韩非的治奸理论之中，特别关注尊贵之臣，这也是他对历史进行考察后得出的经验之谈。因为在周代"礼不下庶人，刑不上大夫"的传统法律制度中，地位卑贱的人犯了罪，早就被法办而不可能成为"大奸"，只有尊贵之臣有权有势，可以逍遥法外而为非作歹，所以巨奸一定出在大官之中。韩非的论述可以说具有普遍的认识价值和借鉴意义。

臣下。重权：重大的权力。　[8]德：恩德，恩惠。上：指君主。

今夫水之胜火亦明矣[1]，然而釜鬵间之[2]，水煎沸竭尽其上，而火得炽盛焚其下[3]，水失其所以胜者矣。今夫治之禁奸又明于此，然守法之臣为釜鬵之行，则法独明于胸中，而已失其所以禁奸者矣[4]。上古之传言，《春秋》所记[5]，犯法为逆以成大奸者[6]，未尝不从尊贵之臣也[7]。然而法令之所以备，刑罚之所以诛[8]，常于卑贱[9]，是以其民绝望，无所告诉[10]。

[注释]

[1]夫（fú）：那。　[2]釜（fǔ）：古代的一种锅。鬵（xín）：大釜，大锅。间：隔。　[3]炽（chì）盛：火势猛烈，旺盛。　[4]"今夫治之禁奸又明于此"四句是说：现在法治能够禁止奸邪的道理比水能胜火的道理更明白，然而执法的臣子在做锅的行当（把推行法治的君主与为非作歹的奸臣隔开），那么法治单单在君主的心里明白，却已经失去了它用来禁止奸邪的作用了。此，指"水之胜火"的道理。韩非这里用"水"来比喻"法独明于胸中"的君主，用"火"来比喻"犯法为逆"的奸臣，用"釜鬵"比喻"守法之臣"（指君主身边的权贵）。"守法之臣为釜鬵之行"，那么将使"人主掩蔽"，奸臣"得炽盛焚其下"，君主将"煎沸竭尽其上"，"有主名而无实"。治，当为"法"字之讹。　[5]《春秋》：是春秋时期鲁国史官记载当时史事的一部编年体史书，现存的《春秋》相传为孔子据鲁史

修订而成。[6]为逆:造反。[7]从:出自。[8]诛:处罚。[9]卑贱:地位低下的人。 [10]告诉:申诉。

大臣比周[1],蔽上为一[2],阴相善而阳相恶[3],以示无私;相为耳目,以候主隙[4];人主掩蔽,无道得闻[5];有主名而无实[6],臣专法而行之[7]:周天子是也[8]。偏借其权势[9],则上下易位矣[10]。此言人臣之不可借权势也。

权势是君主的命根子。周天子被大臣蒙蔽架空,只有天子之名而无天子之权,其实已是亡国之君,所以韩非将他们作为反面教材来提醒君主要牢掌大权。

[注释]

[1]比周:勾结。 [2]蔽上为一:蒙蔽君主而抱成一团。 [3]阴:暗地里。相善:互相友善。阳:表面上。相恶(wù):互相憎恨。 [4]候:伺察,窥测。隙:裂缝,疏漏。 [5]道:门路,方法。 [6]名:名义。实:指实权。 [7]专:独占,独自掌握。法:法令。 [8]周天子:指东周王朝的天子。战国时期自周显王起,周天子一直寄居在西周公和东周公的封邑内,已经名存实亡。是:这,就是这样。 [9]偏:佐,指君主身旁的辅佐大臣。借:借用。其:指君主。 [10]上下易位:君臣互换了地位。

[点评]

本文论述防备宫内后妃、太子等人的弑君篡位,所以题为"备内"。当然,韩非在论述"备内"的同时,也兼论了防备其他奸臣的问题,所以此文实是一篇论述防奸的文章。它突出地反映了韩非思想中人性自利、不可信人等较为偏激的观点，如此偏激的观点和尖锐的论述，在古代其他典籍中是不多见的。

　　文章从奸臣利用君主的儿子、妻子来弑君篡位的历史事实入手，论证了君主不可信人的观点。接着，韩非进一步从人性自利、利支配着人们的一切行为的社会观出发，深入而详尽地分析了后妃、太子希望君主早死乃至使用"鸩毒扼昧"等手段杀害君主的原因，那就是：君不死，则后妃、太子之势不重，他们"情非憎君也"，而是"利在君之死也"。接着，韩非提出了一系列的防奸措施："不举不参之事，不食非常之食"，反复检验来审察是非得失，"朋党之分"，"按法以治众"，实行严格的赏罚制度等等。文章最后一段进一步论述了"犯法为逆以成大奸者，未尝不从尊贵之臣"的观点，这是韩非总结"上古之传言，《春秋》所记"的历史事实后所作出的理论概括，具有普遍的理论意义。

解老第二十（节录）

德者，内也；得者，外也[1]。"上德不德"，言其神不淫于外也[2]。神不淫于外，则身全[3]。身全之谓德。德者，得身也[4]。凡德者，以无为集[5]，以无欲成[6]，以不思安，以不用固[7]。为之欲之[8]，则德无舍[9]；德无舍，则不全。用之思之，则不固；不固，则无功。无功，则生于德[10]。德则无德[11]，不得则在有德[12]。故曰："上德不德，是以有德[13]。"

[注释]

[1] "德者"四句是说：道德，是人内部的东西；取得，是人外部的东西。得，得到，获得。　[2] "上德不德"二句是说：《老

老子主张保全自身而反对贪求身外之物。《老子》第四十四章云："名与身孰亲？身与货孰多？"第四十六章云："咎莫憯于欲得。"第五十四章云："修之身，其德乃真。"韩非把"不德"之"德"解为"得"，虽与众不同，却与老子思想相合，所以足成一家之说。韩非将保全自身看作道德的最高境界，有一定的合理性。如果为贪求身外之物而精神不定，即使未丢性命，人性也已异化，哪有什么道德可言？

子》所说的"上德不德",是说道德高尚者的精神不游荡到身外。这是指有道德的人不把自己的心思花在追求自身之外的东西上面。上德不德,是通行本《老子》第三十八章中的话。上德,指道德最高尚的人。不德,一般解释《老子》的人都把这个"德"解释为"自以为有德"。韩非把这个"德"理解为"得","不德"就是"不去取得",指不求取外界的东西。淫,游。 [3]全:保全。 [4]"德者"二句是说:道德,是从自身取得的。韩非认为,道德是人内部的东西,不能从外部去取得。只要保全了自身,就有了德。所以说,德是从自身得到的。得身,得于身。 [5]以:因为。无为:无所作为,指不做故意的人为努力,即排除故意的人为因素而顺应自然。集:聚集,凝聚。 [6]欲:欲望,贪欲。成:成全。 [7]用:使用。固:稳固。 [8]为之:指有所作为,努力地去造就它。欲之:指有所贪欲,主观地去强求它。之,它,指德。 [9]无舍:指无法停留而游荡到身外。舍,止,停留。 [10]"无功"二句是说:没有功效,是来自人为地去取得。也就是说,人为地去求取的行为导致了无功。则,即,乃。生,产生。德,通"得",指上文"为之欲之""用之思之"这种人为地去求得的行为。 [11]德则无德:人为地去取得就没有道德。韩非认为,人有贪得之心,就会不择手段地为非作歹,所以也就没有道德了。这是他对《老子》第三十八章"下德不失德,是以无德"的发挥。前一"德"字通"得",指人为地去求得的行为。 [12]这句是说:不去人为地求取,那就属于有道德的人了。韩非认为,人没有求取之心,就能安于本分,保全身心,这样,就有道德了。不得,不去取得。在,居于,处于。 [13]按照韩非的理解,"上德不德"二句是说:道德高尚的人不去人为地求得,因此有德。这是《老子》第三十八章中的话,但从这一节的内容以及下节的引文来看,韩非在这一节里解释的不仅仅是这两句，而应该是《老子》第三十八章的开头四句，即："上德不德，是以有德。下德不失德，是以无德。"

仁者，谓其中心欣然爱人也[1]。其喜人之有福，而恶人之有祸也，生心之所不能已也，非求其报也[2]。故曰："上仁为之而无以为也[3]。"

[注释]
[1]"仁者"二句是说：仁，是指由衷地喜爱别人。中心，内心。欣然，喜悦的样子。　[2]"其喜人之有福"四句是说：喜欢别人有福，而不愿别人有祸，这是出自内心的一种不可遏抑的自然情感，并不是为了取得别人的报答。恶（wù），厌恶，不喜欢。生心，生于心，发自内心。已，止，抑制住。报，报答。　[3]这是《老子》第三十八章中的话。上仁：指最仁慈的人。为之：指有所作为，努力地去行善。无以为（wéi）：无为（wèi）而为（wéi），没有什么目的而做。以，为，为了。仁慈的人爱人是出于一种天性，并不追求别人的报答，所以说：非常仁慈的人努力地去行善，但并不是为了达到什么目的才这样做的。

义者，君臣上下之事，父子贵贱之差也，知交朋友之接也，亲疏内外之分也[1]。臣事君宜[2]，下怀上、子事父宜[3]，贱敬贵宜，知交友朋之相助也宜，亲者内而疏者外宜[4]。义者，

《论语·颜渊》载：樊迟问仁，孔子曰："爱人。"《孟子·离娄下》云："仁者爱人。"韩非以"中心欣然爱人"释"仁"，显然承袭了孔、孟的说法。韩非不但集法家思想之大成，而且还汲取了他反对最为激烈的儒家学派的观念。由此可见，没有门户之见，兼收并蓄，集思广益，应该是思想家有所成就的基本要素之一。

谓其宜也。宜而为之[5]，故曰："上义为之而有以为也[6]。"

[注释]

[1]"义者"五句是说：义，是君主与臣子、上级和下级所奉行的一种处事原则，是父亲和儿子、地位高贵的人和地位低下的人之间的一种等级差别，是知己、熟人、同学、朋友之间的一种交往之道，是关系亲近的人和关系疏远的人之间一种内外分别的准则。上，上司，上级。下，下属，部下。事，行事，指行为准则。知，知心，知己。交，结交，熟人。朋，同学。友，志同道合的朋友。接，接触，交往。分，分别。 [2]臣事君宜：臣子侍奉君主要符合一定的道理。事，侍奉。宜，合宜，合理，符合一定的道理。 [3]怀：归附。 [4]这句是说：亲近的人被当作内部的人来接纳而关系疏远的人被当作外部的人来排斥，要符合一定的道理。 [5]宜而为之：符合一定的道理才去做事。 [6]这句是说：非常有道义的人有所作为，但都带有一定的目的才这样做的。这是《老子》第三十八章中的话。上义，指最有道义的人。有以为，有为（wèi）而为（wéi），有一定的目的而去做，指按照一定的道理去从事。有道义的人无论做什么事都根据一定的道理，所以说他们"有以为"。

韩非将"义"解为"宜"，显然肯定了义的作用，与《老子》"绝仁弃义"的立场不同。至于他将"义"解释为调整"上下""贵贱""知交朋友""亲疏内外"等所有社会关系的原则，也与《孟子》"君臣有义"及"申之以孝悌之义"之局限于君臣、父子不同。可见，思想家的可贵之处在于有独到创见，既不囿于前人之见而能有破有立，又能在继承中有所开拓。

礼者，所以貌情也，群义之文章也，君臣父子之交也，贵贱贤不肖之所以别也[1]。中心怀而不谕[2]，其疾趋卑拜而明之[3]；实心爱而不知[4]，故好言繁辞以信之[5]。礼者，外节之所以谕内也[6]。故曰：礼以情貌也[7]。凡人之为外物动也，不知其为身之礼也[8]。众人之为礼也[9]，以尊他人也，故时劝时衰[10]。君子之为礼，以为其身[11]；以为其身，故神之为上礼[12]；上礼神而众人贰[13]，故不能相应[14]；不能相应，故曰："上礼为之而莫之应[15]。"众人虽贰，圣人之复恭敬尽手足之礼也不衰。故曰："攘臂而仍之[16]。"

《老子》云："夫礼者，忠信之薄也，而乱之首也。"所以《老子》"上礼为之而莫之应，则攘臂而仍之"的意思应该是：最讲求礼节的人躬行礼节而没有人以礼相答，就捋起衣袖伸出胳膊去拉人回礼。这是因为讲求礼节的人主张"礼尚往来"，别人不以礼相答，就会对别人的无礼行为感到愤怒而强迫别人还礼。这样，就会引起争斗，所以老子说礼是"乱之首"。韩非用"上礼神而众人贰，故不能相应"以及"复恭敬尽手足之礼也不衰"来解释，显然有违《老子》旨意，但也合乎情理而自有其逻辑，足成一家之说。可见学问之道，在于能自圆其说，而不在于亦步亦趋。

[注释]

[1]"礼者"五句是说：礼，是用来体现心中感情的仪式，是规定各种道义的制度，是规定君臣父子之间相处关系的准则，是用来区别高贵和卑贱、贤能和不肖的手段。貌，体现。情，内情，心中的感情。群义，各种义，即各种合理的人际关系，就是上一节所说的"臣事君""下怀上""子事父""贱敬贵""知交友朋之相助""亲者内而疏者外"等都符合一定的道理。文章，本指刺绣或画面上错杂的色彩或花纹，引申为表现道义的礼乐制度。贤，有道德有才能。不肖，没有道德没有才能。 [2]这句是说：心里想念着又不便用言语来表明。中心，内心。怀，怀念，归附。谕，告诉，用言语表明。 [3]其：故。疾趋：快速地小步走，这是古人一种表示敬意的走法。卑拜：下拜。而：以。之：它，指内心的怀念和归顺。 [4]实心：内心。不知：不被了解。 [5]信（shēn）：通"申"，申述，申明。 [6]"礼者"二句是说：礼是用来表明内部思想感情表现在外表的礼节。节，礼节。谕，表

明。[7]这句不是《老子》中的话,是韩非对上面几句话的总结。"情貌"当作"貌情"。 [8]"凡人之为外物动也"二句是说:大凡人被外界的事物感动的时候,就不知道他应该讲求自身的礼节了。前一个"为"表示被。后一个"为"表示行、讲求。 [9]众人:一般人。为礼:行礼,讲求礼节。 [10]时:有时。劝:勉力,卖力。衰:衰退,懈怠。 [11]以为其身:用它来增进自身的修养。为,治理,引申为修养。 [12]神之为上礼:精通礼节而成为最有礼节的人。神,神通,精通。上礼,指最有礼节的人。 [13]贰:不专一,不专心,指上文的"时劝时衰"。 [14]韩非认为,一般的人对礼三心二意,不甚了了,所以与精通礼的人不能相应。 [15]这是《老子》第三十八章中的话,是说:最有礼节的人讲求礼节而没有人能与他相应。 [16]"众人虽贰"四句是说:一般人虽然三心二意,圣人还是毕恭毕敬地遵行所有作揖跪拜的礼节而不懈怠。所以《老子》说:"捋袖奋臂依旧讲求礼节。"圣人,指讲求礼节的人。复,还,仍然。攘臂,捋袖出臂,表示精神振奋、态度坚决。仍,因袭,依旧。末句是《老子》第三十八章中的话。

"德者,道之功"之类,为古代哲学语言。在中国古代哲学中,"道"是无形、无名、视之不见、听之不闻的,但"道"可以通过"德"表现出来,所以说"德"是"道"的功效。

道有积而德有功[1];德者,道之功[2]。功有实而实有光[3];仁者,德之光[4]。光有泽而泽有事[5];义者,仁之事也[6]。事有礼而礼有文[7];礼者,义之文也[8]。故曰:"失道而后失德,失德而后失仁,失仁而后失义,失义而后失礼[9]。"

[注释]

[1] 积：积聚。德：根据下文句例，此 "德" 字当作 "积"，涉下句 "德" 字而误。韩非认为，道是天地万物的普遍法则，是历久不衰永恒常存的，所以它随着时间的推移会积聚起来，这种法则的积聚就能产生功效。这一哲学思想的现实意义是：人类对自然界与社会普遍法则的认识会不断积累，而按照不断积累的法则去办事，就能获得实际功效。　[2] 韩非认为，有道德的人，能够按照道来办事，从而获得实际的功效，所以说：德是道的功效。　[3] 这句是说：功效有充实的内容，而充实的内容会产生思想光辉。实，实际内容。光，光彩，光芒。韩非认为，充实的内容总会有所表现，或者说，物质必然会产生精神，所以充实的内容会产生思想的光辉。　[4] 韩非认为，仁慈的人爱人，虽然能光被百姓，但不过是一种精神上的关怀而已，没有能够像有德之人那样遵循道来办事而获得实实在在的功效，他们只是得到了有德者的感人精神，所以说：仁是德的思想光辉。　[5] 这句是说：思想的光辉有一定的润泽作用，而这种对人的润泽会伴有一定的处事原则。泽，润泽。　[6] 韩非认为，讲义的人做事，不像仁爱的人那样一切发自内心，而都有一定的实际目的，把发自内心的仁爱化成了办事的原则，所以说：义是仁的处事原则。　[7] 这句是说：办事有一定的礼节，而礼节有一定的制度。文，指礼乐制度。　[8] 韩非认为，讲求礼节的人一切按礼节制度办事，而不像讲义的人仅仅按一定的原则来行动，他把义这种属于道德范畴的原则制度化了。所以说：礼是义的制度。　[9] "失道而后失德" 四句是说：失去了道以后，也就失去了德；失去了德以后，也就失去了仁；失去了仁以后，也就失去了义；失去了义以后，也就失去了礼。这四句是《老子》第三十八章中的话，但帛书和通行

"塞翁失马焉知非福""失败是成功之母"都与此文类似，但失败有祸者未必都能成功得福，因为事物对立面的互相转化需要一定的条件。韩非的解释是：灾祸导致的忧患意识会使人谨慎做事而深思熟虑，从而发现事物的规律而按照规律办事，因而一定能成功得福。显然，因祸得福需要智慧与意志。生命的真正涵义，其实也就是在灾难困苦的磨练中不断开动脑筋，寻找正确的前进方向，从而奋力拼搏以达到理想的彼岸。灾祸与逆境虽然常常吞没愚昧者和意志薄弱者，却也常常使聪明人和意志坚强者发愤图强，使其生命焕发出灿烂夺目的智慧之光。

本《老子》都没有每句"而后"后面的"失"字。韩非此文强调了"道""德""仁""义""礼"的主次相因关系，可能是对老子思想的改造和发展。

人有祸，则心畏恐；心畏恐，则行端直[1]；行端直，则思虑熟；思虑熟，则得事理。行端直，则无祸害；无祸害，则尽天年[2]。得事理，则必成功。尽天年，则全而寿[3]。必成功，则富与贵。全寿富之谓福，而福本于有祸[4]，故曰："祸兮福之所倚[5]。"以成其功也[6]。

[注释]

[1]行：行为。端直：正直。　[2]尽：竭尽，终，指全部享受。天年：自然的寿命。　[3]全：完整，指保全了自己的身体。寿：长寿。　[4]本：来源。　[5]这是《老子》第五十八章中的话，是说：灾祸啊，是幸福依存的地方。也就是说，灾祸中存在着幸福。兮，啊。倚，依存。　[6]这句是说：因为灾祸而成就了幸福的功业。以，因。

人有福，则富贵至；富贵至，则衣食美；衣食美，则骄心生[1]；骄心生，则行邪僻而动弃理[2]。行邪僻，则身死夭[3]；动弃理，则无成功。夫内有死夭之难而外无成功之名者[4]，大祸也。

而祸本生于有福[5]，故曰："福兮祸之所伏[6]。"

[注释]

[1]骄：傲慢，放纵。 [2]邪僻：邪恶。动：行动，举动。弃理：违背事理。 [3]夭：夭折，短命，不能享尽天年。 [4]难：灾难。死亡是身内之事，所以说"内"；功名是身外之物，所以说"外"。 [5]本生于：来源于，产生于。 [6]这是《老子》第五十八章中的话，是说：幸福啊，是灾祸潜伏的地方。也就是说，幸福中隐藏着灾祸。

道者，万物之所然也，万理之所稽也[1]。理者，成物之文也[2]；道者，万物之所以成也[3]。故曰：道，理之者也[4]。物有理，不可以相薄[5]；物有理不可以相薄，故理之为物之制[6]。万物各异理，而道尽稽万物之理[7]，故不得不化[8]；不得不化，故无常操[9]；无常操，是以死生气禀焉，万智斟酌焉，万事废兴焉[10]。天得之以高[11]，地得之以藏[12]，维斗得之以成其威[13]，日月得之以恒其光[14]，五常得之以常其位[15]，列星得之以端其行[16]，四时得之以御其变气[17]，轩辕得之以擅四方[18]，赤松得之与天地统[19]，圣人得之以成文章[20]。道，与尧、舜俱智[21]，与

《孟子·告子下》说"生于忧患而死于安乐"，也是这个道理。这里的关键，就在于人怎样去对待顺境。富贵虽然给奋发有为者提供了乘风破浪之势，却也常常使鄙陋庸俗者骄慢懈怠，忘乎所以，甚至违背事理，胡作非为，以致招来大祸。因此，在"安乐"之时，我们更应提高警惕。

此节集中论"道"，充分体现了韩非对道家思想的继承与发挥。道"不得不化，故无常操"是韩非"世异则事异""事异则备变"（《五蠹》）的历史发展观以及变法论的理论基础。

此文不但使用排比、对偶，而且押韵，所以读起来朗朗上口。韩非文辞之妙，由此可见一斑。

接舆俱狂[22]，与桀、纣俱灭[23]，与汤、武俱昌[24]。以为近乎，游于四极[25]；以为远乎，常在吾侧；以为暗乎，其光昭昭[26]；以为明乎，其物冥冥[27]。而功成天地[28]，和化雷霆[29]；宇内之物[30]，恃之以成[31]。凡道之情[32]：不制不形[33]，柔弱随时，与理相应[34]。万物得之以死，得之以生；万事得之以败，得之以成。道，譬诸若水[35]，溺者多饮之即死，渴者适饮之即生；譬之若剑戟，愚人以行忿则祸生[36]，圣人以诛暴则福成。故得之以死，得之以生；得之以败，得之以成[37]。

[注释]

[1]"道者"三句是说：道，是形成天地万物的东西，是与各种事理相当的总法则。道，指天地万物的普遍法则，也就是整个宇宙发展的客观规律，它是产生天地万物的总根源。然，如此，形成。理，事理，指各种具体事物的内在规律。稽，合，相当。　[2]这句是说：理是构成具体事物的具体法则。成，形成，构成。文，纹理，指体现"道"的各种具体法则。　[3]这句是说：道是万物得以形成的普遍法则。　[4]这句是说：道是使万物具有具体法则的东西。理，使……有事理。之，指代万物。　[5]"物有理"二句是说：事物各有自己的具体法则，不会互相侵扰。薄，迫近，指侵扰。　[6]理之为物之制：理成为事

物的支配者。　[7]"万物各异理"二句是说：各种事物有不同的具体法则，而道与各种事物的具体法则都相当。韩非认为，理是各种具体事物的法则，而道是天地万物的普遍法则，所以说，道把理全都包括了。　[8] 不得不化：道不能不变化。各种事物无不在变化之中，道是反映各种事理的普遍法则，所以道也就不能不随之发生变化。化，变化。　[9]"不得不化"二句是说：道不能不随着事物的变化而不断变化，所以没有永远不变的常规。常操，永恒的操持，常规，惯例。　[10]"无常操"四句是说：道没有永远不变的常规，因此死与生这种自然现象天然地生成了，各人的智慧便有低有高，各种事物便有衰败有兴盛。韩非认为，世界上没有一成不变的东西，因此任何事物都处在或死或生、或高或低、或废或兴的变化之中。气，自然界的现象。禀，受，承受，引申为品性或气质的天然生成。焉，于之。"之"指代变化而无常操的道。斟酌，原义为筛酒，引申为吸取。酒筛得少叫斟，筛得多叫酌，这里是指人的智慧从道那里吸取得有多有少，从而形成了智慧的低高不等。　[11] 之：它，指变化着的道。下同。以：因而。　[12] 藏：收藏，储藏，指包容万物而博大丰富。　[13] 维斗：北斗星。古人认为北斗星是众星的纲维，所以称之为维斗。成其威：形成了它的威势。古人认为北斗星处于天的中心，众星都围绕着它，其地位与君主相似，所以韩非说它有威势。　[14] 恒其光：使它们的光辉永恒不绝。　[15] 五常：指天之五行，即金、木、水、火、土五星。常其位：使它们的方位固定不变。古人将五星与五方相配，即东方木星，南方火星，西方金星，北方水星，中央土星，所以韩非说"五常得之以常其位"。位，指五位，即东、南、西、北、中五个方位。　[16] 列星：排列位置固定而定时出现的恒星。端其行：使它们的运行保持正常，指围绕北斗星旋转，参见注[13]。端，正。　[17] 四时：四季。御：驾驭，控制。变气：变化着的节气。古代历法，五日为一"候"，三候（十五日）为一"气"（"气候"一词即来源于此）。月初之"气"又叫"节"（或称"节气"），月中以后的"气"又叫"中"（或称"中气"）。一年二十四节气表明了气候、物候的变化，所以此文称之为"变气"。　[18] 轩辕：指黄帝，传说中的远古帝王。居轩辕之丘，故号轩辕氏；传说居姬水，为姬姓；国于有熊，故也称有熊氏。传说他曾打败姜姓部落首领炎帝以及九黎族首领蚩尤，从而被各部落推为部落联盟首领，因有土德之瑞，故号黄帝。他在位时代约在公元前26世纪初。法家说他是一位实行法治的帝王。战国至汉初道家中的黄老学派把他与老子说成是本学派的创始人。擅：拥有，据有。　[19] 赤松：赤松子，以赤松为氏，名时乔，字受纪。传说他得道成仙，长生不死。与天地统：与天地成为一统，指与天地一样长寿。统，一统。　[20] 成：制成。文章：礼乐制度。　[21] 与尧、舜俱智：和尧、舜在一起就表现为聪明。"万智斟酌""万事废兴"皆由"道"，所以"道与尧、舜俱智，与接舆俱狂，与桀、纣俱灭，与汤、武俱昌"。尧，传说中的圣君。以伊祁（也作"伊"或"祁"）为姓氏，名放勋，其在位时代约在公元前23世纪。他初居于陶丘（今山东定陶西南），封于唐（今河北唐县东北），所以又称"陶唐氏"，历史上习称唐尧。《史记·五帝本纪》将他列为五帝（黄帝、颛顼、帝喾、尧、舜）之一。舜，传说中的圣君。姚姓，名重华，字都君，因其初居于虞之妫汭（今山西永济西蒲州镇），故称帝后以有虞氏为号，居虞城（今山西平陆北），史称虞舜。传说他受尧的禅让而继位，其在位时代约在公元前22世纪。传说他曾命禹治水，并把帝位禅让给禹，后来南巡时死于苍梧之野，葬于九疑。俱，在一起。　[22] 接舆：春秋末期楚国人，名通，字接舆。楚昭王时期政治昏暗，他就装作发疯，人们都叫他"楚狂"。　[23] 桀：名癸，一作履癸，夏朝末代帝王，历史上的暴君，其在位年代约在公元前17世纪初，后被商汤打败，流放南巢（今安徽巢湖）而死。纣：一作"受"，也称"帝辛""商辛"，商朝末代帝王，历史上的暴君，其在位年代约在公元前11世纪，后被周武王在牧野（今河南淇县西南）打败后自焚而死。[24]汤：子姓，名履，又称武汤、天乙、成汤，原为商族领袖，后来任用伊尹为相，灭掉夏桀，建立了商朝。武：指周武王姬发，他继承其父文王的遗志，带兵东征，消灭了商纣王，建立了周王朝。昌：兴盛。 [25]四极：四方的尽头，指极远的地方。 [26]昭昭：明亮的样子。 [27]冥冥：昏暗的样子。 [28]功成天地：（道的）功能造成天地。 [29]和：和气，中和之气，是阴阳二气达到某种和谐程度后，生成的一种具有相对稳定性的基因，它是构成各种具体事物的物质性的东西。化：生成。 [30]宇：空间。 [31]恃：依赖，依靠。 [32]情：内情，真相。 [33]制：造作。形：表露。 [34]"柔弱随时"二句是说：柔和文弱地随时变化着来和各种事物的具体法则相适应。 [35]譬诸若水：把它来作比方就好像水。诸，之。 [36]行忿：行凶泄怒。 [37]这一节文字，没有引用《老子》的话，从它的内容来看，可能是在解释《老子》第三十九章、第二十三章中的有关内容。

[点评]

本篇是韩非解释《老子》的文章，所以题为"解老"。当然，韩非在解释《老子》时不但有自己独到的理解，而且有所发挥，以宣扬自己的哲学和政治思想。其原文较长，这里节选了其中最有代表性的八节。

韩非首先对"德""仁""义""礼"作了解释。他在解释的同时实际上也在阐发自己的思想。如他说："凡德者，以无为集，以无欲成，以不思安，以不用固。"这无疑与他所宣扬的君主无为的政治主张合拍。再如他对"义"的解释，不但强调了维系封建统治的等级观，而且也反映了他一切按照法度来办事的思想。

韩非解释祸福相生的两节文字，内容也很深刻。在这里，他不但强调了按照事物的客观规律办事的重要性，即"得事理则必成功"，"动弃理则无成功"，而且更详细地探讨了事物的对立面互相转化的条件与过程。这种探讨虽然带有一定的主观性，但它给韩非的政治理论提供了根据。韩非认为"人有祸"则"心畏恐"，从而"行端直"而"无祸害"。这种思想逻辑反映在他的政治理论上，就是主张严刑重罚，使人们时时畏恐，谨慎行事。这样，大家都为国效力而不去触犯法律，国家就太平了。老子祸福相生的辩证思想，一变而为韩非严刑重罚的法治思想，从中我们可以窥见韩非对老子思想的改造。

更具有哲学意味的是，韩非在这里提出了"道"与"理"这一对哲学范畴。他指出："道者，万物之所然也，万理之所稽也。理者，成物之文也。"就是说，"道"是形成万物、反映各种事理的普遍法则，而"理"是反映各种具体事物的具体规律。接着，他进一步指出了"道"与"理"的关系，认为"道"包括、反映了所有的"理"，这就涉及到了一般规律和特殊规律的关系问题。这在中国哲学史上还是第一次。当然，他对道的描述仍不免重蹈道家神秘主义的泥坑，这一方面反映了他的思想局限，另一方面也曲折地反映了当时人们的思想认识水平。

韩非在此还强调了事物的变化。他认为，万事万物都在变化着，"与理相应"的"道"也"随时"变化着，因此，就不应有什么常规惯例。这种发展变化的观点是符合辩证法的。

韩非的《解老》是我国流传至今训释《老子》的开山之作。他对《老子》的解释，虽然不免带有自己主观的发挥，很多地方与《老子》的原意不相符合，但也不乏精辟独到之处。例如，他把"不德"之"德"解释为"得"，把"攘臂而仍之"解释为"复恭敬尽手足之礼也不衰"，都是与众不同而能自成一家之说。而且，《解老》对《老子》文章的解释次序虽与通行本《老子》不同，却与1973年长沙马王堆汉墓出土的帛书本《老子》相同，即《德经》在前而《道经》在后。这说明韩非所见的《老子》是一种较早的定本。因此，《解老》也具有重要的校勘价值，我们可以用它来校读《老子》。

功名第二十八

老子力主因顺自然，孟子主张争取民心，申子强调使用统治术，慎子强调凭借势位，韩非集大成而使立功成名的手段更为完备。韩非之所以将"术""势"置于后，是因为治国者只有遵循社会规律，因势利导，获得民心，才能有稳固的势位，才能有效地利用权势指挥臣民去成就一番事业。因此，掌握政治规律、争取民心应该是政治家的要务。

明君之所以立功成名者四[1]：一曰天时，二曰人心，三曰技能，四曰势位[2]。非天时[3]，虽十尧不能冬生一穗[4]；逆人心[5]，虽贲、育不能尽人力[6]。故得天时，则不务而自生[7]；得人心，则不趣而自劝[8]；因技能[9]，则不急而自疾[10]；得势位，则不进而名成[11]。若水之流[12]，若船之浮，守自然之道[13]，行毋穷之令[14]，故曰明主。

[注释]

[1]明君：英明的君主。所以立功成名者四：用来立功成名的东西有四种。 [2]势位：权势地位。 [3]非：违背。 [4]这

句是说：即使有十个尧一样的圣明君主也不能使庄稼在冬天长出一颗穗子。尧，传说中的圣君，参见《解老》注。　[5]逆：违背。　[6]贲、育：指孟贲、夏育，两人都是战国时期有名的勇士。尽人力：使人尽力。　[7]不务而自生：不用努力而穗子也会自己长出来。务，从事，致力。　[8]趣（cù）：通"促"，督促。自劝：自我劝勉，指人们会自觉地卖力。　[9]因：凭借，依靠。　[10]不急：指工作不紧张。自疾：指事情自会很快办成。疾，快速。　[11]进：进取，追求。　[12]若：好像。　[13]守自然之道：遵循自然的规律，这里指利用天时、人心、技能、势位。守，遵守，遵循，奉行。　[14]行：推行。毋穷之令：不会行不通的法令，指顺应民心的法令。毋，通"无"。穷，穷困，不得志。

夫有材而无势[1]，虽贤不能制不肖[2]。故立尺材于高山之上[3]，则临千仞之谿[4]，材非长也，位高也。桀为天子[5]，能制天下[6]，非贤也，势重也[7]；尧为匹夫[8]，不能正三家[9]，非不肖也，位卑也[10]。千钧得船则浮[11]，锱铢失船则沉[12]，非千钧轻、锱铢重也，有势之与无势也[13]。故短之临高也以位，不肖之制贤也以势[14]。

强调权势的重要作用，乃至鼓吹君主独裁，臣民要无条件地服从君主的统治，这只是韩非势治学说的一个方面。如果将此作为韩非势治学说的要领而无视后文，就会犯断章取义的错误。

[注释]

[1]材：通"才"，才能。势：权势。　[2]虽：即使。贤：品德好、才能高的人。不肖：品德不好、没有才能的人。　[3]立：

树立。尺材：一尺长的木头。　[4]临：俯视。仞：古代高度与深度单位，七尺为一仞。古人用伸展的两手进行测量，上下测量高度所得为一仞，左右测量长度所得为一寻。由于两手上下直伸比左右平伸短了一个胸脯的宽度，所以一寻为八尺，一仞为七尺。但后世不明其由来，所以也有人将寻、仞混同，以八尺为一仞。豀：山涧。　[5]桀：夏朝末代帝王，历史上的暴君，参见《解老》注。　[6]制：控制。　[7]势重：权势大。　[8]匹夫：平民百姓。　[9]正：治，管理。　[10]卑：低下。　[11]钧：古代重量单位，三十斤为一钧。古代往往用"千钧"喻指极重的东西。　[12]锱铢（zī zhū）：古代重量单位，四锱为一两，六铢为一锱。古代"锱铢"连用，常用来喻指极轻微的东西。　[13]这句是说：是因为有托力和没有托力的缘故啊。势，力，这里表示托力。　[14]"故短之临高也以位"二句是说：所以短的东西能够俯视高处的东西，是靠了它的地位；德才不好的人能够制服贤能的人，是靠了他的权势。

君主的尊贵地位全仗臣民齐心合力、同心同德的支持。《荀子·君道》云："君者，何也？曰：能群也。"君主是善于把人组织成社会群体的人，也就是善于治理而取得众人拥护的人；否则，就是孤家寡人而不成其为君主。韩非的思想显然源于荀子的这一观念。

人主者[1]，天下一力以共载之[2]，故安[3]；众同心以共立之[4]，故尊。人臣守所长[5]，尽所能[6]，故忠以尊主[7]。主御忠臣[8]，则长乐生而功名成[9]。

[注释]

[1]人主：君主。　[2]一力：全力，竭力。载：通"戴"，拥戴。[3]安：安定，安全，安稳。　[4]众：众人，民众。立：使……站立，拥立，推举，使……登上王位。　[5]守：以……为职守，

坚持。所长：所擅长的。　[6]尽：竭尽，全部用出。所能：所能做的，能力。　[7]这句是说：所以臣子的忠诚可以用来使君主尊贵。　[8]御：驾驭，统治，使用。　[9]长乐生：长期安乐的局面就会产生。

名实相持而成，形影相应而立[1]，故臣主同欲而异使[2]。人主之患在莫之应[3]，故曰："一手独拍，虽疾无声[4]。"人臣之忧在不得一[5]，故曰："右手画圆，左手画方，不能两成[6]。"故曰：至治之国[7]，君若桴[8]，臣若鼓，技若车，事若马。故人有余力易于应，而技有余巧便于事[9]。立功者不足于力，亲近者不足于信，成名者不足于势[10]，近者已亲[11]，而远者不结[12]，则名不称实者也[13]。

韩非强调臣子要专职专任，这是因为一个人的精力有限，管的事太多，容易造成不胜其任的缺陷，只有使臣下集中精力去钻研本职工作，才能把工作做好，形成"有余力易于应"的良好局面。

[注释]

[1]"名实相持而成"二句是说：名称和实际内容相互支撑才能形成，形体和影子相互对应才能确立。　[2]同欲：有共同的欲望，指君臣都希望安定。异使：有不同的职事。使，通"事"。　[3]患：祸患。莫之应：没有人响应他。　[4]疾：迅猛，急剧而猛烈。　[5]不得一：不能专一，指不能专任一职。　[6]两成：同时成功。　[7]至治：治理得最好。　[8]若：好像。桴（fú）：通"枹（fú）"，鼓槌。　[9]"故人有余力易于应"二句是说：所以人们有了多余的力

量就容易响应君主的号召,而技能有了超乎寻常的工巧就有利于办好政事。余,多余。便,利。 [10]"立功者不足于力"三句是说:为君主立功的人不够有力,跟君主亲近的人不够忠诚,使君主成名的人不够权势。足,充足,足够。信,诚实,忠诚。成名,这里是使动用法。势,权势。 [11]近者:指君主身边的人。近,接近。已:当作"不"。 [12]远者:指远离君主的人。结:结交,团结。 [13]名不称(chèn)实者:名不副实的君主。称,符合,相当。

圣人德若尧、舜[1],行若伯夷[2],而位不载于世[3],则功不立,名不遂[4]。故古之能致功名者[5],众人助之以力[6],近者结之以成[7],远者誉之以名[8],尊者载之以势[9]。如此,故太山之功长立于国家[10],而日月之名久著于天地[11]。此尧之所以南面而守名、舜之所以北面而效功也[12]。

[注释]
[1]舜:古代传说中圣明帝王尧的臣子,后受尧的禅让而继位为帝,也是一位圣明的帝王(参见《解老》注)。 [2]行:行为,品行。伯夷:古人心目中的清高廉洁之人(其事迹可参见《奸劫弑臣》注)。 [3]位不载于世:地位不被社会所拥戴。载,通"戴",拥戴。 [4]遂:成。 [5]致:招致,获得。 [6]助之以力:用实力来帮助他。 [7]结之以成:以真诚来和他结交。成,通"诚"。 [8]誉之以名:拿名誉来称颂他。 [9]尊者载之以势:

《孟子·尽心下》说"得乎丘民而为天子",只论及民众的拥护对天子地位的重要支撑作用。韩非则除了强调众人之助外,还特别强调了尊者对君权的支撑作用。这一点在当时社会中无疑更具现实意义。因为君主最直接的支持实来自于这些拥有权势的"尊者",所以君主的首要任务是取得"尊者"的支持。"众人助之以力,近者结之以成,远者誉之以名,尊者载之以势",精到而深刻地揭示了政治家的生命之源。

地位尊贵的人用权势来拥护他。　[10]太山：泰山，这里用来形容功绩的伟大。长：长期，永远。立：树立，存在。　[11]日月：太阳月亮，这里用来形容名声的光辉灿烂。久：永久。著：昭著，显扬。　[12]这句是说：这就是尧处在君位上时能够保住名声、舜处在臣位上时努力做出功绩的原因啊。所以，……的原因。面，面向。古代君主见群臣时，君主面向南，臣下面向北，所以"南面"指处在君位上，"北面"指处在臣位上。守，保持，保住。效，献出，贡献。

[点评]

本篇主要论述君主立功成名的因素，所以题为"功名"，但其中论述的主要问题是"势位"，它对于我们全面地把握韩非的势治学说，具有极为重要的意义。

文章首先指出，英明的君主之所以能立功成名，主要是依靠了"天时""人心""技能""势位"。接着便转入本篇所要着重论述的"势位"。韩非认为，"势位"对于君主的统治来说，是具有头等意义的决定性因素。"有材而无势，虽贤不能制不肖"，只有"位高""势重"，才能"制天下"。在强调了"势位"的重大作用之后，他又冷静地透视了君主势位的成因，认为"人主者，天下一力以共载之，故安；众同心以共立之，故尊"。由此出发，他十分强调君主对臣民的依赖关系，认为"人主之患在莫之应"，如果"位不载于世"，即使"德若尧、舜，行若伯夷"，也会"功不立，名不遂"，所以君主虽然和臣下"异使"，还是应该得到臣下的密切配合，只有"众人助之以力，近者结之以成，远者誉之以名，尊者载之以势",才能建立丰功伟绩而英名永存。

总之,君主之权势为胜众之资,但君主之权势又来自众人的支持,这是韩非势治学说中不可或缺的两个方面。只有明白了君主与众人之间这种相互制约的关系,才可算是真正把握了韩非的势治学说。人们往往只知前者,而忽视了这极为重要的后者,这样去理解韩非的势治学说显然是不全面的。

大体第二十九

无论是治理社会,还是立身处世,只有顾全大局,抓住关键,才能建功立业,铸就辉煌。

"祸福生乎道法而不出乎爱恶",即主张法治而反对人治。古代统治者往往凭自己的好恶发号施令,这不但导致了政治局面的纷乱与不稳定,使国家的经济、文化发展缓慢,而且使人们的法制观念十分淡薄。要振兴中华,必须消除人治的局面而加强法制建设,使整个社会都在依法办事的过程中达到安定高效、迅猛发展。

古之全大体者[1]:望天地,观江海,因山谷、日月所照、四时所行、云布风动[2];不以智累心[3],不以私累己[4];寄治乱于法术[5],托是非于赏罚,属轻重于权衡[6];不逆天理[7],不伤情性[8];不吹毛而求小疵,不洗垢而察难知[9];不引绳之外[10],不推绳之内[11];不急法之外,不缓法之内[12];守成理[13],因自然[14];祸福生乎道法而不出乎爱恶[15],荣辱之责在乎己而不在乎人[16]。故至安之世[17],法如朝露[18],纯朴不散[19],心无结怨[20],口无烦言[21]。故车马不疲弊于远路[22],旌旗不乱于大泽[23],万民不失命于寇戎[24]，雄骏不创寿于旗幢[25]；豪杰不著名于图书，不录功于盘盂[26]，记年之牒空虚[27]。故曰：利莫长于简，福莫久于安[28]。

[注释]

[1]全大体者：顾全大局的人，能全面把握事物的整体和关键的人。全，顾全，成全。大体，大局，事物的整体和关键，是和"局部"相对的一个概念。　[2]因：顺应，凭借，依靠。四时：指春夏秋冬四个季节。时，季节。所行：运行的情况。从"山谷"到"云布风动"都是"因"的宾语，是说顺应凭借山谷的高低、日月的光照、四季的变化、云层的分布、风向的变动。这是指识大体的人能顺应和利用自然界。或以为此处有阙文。　[3]智：智巧，聪明。累：拖累，牵累。心：心思，意念。不以智累心，不用智巧来烦扰心境。这是指识大体的人，大智若愚，不去使用自己的小聪明，免得整天操心劳神。对人的精神世界来说，"智"只是"心"的一种使用，是"心"的一部分，而"心"才是整体和关键的东西，所以识大体的人不以局部的"智"来妨碍整体的"心"。　[4]私：私利。对人的物质生活来说，私利只是局部的东西，身体才是根本，所以识大体的人不让私利来拖累自身。　[5]这句是说：把国家的安定和混乱寄托在法术上。　[6]属（zhǔ）：托付。权：秤锤。衡：秤杆。权衡，秤。　[7]逆：违背。天理：自然规律。　[8]情性：本性。　[9]洗垢而察难知：洗去表面的污垢而观察内部不易了解到的东西，比喻彻底追查错误的根源，近似于现在所说的"打破砂锅问到底"。　[10]引：拉。绳：木匠弹直线用的墨线。　[11]推：推移，推进。木匠按照墨线来砍削木材，加工后的木材边缘，无论在线外还是线内，都不合适。

这里用来比喻识大体的人不任意玩弄法制,不徇私枉法,一切都严格按照法律准绳办事。　[12]"不急法之外"二句是说:对法令规定之外的事情,不去严加管束;法令所规定了的,就严格执行,毫不马虎。急,紧,严。缓,松,宽。　[13]守:遵守。成理:既定的道理,指自然界永恒的法则。　[14]因自然:顺应和凭借客观的自然界,即指上文的"因山谷、日月所照、四时所行、云布风动"。　[15]这句是说:灾祸与幸福产生于是否遵守了自然界的客观规律和国家的法令制度,而不产生于君主主观的喜爱和厌恶。乎,于,从。道,天地万物的普遍法则,是产生万物的总根源。法,法度。　[16]荣辱之责:光荣与耻辱的责任。一切按法令的规定来衡量,这样,一个人的光荣与耻辱就不来自于别人的赞誉与诋毁,而完全来自自己的功过是非,所以说"荣辱之责在乎己而不在乎人"。　[17]至安之世:最安定的社会,等于说"大治之世"。　[18]朝露:早晨的露水,是有利于植物生长的滋润物,这里用来比喻有利于人们生活的法度。　[19]纯朴:纯洁质朴。散:纷乱,杂乱。　[20]结怨:郁积的怨恨。　[21]烦言:气愤的争吵。　[22]车马不疲弊于远路:战车军马不在遥远的道路上劳累,指没有远征他国的军事行动。疲弊,疲惫,劳累。　[23]旌旗:旗帜,指战旗。泽:沼泽,聚水的洼地。古代造反的人常常利用沼泽为天然屏障,所以这句是指没有在沼泽中剿灭叛逆者的混战。　[24]寇戎:入侵的敌人。这句是指没有遭受侵犯的灾难。　[25]这句是说:勇士不夭折在将军的战旗之下,指没有激烈的战斗。雄,英雄。骏,通"俊",才智出众的人。创,伤害。寿,长寿。幢(chuáng),古代作为仪仗用的一种旗帜,这里指将帅的旗子。　[26]"豪杰不著名于图书"二句是说:英雄豪杰没有什么功名可以记载,这是因为天下太平,英雄无用武之地的缘故。著,著录,记载。名,名字。图,图画,指画像。盘盂,都是圆形的青铜器。盘较浅,是盥洗的器具;盂稍深,是盛食物或汤浆的器皿。古人常在盘盂上刻铸文字以记载功绩。 [27]记年之牒:记录年岁的簿册,即史册。古代史籍往往按照年代来记录政治、军事、外交等历史事件,所以称"记年之牒"。史册空白,是因为天下太平,没有重大的事情可以记载。牒,简札,古人在发明造纸前用来写字的小而薄的木片,也用来指简札编成的簿册。 [28]"利莫长于简"二句是说:没有什么比政治的简朴更能取得长远的利益,没有什么比社会的安定更能使幸福长久。利,利益,好处。长,长久,长远。于,比。简,简要,这里指政治的简朴,与上文"法如朝露,纯朴不散"相应。

此下短短两节文字,"匠石""贲、育""鱼""天""地""太山""江海"等比喻迭出。刘勰《文心雕龙·诸子》说"韩非著博喻之富",于此可见一斑。

依靠技巧去整治泰山只会破坏山体,依靠武力去治理万民只会伤害人性。这是"逆天理""伤情性"的不识大体之举,所以必将失败。

使匠石以千岁之寿[1],操钩[2],视规矩[3],举绳墨[4],而正太山[5];使贲、育带干将而齐万民[6];虽尽力于巧[7],极盛于寿[8],太山不正,民不能齐[9]。故曰:古之牧天下者[10],不使匠石极巧以败太山之体[11],不使贲、育尽威以伤万民之性,因道全法[12],君子乐而大奸止[13];澹然闲静[14],因天命[15],持大体[16],故使人无离法之罪[17],鱼无失水之祸。如此,故天下少不可[18]。

[注释]

[1]匠石:古代石匠,技术高超,名石。以千岁之寿:凭着活

一千岁的寿命。　[2]操：操持，拿。钩：弯钩，工匠画曲线、量弧度的工具。　[3]视规矩：按照圆规角尺所画的标准。视，看。规，圆规。矩，角尺，工匠画方的工具。　[4]绳墨：墨线，工匠画直线的工具。举绳墨，拿起墨斗弹线。　[5]正：校正，整治。太山：即泰山，在今山东中部。以上几句是说：让技术高超的匠石依靠活一千岁的寿命，带上画曲线、量弧度的弯钩，按照圆规角尺所画的标准，拿起墨线，去校正泰山。　[6]贲、育：指孟贲、夏育，两人都是战国时期有名的勇士。干将：古代宝剑名，为春秋时期吴国著名工匠干将所铸造，这里泛指锋利的宝剑。齐：整治。　[7]尽力于巧：在技巧上花尽了力气。　[8]极盛于寿：在寿命方面极其旺盛，即寿命特别长。盛，兴旺，旺盛。　[9]"太山不正"二句是说：泰山还是不能被校正，百姓还是不能被治理好。　[10]牧：放牧，引申为统治。　[11]极：竭尽，用尽。巧：技巧。败：破坏。　[12]因道：顺应和凭借自然界的普遍法则。全法：顾全国家的法度。　[13]乐：安乐，享乐。大奸止：巨奸不作恶。止，停止。　[14]澹然：安然，安静的样子。闲静：空闲清静。　[15]天命：自然的规律。　[16]持：把握。　[17]离：背离，违反。　[18]少不可：很少有不合宜的事。可，合宜，合适。

上不天则下不遍覆[1]，心不地则物不毕载[2]。太山不立好恶[3]，故能成其高[4]；江海不择小助[5]，故能成其富。故大人寄形于天地而万物备[6]，历心于山海而国家富[7]。上无忿怒之毒[8]，下无伏怨之患[9]，上下交朴[10]，以道为舍[11]。故长利积[12]，大功立，名成于前[13]，德垂于

　　思想只有兼收并蓄，集思广益，才能成其宏伟博大。政治家只有兼容并包，海纳百川，才能"名成""德垂"。身处上位而有"忿怒之毒"，下属必有"伏怨之患"。俗话说："宰相肚里能撑船。"对人豁达大度、宽容尊重，实是政治家的基本素质之一。

后[14]，治之至也[15]。

[注释]

[1]这句是说：上面如果没有辽阔的天空，那么世界就不能被全部覆盖。喻指君主如果不像天空那样高大，那么就不能全部了解天下的事情。遍，普遍，全部。　[2]这句是说：宇宙的中心如果没有宽厚的大地，那么万物就不能被全部装载。喻指君主的心胸如果不像大地那样宽广，那么天下的事物就不能被全部容纳。毕，全部。　[3]不立好恶：不存在爱憎之心，指对土石都可以接受。　[4]成：形成。　[5]不择小助：不挑剔微小的帮助，指对流入江海的细小河流都能容纳。择，挑选。　[6]大人：指古代全大体的人，此指英明的君主。寄形于天地：将自己的形体依附于天地。这句承上文而来，指大人像天地那样"遍覆"和"毕载"。寄，托付，依附。形，身体。　[7]历心于山海：经心于太山与江海，即让自己的思虑一一经过太山与江海。这句承上文而来，是指全大体的人像太山和江海那样"不立好恶""不择小助"。历，逐个经过。　[8]这句是说：君主没有因为愤怒而造成对臣民的危害。毒，毒害，危害。　[9]这句是说：臣民没有因为郁积的怨恨而造成对君主的祸患。伏，潜藏，郁积。　[10]上下交朴：君臣都纯真质朴。交，并，都。朴，纯朴。　[11]以道为舍：以道为归宿。舍，房舍，喻指归宿。　[12]长利：长远的利益。积：积聚，积蓄。　[13]前：指生前。　[14]德：德泽，恩德。垂：流传。　[15]治之至：国家治理的最高境界。

[点评]

本篇篇幅不大，短小精悍。韩非从整个宇宙出发，论述了顾全大局的君主所应该掌握的治理社会的关键原则，并给人们描述了他心目中的理想境界。由于文章主要关注于大局和整体，所以题为"大体"。

任何事物，都有着整体与局部的分别。只有着眼于事物的整体，才能全面地了解它；只有全面地了解它，才能提纲挈领，把握事物的关键，从而采取正确有效的治理办法，因势利导，取得成效。韩非认为，要治理好社会，就得顾全大局，从整体出发来考虑问题。为此，他从整个宇宙的发展规律出发，引出了治理社会的关键原则，这就是所谓的"因道全法"。

韩非所说的"道"，取自老子的"道"而又不同于老子的"道"。老子所说的"道"，是一种先于天地万物而存在的假想物，是产生天地万物的总根源。老子宣扬道，是主张一切听凭自然，让社会自然地发展，反对人们对社会的强行干涉。韩非所说的"道"，是指天地万物的普遍法则，也就是整个宇宙发展的客观规律。因此，他借用了老子的"道"这一玄虚的哲学概念，却注入了他自己的唯物观。韩非认为，道作为整个宇宙发展的客观规律，支配着包括人类社会在内的万事万物，它在政治领域中的体现，就是指导各种社会活动的"法"，所以他提出了"因道全法"的观点。

韩非所说的"因道"，即文章中所说的"望天地，观江海，因山谷、日月所照、四时所行、云布风动"，"不逆天理"，"守成理，因自然"，"因天命"，"寄形于天地"，"历心于山海"，"以道为舍"，是指遵循宇宙发展的客观规律。而"因道"在社会政治领域中的体现就是文章中所说的"不以智累心，不以私累己；寄治乱于法术，托是非于赏罚，属轻重于权衡"，"不急法之外，不缓法之内"，"祸福生乎道法而不出乎爱恶，荣辱之责在乎己而不在乎人"，"使人无离法之罪"，"上无忿怒之毒，下无伏怨之患"，是指一切按照国家的法度来办事。

由此可见，韩非虽然与老子一样主张"因自然"，但老子"因自然"而贬斥法治，认为"法令滋彰，盗贼多有"（《老子》第五十七章）；韩非则"因自然"而主张法治，力倡"寄治乱于法术，托是非于赏罚"。自然界的运动都遵循着一定的规律，社会的发展变化也是如此。治理社会如果不"守成理，因自然"，就难以取得成功。具体而言，要使社会大治，就必须因自然而顺人情，废私智而行法术。《韩非子》揭示的种种统治管理手段，其大旨无非如此。韩非主张法要顺应自然之道和人性而立，即"不逆天理，不伤情性"。这种遵循社会规律而制定的法则无疑具有普遍的政治意义。因此，韩非论述的法术原则中有不少是符合社会治理规律的，值得我们借鉴。

总之，"因道"是"全法"在哲学上的理论根据，"全法"是"因道"在政治上的具体体现。"因道全法"，就成全了"大体"，所以它是这篇文章的主旨，也是韩非哲学思想和政治思想的核心。我们要了解韩非思想的"大体"，首先得把握"因道全法"这一关键的观点。

文章还给我们描绘了"至安之世"的美好图景。在那种社会里，"万物备"，"国家富"；法"纯朴不散"，君臣"上下交朴"；既没有战争、祸乱，也无须杀敌立功；政治简朴，社会安定；人人有利，个个幸福，"心无结怨，口无烦言"。这便是韩非法治社会的最高境界,也就是韩非的最高政治理想。虽然在当时的社会条件下,这不过是一种空想,但它无疑反映了人们对当时动荡不安的社会现实的强烈不满,具有批判现实的意义。

内储说上七术第三十（节录）

主之所用也七术[1]，所察也六微[2]。

七术：一曰众端参观[3]，二曰必罚明威[4]，三曰信赏尽能[5]，四曰一听责下[6]，五曰疑诏诡使[7]，六曰挟知而问[8]，七曰倒言反事[9]。此七者，主之所用也。

[注释]

[1]七术：七种手段，见下文。 [2]所察：所要考察的。六微：指六种不令人注意而有害于君主的情况，其内容详见《内储说下》。微，隐微，隐蔽。 [3]众端：多方面。参：检验，验证。观：观察。 [4]必罚明威：对罪犯一定加以惩罚来显示君主的威严。 [5]信赏尽能：对有功的人确实依法奖赏来鼓励臣下竭尽才能。 [6]一听：一一听取臣下的言论。责下：督责臣下的

"一听责下"旨在专人负责制，使各人对自己的言行负责。唯其如此，各人的政治才能、是非优劣才易确定，各人的责任心和积极性才能充分调动起来，办事才有成效。

行动。　[7]疑诏诡使：利用使臣下猜疑的命令和诡诈的差遣来促使臣下谨慎尽职。诏，命令。　[8]挟（xié）知而问：把自己了解到的事藏在心里而去询问臣下，以考察臣下是否虚伪。挟，心里怀着，隐藏。　[9]倒言反事：指说与本意相反的话、做与实情相反的事，来刺探臣下的阴谋。倒言，把话倒过来说。反事，把事反过来做。

　　观听不参[1]，则诚不闻[2]；听有门户[3]，则臣壅塞[4]。参观一[5]

[注释]

　　[1]这句是说：君主观察臣下的行动、听取臣下的言论而不加以多方面的验证。　[2]诚：真情。　[3]听有门户：听取意见时只有一条门路。　[4]壅塞：堵塞，指蒙蔽君主。此下原有"其说在……"等文字，述说相应"说"文中的故事梗概，今删去。以下六节也都删去了相应"说"文的故事梗概提示语。　[5]参观：即"众端参观"的略语。它是上面这一段经文的标题。古代的标题多放在文末，现代则置于文前。下同。

　　爱多者，则法不立；威寡者，则下侵上[1]。是以刑罚不必[2]，则禁令不行[3]。必罚二

[注释]

　　[1]"爱多者"四句是说：君主仁慈过分，那么法制就不能建立；君主威严不足，那么臣下就会侵害主上。　[2]是以：因此。

"听有门户"会被蒙蔽，即众所周知的"兼听则明，偏信则暗"。不过，在韩非看来，仅听取各方面的意见还不够，还应该在听取各方面意见后再作多方面的验证。应该说，验证他人言论的真实性比"听无门户"更为重要，因为有时候即使听取了各方面的意见，也不一定能听到符合实际的真话。如果不加检验，未根据真情来决策，就会失误而造成损失。

必：必定，指一定执行、坚决实施。 [3] 不行：不能实行。

> 奖赏优厚而且确实兑现，如此才有极强的激励作用，所谓"重赏之下，必有勇夫"就是这个道理。

赏誉薄而谩者，下不用也[1]；赏誉厚而信者，下轻死[2]。赏誉三

[注释]

[1]"赏誉薄而谩（mán）者"二句是说：奖赏表扬轻微而又欺诈，臣民就不肯被君主使用。誉，称赞，赞美。薄，微薄，轻微。谩，欺骗，指不能兑现。 [2] 轻死：不怕死，指不惜牺牲生命而为君主效劳。

一听则愚智不分[1]，责下则人臣不参[2]。一听四

[注释]

[1] 愚智不分：当作"愚智可分"，愚蠢的和聪明的就能分清。 [2] 这句是说：君主督责臣下，那么臣下就不能混淆视听。参，参杂，夹杂，指夹杂其中混淆视听。

数见久待而不任，奸则鹿散[1]。使人问他则不鬻私[2]。诡使五

[注释]

[1]"数（shuò）见久待而不任"二句是说：君主屡次召见一些人，让他们长时间地待在身边而又不委派他们做什么事，奸邪

之人就会以为他们受到君主的秘密指令而害怕得像鹿受惊了那样四散逃奔。数，屡次。　[2] 这句是说：派人去做事的时候，先用自己已经知道的其他事情去责问，那么被派去做事的人就不敢再兜售自己的小聪明来弄虚作假了。使，派遣。他，其他，其他的事。不鬻（yù）私：不兜售自己的小聪明，指实事求是地公正办事而不说假话。鬻，卖，贩卖。私，私货，指个人的小聪明。

挟智而问[1]，则不智者至[2]；深智一物，众隐皆变[3]。挟智六

拿明明已经知道的东西来讯问，用以侦查奸邪，无疑是值得利用的。但韩非把所有的臣下都看成是行奸的人，对所有的人都搞权术，使人际关系越来越阴暗复杂，显然不当。

[注释]
[1] 智：通"知"。下三处同。　[2] "挟智而问"二句是说：把自己了解到的事藏在心里而去询问臣下，那么自己不知道的事也就能了解到了。至，到，获得。　[3] "深智一物"二句是说：深入地了解一件事情，许多隐蔽的事情就都可以分辨清楚了。变，通"辨"。

倒言反事以尝所疑[1]，则奸情得[2]。倒言七
右经[3]

"倒言反事"显然是一种诡诈的手段，但它对于侦破奸诈的勾当以获得实情还是有一定作用的。

[注释]
[1] 尝：试，试探。所疑：所怀疑的事。　[2] 奸情：奸邪的情况。得：得到，获知。　[3] 右经：上面是经文。右，右边，指右边的文字。古书从右向左直行书写，所以"右"即指上文。

一 [1]

鲁哀公问于孔子曰 [2]："鄙谚曰 [3]：'莫众而迷 [4]。'今寡人举事 [5]，与群臣虑之 [6]，而国愈乱 [7]，其故何也 [8]？"孔子对曰："明主之问臣，一人知之 [9]，一人不知也；如是者 [10]，明主在上，群臣直议于下 [11]。今群臣无不一辞同轨乎季孙者 [12]，举鲁国尽化为一 [13]，君虽问境内之人，犹之人 [14]，不免于乱也。"

听一人之辞不行，但有时听多人之辞也不行，因为有时候臣子会结成帮派、众口一辞来欺骗君主，有时候臣子会慑于君主或权臣的淫威而随声附和。在这种情况下，即使听了很多人的话，实际上等于听了一个人的话。所以听言者要广开言路，不但听取多人之辞，更要听取多面之辞，听取各种不同的意见。

[**注释**]

[1]一：作为标题，表示以下为第一部分，其故事是对第一条经文的解说，也就是所谓的"说"。下面的数字标题与此类同。　[2]鲁哀公：春秋末年与孔子同时代的鲁国君主，名蒋，前494—前467年在位。　[3]鄙：郊野，乡间。　[4]莫众而迷：没有众人合计就会迷惑。　[5]寡人：我，是君王谦称自己。举：办，行，做。　[6]虑：思虑，谋划。　[7]愈：更加。　[8]故：缘故，原因。　[9]一人：指一部分人。知：明了，指见解得当。　[10]如是：如此，像这样。　[11]直议：直率地议论。　[12]一辞同轨：使言辞一致、使轨道相同，把说话的口径统一。乎：于。季孙：春秋时期鲁桓公少子季友的后裔，为鲁国三桓之一，是春秋后期掌握鲁国政权的贵族，此指季康子，名肥。　[13]举：全。尽化为一：都变成了一个人。　[14]犹之人：好像问了季孙这一个人。之，这。"之人"前承上句省去了"问"字。

张仪欲以秦、韩与魏之势伐齐、荆[1]，而惠施欲以齐、荆偃兵[2]。二人争之。群臣左右皆为张子言[3]，而以攻齐、荆为利，而莫为惠子言[4]。王果听张子[5]，而以惠子言为不可。攻齐、荆事已定，惠子入见。王言曰："先生毋言矣[6]。攻齐、荆之事果利矣，一国尽以为然[7]。"惠子因说[8]："不可不察也。夫齐、荆之事也诚利[9]，一国尽以为利，是何智者之众也[10]？攻齐、荆之事诚不可利，一国尽以为利，何愚者之众也？凡谋者，疑也[11]。疑也者，诚疑，以为可者半，以为不可者半[12]。今一国尽以为可，是王亡半也[13]。劫主者固亡其半者也[14]。"

一般来说，对需要商议的事情，有不同的意见在所难免，虽然未必是对半分。即使采取少数服从多数的办法，对少数人的不同意见也应该予以重视。

[注释]

[1]张仪：战国时期魏国人，纵横家，曾任秦国相国，此时任魏国相国，参见《定法》注。欲以秦、韩与魏之势伐齐、荆：想利用秦国、韩国和魏国联合的形势去攻打齐国、楚国。与，交往，交好。　[2]惠施：战国时期宋国人，与庄子同时，曾任魏惠王相，名家代表人物。以：与。偃（yǎn）兵：停战。　[3]左右：君主身边的侍从。为张子言：为张仪说话。子，对人的尊称。　[4]莫：没有人。　[5]王：指魏王。果：结果，到底。听：听从。　[6]毋：别，不要。　[7]一国尽以为然：全国的人都认为是这样。　[8]因：因而，就。说（shuì）：劝说。　[9]诚：真，确实。　[10]是：这，

这样。何智者之众：为什么聪明的人会这么多？ [11]"凡谋者"二句是说：凡是要商议的事，总是因为它有疑惑不定的地方。谋，商议，谋划。 [12]"疑也者"四句是说：这疑惑不定的地方，如果真是疑惑不定的话，那么认为它可行的应该有半数的人，认为它不可行的也应该有一半人。 [13]是王亡半也：这种情况说明大王失去了一半的人。 [14]这句是说：劫持君主的人本来就是使君主失去那持反对意见的一半人的人啊。劫，挟持。固，本来。亡，失去，这里是使动用法。

"不言人之恶"的得失其实应作具体分析，其中的关键问题是如何把握"恶"的度。如果面对犯罪还在报喜不报忧，那就是包庇罪犯，而不是君子之道。如果只是小恶，那么教育宽容一下也不失为一种治病救人的有道之行，何必非要大肆宣扬让人家抬不起头来呢？当然，韩非从政治管理的角度出发，是坚决不同意"不言人之恶"的，即使是小小的恶行，他也坚决要求人们检举揭发，以免酿成大乱。

江乙为魏王使荆[1]，谓荆王曰："臣入王之境内，闻王之国俗曰：'君子不蔽人之美[2]，不言人之恶[3]。'诚有之乎[4]？"王曰："有之。""然则若白公之乱[5]，得庶无危乎[6]！诚得如此，臣免死罪矣。"

[注释]

[1]江乙：战国时期魏国人，后来在楚国做官。使：出使。荆：楚国。 [2]蔽：掩盖。美：善，指善行美德。 [3]恶：坏，罪恶。 [4]诚：真，确实。 [5]然：这样。则：那么。若：像。白公：名胜，楚平王的孙子，太子建的儿子。其父建逃亡到郑国，因与晋国合谋袭郑而被杀，他为避难而与伍子胥一起逃到吴国。公元前487年，楚国令尹子西将他召回，让他住在白邑（今河南息县东），故号白公。他一直想伐郑报仇，子西答应此事却一直未发兵。前479年，他造反作乱，杀死令尹子西、司马子期，劫持了楚惠王，控制了楚国国都。后来叶公子高起兵攻打他，他失败后自缢

而死。　[6] 得：可能，该，表示推测。庶：差不多。无危：指白公之类的作乱者没有危险。因为楚国人不言人之恶，所以作乱者的阴谋不会被发现，也就没有危险了。

庞恭与太子质于邯郸[1]，谓魏王曰："今一人言市有虎[2]，王信之乎？"曰："不信。""二人言市有虎，王信之乎？"曰："不信。""三人言市有虎，王信之乎？"王曰："寡人信之。"庞恭曰："夫市之无虎也明矣[3]，然而三人言而成虎[4]。今邯郸之去魏也远于市[5]，议臣者过于三人[6]，愿王察之[7]。"庞恭从邯郸反[8]，竟不得见[9]。

[注释]

[1] 庞恭：又作庞敬，魏国的县令。质于邯郸：到赵国邯郸充当人质。质，抵押，做人质。邯郸，赵国国都，位于今河北邯郸西南。　[2] 市：集市。　[3] 明：明显。　[4] 三人言而成虎：三个人一说就变成了有老虎。　[5] 去：离，距离。远于市：比集市远。　[6] 过：超过。　[7] 愿：请，希望。察之：明察他们的话。　[8] 反：同"返"，回来。　[9] 竟：终于。不得见：不能够再进见魏王。"不得见"的原因是魏王听信了谗言。

"三人成虎"的故事发人深省。听言不加检验，就会成为舆论的俘虏。但世上总有只听信人言而不知用事实去检验的人，魏王就是这样的昏君。在现代，魏王之类的人恐怕也不少，否则，"谎言重复一千遍便会成为真理"的说法怎么还会有那么多人相信呢？

二

子产相郑[1]，病将死，谓游吉曰[2]："我死

《左传》昭公二十年云："唯有德者能以宽服民,其次莫如猛。"韩非改为"必以严莅人",显然是为了突出自己的政治主张。在礼崩乐坏的春秋战国时代,只有猛政才有成效,韩非以游吉的政治实践来说明宽政之弊与实行严刑峻法的必要性,无疑是合乎时宜的。这是因为标榜严刑峻法,则百姓畏惧,结果犯法而死者反而少;施行宽松的仁德之政,百姓漫不经心,反而容易陷于法网。当然,在太平盛世,以仁德之政服民也并非不可能。因此,一般来说,统治手段应该宽猛相济,严刑峻法与道德教化兼用。

后,子必用郑[3],必以严莅人[4]。夫火形严[5],故人鲜灼[6];水形懦[7],故人多溺[8]。子必严子之形[9],无令溺子之懦故[10]。"子产死,游吉不肯严形,郑少年相率为盗[11],处于萑泽[12],将遂以为郑祸[13]。游吉率车骑与战,一日一夜,仅能克之[14]。游吉喟然叹曰[15]:"吾蚤行夫子之教[16],必不悔至于此矣[17]。"

[**注释**]

[1]子产:春秋时期郑国政治家,名侨,字子产,公元前554年任郑国的卿,前543年执政,前536年把"刑书"铸在鼎上公布,推行法治,为法家先驱,前522年卒。相郑:做郑国的相国。　[2]游吉:字太叔,是子产死后的郑国执政大臣。　[3]子:您。用郑:在郑国执政。　[4]必以严莅人:一定要用严厉的手段来治理民众。严,严厉。莅,治理,管理。　[5]夫(fú):发语词。形:形状,样子。　[6]鲜灼(xiǎn zhuó):很少被烧伤。鲜,少。灼,烧。　[7]懦:懦弱。　[8]溺:淹没,淹死。　[9]必严子之形:必须使您的形象严厉,言外之意是必须使您的刑罚严厉。形,语带双关,既承上文"火形"而言,指形象,又暗指刑罚。下一"形"字同此。　[10]这句是说:不要使人们因为您懦弱的缘故而淹死了,言外之意是不要使人们因为您的刑罚不严厉而犯法致死。　[11]相率:互相拉拢结伙。率,率领,带领。盗:强盗。　[12]处:居,盘踞。萑(huán)泽:即《左传》昭公二十年的"萑苻之泽",春秋时期郑国之泽,在今河南中牟东北。萑,

同"萑（huán）"。　[13]遂：延续，发展，顺利地完成。　[14]仅：才。克：战胜，打败。　[15]喟（kuì）然：感慨地，形容叹息的样子。　[16]蚤：通"早"。行：奉行。夫子：先生，是对男子的尊称，此指子产。教：教导。　[17]不悔至于此：不会懊悔到这般地步。

中山之相乐池以车百乘使赵[1]，选其客之有智能者以为将行[2]，中道而乱[3]。乐池曰："吾以公为有智，而使公为将行。今中道而乱，何也？"客因辞而去[4]，曰："公不知治。有威足以服人[5]，而利足以劝之[6]，故能治之。今臣，君之少客也[7]。夫从少正长[8]，从贱治贵[9]，而不得操其利害之柄以制之[10]，此所以乱也[11]。尝试使臣[12]：彼之善者我能以为卿相[13]，彼不善者我得以斩其首，何故而不治[14]？"

不仅平治天下要依靠权势，就是一般的管理工作也得依靠权势。

[注释]

[1]中山：国名，位于今河北灵寿到唐县一带。相：相国。乐池：战国时期政治家，公元前318年任秦相，后又任中山国之相。乘（shèng）：辆。使赵：出使赵国。　[2]客：门客。将（jiàng）行：领队。　[3]中道：中途，半路。　[4]因：因而，就。辞：告辞。去：离开，离去。　[5]威：威力，指用刑的威权。　[6]利：利益，指爵禄的奖赏。劝：劝勉，鼓

励。　[7]少：年轻。　[8]从少正长：由年轻的管理年长的。从，以。正，端正，整治。　[9]贱：卑贱，地位低下。贵：高贵，地位尊贵。　[10]操：掌握。利害之柄：赏罚的权柄。制：控制。　[11]此所以乱：这就是队伍会乱的原因。　[12]这句是说：假如使我有这样的权力。尝试，假如。　[13]彼：他们。以为：以之为，使他们成为。卿：古代高级官名、爵位名，在公之下、大夫之上。相：相国。　[14]何故而不治：还有什么缘故不能治理好呢？

公孙鞅之法也重轻罪[1]。重罪者，人之所难犯也[2]；而小过者[3]，人之所易去也[4]。使人去其所易，无离其所难[5]，此治之道[6]。夫小过不生，大罪不至，是人无罪而乱不生也[7]。

[注释]

[1]公孙鞅：即商鞅，参见《奸劫弑臣》注。重轻罪：把轻罪当作重罪来惩处。　[2]所难犯：不容易犯的。　[3]过：过错，错误。　[4]所易去：容易去掉的。　[5]无离其所难：不要去触犯他们不容易犯的重罪。离，通"罹"，遭受。　[6]道：正确原则。　[7]是：这样。

荆南之地[1]，丽水之中生金[2]，人多窃采金[3]。采金之禁[4]：得而辄辜磔于市[5]。甚众，壅离其水也[6]，而人窃金不止。夫罪莫重辜磔

重刑必须以必罚来保障其权威性。重刑是立法问题，必罚是执法问题，其间还有个侦查问题。如果缺少了这中间一环——抓获罪犯，那么即使所立的刑法很重，也是一纸空文。此文则提供了一条完整的法治链：一是立法要重——"得而辄辜磔于市"；二是侦查要做到"必得"；三是执法要严——"必死"而无赦。只有这样，才能使法治真正起到止奸的作用。

于市[7]，犹不止者[8]，不必得也[9]。故今有于此曰[10]："予汝天下而杀汝身[11]。"庸人不为也[12]。夫有天下，大利也，犹不为者，知必死。故不必得也，则虽辜磔，窃金不止；知必死，则虽予之天下不为也。

[注释]

[1]荆南：楚国南部。 [2]生金：出产金子。 [3]窃：偷。 [4]禁：禁令。 [5]得：抓住。而：则，就。辄（zhé）：立即。辜磔（zhé）：一种剖开胸腹后将尸体张挂于外以示众的酷刑。辜，通"刳（kū）"，与"磔"同义，剖开挖空。市：街市。 [6]"甚众"二句是说：被剖开胸腹陈尸示众的人很多，悬挂的尸体像屏障藩篱一样挡住了丽水。壅，障蔽，遮盖。离，通"篱"，藩篱，这里用作动词，表示像藩篱一样屏蔽着。 [7]这句是说：对罪恶的惩处没有比在街市剖开胸腹陈尸示众更重的了。 [8]犹：还。 [9]不必得：不一定被抓获。 [10]今：假如。有：当作"有人"。 [11]予：给。汝：你。天下：统治天下的大权。 [12]庸人：平常的人。为：干。

成欢谓齐王曰[1]："王太仁[2]，太不忍人[3]。"王曰："太仁，太不忍人，非善名邪[4]？"对曰："此人臣之善也，非人主之所行也。夫人臣必仁，而后可与谋[5]；不忍人，

做臣子的应该"仁"而"不忍人"，这样对君主就不会构成威胁。做君主的如果"太仁"而"太不忍人"，那就等于放任，就会使臣子无法无天、作威作福，使国家危亡。其实，这种说法的合理性在于一个"太"字，君主对人仁慈实无可厚非，关键在于不能"太仁"。

而后可近也；不仁，则不可与谋；忍人，则不可近也。"王曰："然则寡人安所太仁[6]？安不忍人？"对曰："王太仁于薛公[7]，而太不忍于诸田[8]。太仁薛公，则大臣无重[9]；太不忍诸田，则父兄犯法[10]。大臣无重，则兵弱于外；父兄犯法，则政乱于内。兵弱于外，政乱于内，此亡国之本也[11]。"

[注释]

[1]成欢：人名，生平事迹不详。 [2]仁：仁慈。 [3]忍：狠心。 [4]邪（yé）：同"耶"，吗。 [5]谋：商议。 [6]安：哪里。 [7]薛公：战国时期齐威王的少子，孟尝君的父亲，公元前334年任齐国相国，前321年封于薛（今山东滕州东南薛城），称薛公，死后谥靖郭君。 [8]诸田：各个田氏，指田氏宗族，是当时齐国君主的宗族。 [9]大臣无重（zhòng）：大臣没有权势，这是因为大权被薛公垄断所致。重，权势。 [10]父兄：君主的叔伯和兄弟。 [11]本：根源。

"凡人之有为也，非名之，则利之"，道出了一般人的做事动机。所以，利用那些与名、利有关的事情来促成或禁止人们的某种行为，仍是较为有效的方法之一。

齐国好厚葬[1]，布帛尽于衣衾[2]，材木尽于棺椁[364]。桓公患之[4]，以告管仲曰[5]："布帛尽，则无以为蔽[6]；材木尽，则无以为守备[7]，而人厚葬之不休[8]，禁之奈何[9]？"管仲对曰："凡人之有为也，非名之，则利之也[10]。"于是乃下令曰："棺椁过度者[11]，戮其尸[12]，罪夫当丧者[13]。"夫戮死[14]，无名；罪当丧者，无利。人何故为之也？

[注释]

[1]好：喜欢。 [2]这句是说：麻布棉布丝绸全都用于做死人的衣服和被子。帛，丝织品。衾（qīn），被子。 [3]棺椁（guǒ）：古代棺材有多重（chóng），最里面装尸体的一重叫"棺"，套在"棺"外面的叫"椁"。 [4]桓公：齐桓公，参见《二柄》注。患之：为此感到忧虑。 [5]管仲：齐桓公的相，参见《奸劫弑臣》注。 [6]无以为蔽：没有什么东西可以用来做遮蔽车马的帷帐。蔽，遮蔽，指军队中用来遮蔽车马的帐幕。 [7]守备：防御工事。 [8]休：止。 [9]禁之奈何：要禁止这厚葬该怎么办？奈，通"奈"。 [10]"凡人之有为也"三句是说：大凡人们做某一件事，不是为了从这件事中取得名誉，就是为了从这件事中取得利益。 [11]过度：超过规定。 [12]戮：斩。 [13]罪：处罚。夫（fú）：那。当丧者：掌管丧事的人。 [14]死：这里用作名词，指死人。

三

越王虑伐吴[1]，欲人之轻死也[2]，出见怒蛙[3]，乃为之式[4]。从者曰[5]："奚敬于此[6]？"王曰："为其有气故也[7]。"明年之人们做事，有为利者，也有为名者。对于为利者，只能用实际利益去激励他；对于为名者，则可以用赞誉表扬去激励他。所以，批评表扬的作用也不可小觑。

明主之所以吝惜一颦一笑，是因为君主的言行对臣子的影响十分巨大，所以做君主的不能不时刻注意自己的言谈举止，更不用说是赏赐了。侍者认为"弊裤"微不足道，赐给左右就是了，但韩昭侯却把它当作政治问题来看待，处理方法就不同了。如果是因"仁"而"赐"，就会破坏依法行赏的规矩，后果就严重了。韩昭侯的做法虽然有点小题大作，但坚持无功不赏、论功行赏的原则显然值得肯定。

请以头献王者岁十余人[8]。由此观之，誉之足以杀人矣[9]。

[注释]

[1]越王：指勾践，参见《二柄》注。虑：谋划。　[2]欲：想要。轻死：看轻死亡，不怕死。　[3]怒蛙：鼓着腮帮子似含怒气的青蛙。　[4]乃：就。为之式：低头靠在车前的横木上对它表示敬意。式，通"轼"，古代车厢前用作扶手的横木叫"轼"，低头伏在轼上表示敬意也叫"轼"，或写作"式"。　[5]从者：跟从的人，随从。　[6]奚：为什么。　[7]这句是说：因为它有勇气的缘故。　[8]岁：一年。　[9]这句是说：赞誉足够用来杀人了。

韩昭侯使人藏弊裤[1]，侍者曰："君亦不仁矣，弊裤不以赐左右而藏之[2]。"昭侯曰："非子之所知也[3]。吾闻明主之爱一颦一笑，颦有为颦，而笑有为笑[4]。今夫裤，岂特颦笑哉[5]？裤之与颦笑相去远矣[6]。吾必待有功者，故收藏之未有予也[7]。"

[注释]

[1]这句是说：韩昭侯命人把破裤子收藏起来。韩昭侯，战国时期韩国国君，参见《二柄》注。弊，破。　[2]这句是说：连破裤子也不拿来赠送给身边的侍从而把它收藏起来。　[3]子：

您。　[4]"吾闻明主之爱"三句是说：我听说英明的君主对自己皱一皱眉头或笑一笑都十分吝惜而不轻易表露，皱眉头有皱眉头的意图，而笑有笑的目的。爱，吝惜。嚬（pín），通"颦"，皱眉，表示担忧。　[5]"今夫裤"二句是说：现在处置那条破裤子，难道只是皱一下眉头和笑一下的事么？特，只。　[6]相去：相差。　[7]"吾必待有功者"二句是说：我一定要等待有功劳的人才赏给他，所以把它收藏起来而没有送给人啊。

四

魏王谓郑王曰[1]："始郑、梁一国也[2]，已而别[3]，今愿复得郑而合之梁[4]。"郑君患之[5]，召群臣而与之谋所以对魏[6]。公子谓郑君曰："此甚易应也[7]。君对魏曰：'以郑为故魏而可合也，则弊邑亦愿得梁而合之郑[8]。'"魏王乃止。

一个人的智慧有限，政治家的高明不能单靠自己的智慧来支撑，还应该集思广益。郑君虽然才思不敏捷，但能与群臣商议，至少要比刚愎自用好得多。

[注释]

[1]郑：指韩国。公元前375年，韩哀侯灭郑国后迁都于郑（今河南新郑），所以韩又称为郑。　[2]始：起初。梁：指魏国。公元前340年，魏从安邑（今山西夏县西北）迁都于大梁（今河南开封），因而魏又称为梁。一国：指韩国、魏国都属于晋国。　[3]已而：不久，后来。别：分开。　[4]愿：希望。复：再。合之梁：把它合并于魏国。　[5]患之：为这件事担忧。　[6]所以对魏：答复魏国的方法。　[7]甚：很。应：回答。　[8]"以郑

此文后化为成语"滥竽充数",用来比喻没有真本领的人混在行家中凑数,其嘲讽的重点在南郭先生的假冒。韩非虽然揭示了南郭先生的奸诈,但其用意则在嘲讽齐宣王不"一一听之",以致"愚智不分"而被骗。这一主旨,显然具有更深刻的政治意义并发人深省。当然,齐湣王也不能算英明君主,因为他的"一一听之"只是出于个人偏好,并非出于政治上的自觉。只有自觉地运用各种政治手段来管理国家,才能算是名副其实的政治家。从这个角度来看,齐湣王后来被相国卓齿抽了筋并吊死在宗庙的梁上,也就不足为怪了。

为故魏而可合也"二句是说:如果因为韩国是过去的魏国而可以合并,那么敝国也希望得到魏国而把它并入韩国。以,因为。弊邑,敝国,对本国的谦称。弊,通"敝"。

齐宣王使人吹竽[1],必三百人。南郭处士请为王吹竽[2],宣王说之[3],廪食以数百人[4]。宣王死,湣王立[5],好一一听之[6],处士逃。

[注释]

[1]齐宣王:战国时期齐国国君,田氏,名辟疆,齐威王之子,约前320—前302年在位。竽:用竹制成的像笙一样的管乐器。 [2]南郭:复姓。处士:隐居不做官的读书人。 [3]说(yuè):通"悦",喜欢。 [4]这句是说:由官仓供给他的粮食与供养几百个人的一样多。廪(lǐn)食,由公家仓库供给粮食。廪,米仓,指国家粮仓。以,若。 [5]湣王:战国时期齐国国君,参见《奸劫弑臣》注。 [6]这句是说:喜欢一个一个地听人吹竽。

五

庞敬[1],县令也。遣市者行[2],而召公大夫而还之[3]。立以间[4],无以诏之[5],卒遣行[6]。市者以为令与公大夫有言,不相信,以至无奸[7]。

[注释]

[1] 庞敬：即上文之庞恭，见本篇"庞恭与太子质于邯郸"注。 [2] 遣：派遣。市者：市场管理员。行：巡视。 [3] 公大夫：管理市场的长官，周代每个市场有公大夫二人。还：使……回来。 [4] 以间：有间。 [5] 无以诏之：没有命令他们什么。 [6] 卒：最后。行：巡视。 [7] "市者以为"三句是说：市场管理员以为县令和公大夫另有什么嘱咐，也就不信任公大夫了，因此就不敢再为非作歹了。言，嘱咐，指令。相，偏指性副词，指代别人，此处指代公大夫。奸，奸邪。

俗话说："害人之心不可有，防人之心不可无。"对于与自己关系不甚亲密的人，人们多会严加防范。庞敬就是利用了人们的这种心理，首先给市者造成一种自己与公大夫相亲而与市者疏远的感觉，这样，市者就会时时提防公大夫而不敢胡作非为了。

六

韩昭侯握爪[1]，而佯亡一爪[2]，求之甚急[3]，左右因割其爪而效之[4]。昭侯以此察左右之诚不[5]。

[注释]

[1] 爪：指甲。 [2] 佯（yáng）：假装。亡：丢失。 [3] 求：寻求，寻找。甚：很。君主的指甲不能乱丢于污秽之处，所以"求之甚急"。 [4] 因：就。割：剪下。效：献。 [5] 这句是说：韩昭侯用这种方法来考察身边侍从的忠诚与否。不，通"否"。

韩昭侯制造了一个骗局，就辨明了那些善于弄虚作假来阿谀奉承自己的臣子。《韩非子·说林上》说"巧诈不如拙诚"（巧妙的欺诈不如笨拙的诚实），实应成为溜须拍马者引以为戒的箴言。

韩昭侯使骑于县[1]。使者报[2]，昭侯问曰：

没有调查就没有发言权。调查后再发号施令、督责臣子，效果肯定会好得多。同样是"挟知而问"，与上一则故事里的"骗局"相比，韩昭侯这一招显然更值得肯定。

"何见也[3]？"对曰："无所见也。"昭侯曰："虽然[4]，何见？"曰："南门之外，有黄犊食苗道左者[5]。"昭侯谓使者："毋敢泄吾所问于女[6]。"乃下令曰："当苗时[7]，禁牛马入人田中固有令[8]，而吏不以为事，牛马甚多入人田中。亟举其数上之[9]；不得[10]，将重其罪[11]。"于是三乡举而上之[12]。昭侯曰："未尽也[13]。"复往审之[14]，乃得南门之外黄犊。吏以昭侯为明察，皆悚惧其所而不敢为非[15]。

[注释]

[1]使骑于县：派骑士到县城巡视。 [2]使者：派出去的人，指骑士。报：汇报。 [3]何见：看见了什么。 [4]虽然：即使这样。 [5]犊（dú）：小牛。道：道路。左：东面。 [6]这句是说：不要胆大妄为地把我问你的话泄露出去。 [7]当苗时：当禾苗生长的时候。 [8]固：本来。 [9]亟（jí）：急，赶快。举：列举。其数：指闯入农田的牛马数目。上之：将它们上报。 [10]不得：没有得到，没查出来。 [11]重其罪：加重其罪责。 [12]三乡：三个方向，东门、西门、北门之外。乡，通"向"。 [13]尽：完，完毕，指全部上报。 [14]复：再，又。审：审察，详察。 [15]悚（sǒng）惧其所：恐惧地谨守自己的职责。悚惧，恐惧。

七

子之相燕，坐而佯言曰："走出门者何？白马也？"左右皆言不见。有一人走追之，报曰："有。"子之以此知左右之不诚信[1]。

> 天下总有一些阿谀奉承以致弄巧成拙的人，到头来只能是搬起石头砸自己的脚。

[注释]

[1] 以上一段是说：子之做燕国的相国时，坐在那里假言假语地说："跑出门的是什么？是匹白马吗？"身边的侍从都说没看见。有一个人跑着追出去察看，回报说："有的。"子之用这种方法了解到了侍从中不诚信的人。子之，战国时期燕王子哙的相，参见《二柄》注。佯言，谎说。走，跑。

有相与讼者[1]，子产离之而无使得通辞[2]，倒其言以告而知之[3]。

> 子产将案件的当事人隔离起来，然后把他们各人的话倒过来说给另一方听，以诱使其供出实情。由此足见古人的审讯技术已相当成熟。

[注释]

[1] 相与讼者：相互争讼的人。 [2] 离之：把他们隔离。无使得通辞：使他们不能互相通话。 [3] 这句是说：把他们的话倒过来去告诉另一方而了解到他们的实情。

[点评]

《史记·老子韩非列传》说韩非"观往者得失之变，故作《孤愤》《五蠹》《内外储》《说林》《说难》十余万言"，可见早在汉代，《韩非子》中的《内储说》《外储说》

就已经被视为韩非的代表作了。

所谓"储说",就是积聚传说。"储"表示积蓄汇聚,是对"说"的收集整理和分类汇编;"说"是用来说明韩非学说的历史故事、民间传说和寓言。"储说"由于篇幅很大,所以分为六篇,"内""外""上""下""左""右"等字,便是用来区别篇名的,不能用它的本义来理解。

这六篇每篇先列出论纲,叫做"经";然后对每一条经文用若干事例加以说明,叫做"说"。"经"用来统率"说",是"说"的理论概括和事迹述略;"说"用来阐明"经",是"经"的实证和具体说明。"经"的文辞简单扼要,便于记诵;"说"的文字详尽具体,便于阅读。把"经"和"说"联系起来阅读,可以收到相得益彰之效,它不但有助于我们排除文字理解上的障碍,而且能使我们既明了"经"的实践意义,又明了"说"的理论意义。这种"经""说"相配、前后呼应、互相发明的体例,后人称为连珠体,这是韩非对我国文体的一大贡献,对汉魏六朝的文人颇有影响。韩非用这种体裁所写的六篇"储说",不但保存了大量的史料及文学故事,而且明确地阐述了他自己的政治学说,是他的重要著作之一,因此司马迁为韩非作传时特地将它列了出来。

七术,就是七种手段,它是有关本篇特定内容的标题。文章集中论说了君主治理臣下所应该采取的七种政治手段。其中"众端参观""一听责下"的主旨,也就是后世所说的"兼听则明,偏信则暗",它要求君主对臣下的言行作多方面的深入考察,以免被臣下蒙蔽。"必罚明威""信赏尽能"的主旨,在于利用臣民趋利避害之心而用严厉的刑罚来迫使臣民服从法令、用奖赏的手段来诱导臣民效劳卖命。至于"疑诏诡使""挟智而问""倒言反事"三种手段，则完全是一种诡诈的权术，使用它们的目的是防奸、察奸，这些都是韩非所倡导的治奸术中的重要内容，虽常被历代执政者所使用，但总结成为理论而加以公然宣扬，在历史上还是罕见的。

　　由于篇幅有限，所以我们对该篇作了节录。为了保持相对的完整性，所以我们仅删削了"经"文中"其说在"以下的故事梗概提示语，以及"说"中的某些章节。这种删节并不会消减阅读时的整体性感觉，因为"经"文中的论点仍然完整地保留着，而"说"中的章节也具有相对的独立性。

难一第三十六（节录）

对自己的部下和民众要"不厌忠信"，但对敌人则"不厌诈伪"。无论从事政治斗争，还是从事军事斗争，分清敌我而区别对待的原则无疑是应该遵循的。

晋文公将与楚人战[1]，召舅犯问之[2]，曰："吾将与楚人战，彼众我寡[3]，为之奈何[4]？"舅犯曰："臣闻之：'繁礼君子[5]，不厌忠信[6]；战阵之间，不厌诈伪[7]。'君其诈之而已矣[8]。"文公辞舅犯[9]，因召雍季而问之[10]，曰："我将与楚人战，彼众我寡，为之奈何？"雍季对曰[11]："焚林而田[12]，偷取多兽[13]，后必无兽[14]；以诈遇民，偷取一时，后必无复[15]。"文公曰："善。"辞雍季，以舅犯之谋与楚人战以败之[16]。归而行爵[17]，先雍季而后舅犯[18]。群臣曰："城濮之事[19]，舅犯谋也。夫用其言而后其身[20]，可乎？"文公曰："此非君所知也[21]。夫舅犯言，一时之权也[22]；雍季言，万世之利也[23]。"仲尼闻之[24]，曰："文公之霸也[25]，宜哉[26]！既知一时之权，又知万世之利。"

[注释]

[1]晋文公：名重耳，春秋时期晋国国君，五霸之一，前636—前628年在位。与楚人战：指发生在公元前632年的晋楚城濮之战，这是古代以弱胜强的著名战例之一。 [2]舅犯：一作"咎犯"，狐氏，名偃，字子犯。他是晋文公之舅父，故称"舅犯"。 [3]众：人多。寡：少。 [4]为之奈何：对此该怎么办？奈，通"奈"。 [5]繁礼：多礼，指讲究礼节。 [6]不厌：不满足地追求，不嫌多。厌，通"餍"，满足。忠信：忠诚老实。 [7]诈：欺骗。伪：作假，欺诈。 [8]这句是说：您还是用欺骗他们的手段就是了。其，表示祈使语气，当，还是。而已，罢了。 [9]辞：辞别，辞退。 [10]因：于是，就，便。雍季：即晋文公的小儿子公子雍。 [11]对：回答。 [12]田：通"畋"，打猎。 [13]偷：苟且。取：获得。 [14]这句是说：以后在这里肯定没有野兽可打了。 [15]"以诈遇民"三句是说：用欺诈的手段来对待民众，苟且取得了暂时的利益，但以后肯定不能再用这种办法来获利了。遇，对待。复，再，再来一次。 [16]败：打败。之：他们，指代"楚人"。 [17]行：赐，赏赐。 [18]这句是说：先赏雍季而后赏舅犯。 [19]城濮：春秋时期卫地，即今山东鄄城西南之临濮集。事：指战事，即城濮之战。 [20]后其身：指奖赏时把他排在后面。 [21]君：当作"若"，你们。 [22]一时之权：暂时

的权宜之计。权,权宜,变通。 [23]万世之利:千秋万代的利益,指长远利益。 [24]仲尼:孔丘的字。 [25]霸:称霸,成为诸侯的霸主。 [26]宜:适宜,合适,应当,理所当然。

韩非在《难》中的批判文字之所以显得尖锐而深刻,是因为他的辩驳逻辑性很强。从"凡对问者,有因问小大缓急而对也"即可看出其逻辑思维的缜密。下文"战而胜"至"万世之利而已"一段文字,通过严密的逻辑推理,将其功利主义的战争观抒写得淋漓尽致,不能不使人折服。

"不谓诈其民,请诈其敌"针对上文"以诈遇民"进行批驳,抓住了雍季偷换概念这一要害,可谓一针见血。

或曰[1]:雍季之对,不当文公之问[2]。凡对问者[3],有因问小大缓急而对也[4]。所问高大,而对以卑狭,则明主弗受也[5]。今文公问"以少遇众"[6],而对曰"后必无复",此非所以应也[7]。且文公不知一时之权,又不知万世之利。战而胜,则国安而身定[8],兵强而威立[9],虽有后复,莫大于此,万世之利奚患不至[10]?战而不胜,则国亡兵弱,身死名息[11],拔拂今日之死不及[12],安暇待万世之利[13]?待万世之利,在今日之胜;今日之胜,在诈于敌[14];诈敌,万世之利而已。故曰:雍季之对,不当文公之问[15]。且文公又不知舅犯之言。舅犯所谓"不厌诈伪"者,不谓诈其民,请诈其敌也。敌者,所伐之国也,后虽无复,何伤哉[16]?文公之所以先雍季者,以其功耶[17]?则所以胜楚破军者[18],舅犯之谋也。以其善言耶[19]?则雍季乃道其"后之无复"也[20],此未有善言也。舅犯则以兼之矣[21]。舅犯曰"繁礼君子,不厌忠信"者:忠,所以爱其下也[22];信,所以不欺其民也[23]。夫既以爱而不欺矣[24],言孰善于此[25]?然必曰"出于诈伪"者[26],军旅之计也。舅犯前有善言,后有战胜,故舅犯有二功而后论[27],雍季无一焉而先赏[28]。"文公之霸,不亦宜乎?"仲尼不知善赏也[29]。

孔子认为"文公之霸也,宜哉"是基于文公"既知一时之权,又知万世之利",并没有认为文公"善赏",所以韩非的批驳也有偷换概念之嫌。

[注释]

[1]或:有人。韩非在《难》中用"或曰"来引出自己对上述事迹的辩驳和责难。 [2]当(dāng):相当,对应,针对。 [3]对问:回答问题。 [4]这句是说:在于根据所问问题的大小缓急来回答。有,在。问小大,即"所问之小大","问"是"小大"的定语。因,依,根据。 [5]"所问高大"三句是说:如果所问的问题高尚宏大,而臣下用低下狭隘的话来回答,那么英明的君主是不会接受的。 [6]遇:对待,对付,抵挡。 [7]此非所以应:这不是用来回答问题的话。应,对,回答。 [8]身:本身。定:安定,安稳,指地位稳定。 [9]威立:威望树立。 [10]"虽有后复"三句是说:即使以后再有用这种方法来获利的情况,也没有比这次战胜敌人的利益更大的了,还忧虑什么流传千古的利益不能得到呢?奚,何,什么。患,忧虑。至,到来,得到。 [11]息:止息,消失。 [12]拔拂:免除。不及:来不及。 [13]安:何,哪里。暇:闲暇,空闲,有时间。待:等待,期待。 [14]诈于敌:即"诈敌",欺骗敌人。于,动宾结构之间的助词,无实义。 [15]"故曰"至此,当在上文"此非所以应也"之后。 [16]何伤:有什么损害。伤,害。 [17]以:因为。耶:吗。 [18]则:

但。所以胜楚破军者：用来战胜楚国打败楚军的。　[19]善言：好话，指有用的建议。　[20]乃：就，只。道：说。　[21]则：却，倒。以：通"已"，已经。兼：并，同时具有。之：指代功劳和善言。　[22]所以爱其下：是用来爱护自己部下的。　[23]其民：自己的民众。　[24]既以：已经。以，通"已"。　[25]孰：哪，什么。善于此：比这更好。　[26]然：然而，但。出于诈伪：（战胜楚军的办法）来自欺骗诡诈。　[27]后论：放在后面加以评定奖赏。　[28]焉：于此，在这，指在"善言"和"战胜"两个方面。　[29]"文公之霸"三句是说：孔子还说什么"文公称霸天下，不也是应该的吗？"孔子实在不懂得什么是善于奖赏啊。

历山之农者侵畔[1]，舜往耕焉[2]，期年[3]，甽亩正[4]。河滨之渔者争坻[5]，舜往渔焉，期年而让长[6]。东夷之陶者器苦窳[7]，舜往陶焉，期年而器牢[8]。仲尼叹曰："耕、渔与陶，非舜官也[9]，而舜往为之者[10]，所以救败也[11]。舜其信仁乎[12]！乃躬藉处苦而民从之[13]。故曰：圣人之德化乎[14]！"

[注释]

[1]历山：即今山东济南东南之千佛山，相传舜曾在此耕种，又名舜耕山。一说舜所耕之历山为首阳山，也就是雷首山，在今山西西南部中条山脉西南端、永济西南。侵：侵占。畔：田界。　[2]舜：古代传说中圣明帝王尧的臣子，后受尧的禅让而为

帝，也是一位圣明的帝王（参见《解老》注）。此文指身为臣子的舜。往：去。焉：于此。　[3]期(jī)年：一周年。　[4]甽(quǎn)亩正：作为田界的水沟田埂被矫正，指农夫之间再无侵夺田界之事。甽，同"畎"，田间水沟。亩，田垄。　[5]河滨：指今山西永济西蒲州镇西之黄河岸边。河，黄河。滨，水边。渔者：捕鱼的人，渔民。渔，捕鱼。坻(chí)：水中的高地，指钓鱼时凭靠的河中高地。　[6]让：谦让。长(zhǎng)：年纪大的人。　[7]东夷：东方部落，古代对东部各民族的统称。陶者：制造陶器的人。器：指陶器。苦窳(gǔ yǔ)：粗劣，不坚实。　[8]牢：牢固。　[9]官：官职，职事。　[10]为之：干这些事情。　[11]所以救败：用来纠正弊病。　[12]信：确实，的确。仁：仁厚。　[13]乃：如此。躬：亲身，亲自。躬藉(jí)：亲身实践，指舜亲自来到历山、河滨、东夷等处。藉，践踏。处苦：在艰苦的地方。从：跟从，跟随，效法。　[14]德化：用道德去感化。

或问儒者曰："方此时也[1]，尧安在[2]？"其人曰[3]："尧为天子。""然则仲尼之圣尧奈何[4]？圣人明察在上位[5]，将使天下无奸也[6]。今耕渔不争[7]，陶器不窳，舜又何德而化[8]？舜之救败也，则是尧有失也[9]。贤舜[10]，则去尧之明察[11]；圣尧，则去舜之德化：不可两得也[12]。楚人有鬻楯与矛者[13]，誉之曰[14]：'吾楯之坚[15]，莫能陷也[16]。'又誉其矛曰：'吾矛之利[17]，于物无不陷也[18]。'或曰：'以子之矛

> 韩非认为法治的作用比德化大是对的，但因此而完全排斥德化则失之偏颇。统治者以身作则对社会产生的影响其实是不可低估的。

陷子之楯[19]，何如？'其人弗能应也[20]。夫不可陷之楯与无不陷之矛，不可同世而立[21]。今尧、舜之不可两誉，矛楯之说也[22]。且舜救败，期年已一过[23]，三年已三过。舜有尽[24]，寿有尽，天下过无已者[25]；以有尽逐无已[26]，所止者寡矣[27]。赏罚，使天下必行之[28]。令曰：'中程者赏[29]，弗中程者诛[30]。'令朝至暮变[31]，暮至朝变，十日而海内毕矣，奚待期年[32]？舜犹不以此说尧令从己，乃躬亲，不亦无术乎[33]？且夫以身为苦而后化民者，尧、舜之所难也[34]；处势而骄下者[35]，庸主之所易也[36]。将治天下，释庸主之所易[37]，道尧、舜之所难[38]，未可与为政也[39]。"

[注释]

[1]方：当，在。　[2]尧：古代传说中的圣明帝王，参见《解老》注。安在：在哪里。　[3]其人：那个人，指儒者。　[4]此句承上，开头省去了"或曰"二字，此句以下为韩非对上述事迹的辩驳和责难。然：这样。则：那么。圣尧：以尧为圣，认为尧圣明。奈何：如何，指怎么去解释。奈，通"奈"。　[5]在上位：处在君位。　[6]奸：奸诈，邪恶。　[7]今：如果。　[8]何德而化：何必用道德去感化。　[9]失：过失。　[10]贤舜：认为

舜贤能。　[11]去：除去，去掉，否定。　[12]两得：两者都得当。　[13]鬻（yù）：卖。楯（dùn）：通"盾"，盾牌，古代用金属、木头或皮革制成的用来抵挡住敌人矛、箭、剑等伤害的护身牌。矛：古代用来刺杀敌人的长柄兵器。　[14]誉：赞誉，赞美，夸耀。　[15]坚：坚固。　[16]陷：陷入，指刺破。　[17]利：锋利。　[18]于：对于。　[19]子：你。　[20]应：回答。　[21]同世而立：同时存在。　[22]"今尧、舜之不可两誉"二句是说：现在尧和舜不可以同时被赞誉，就像这矛和盾不可以同时被赞誉一样。　[23]这句是说：一年纠正一个过错。已，止，纠正。　[24]舜有尽：舜这样的人是有限的。有尽，有限。　[25]无已：没有休止，没有穷尽。　[26]逐：追逐，追击，引申为克服。　[27]止：治愈，纠正。寡：少。　[28]行之：指遵行法度。　[29]中（zhòng）：符合。程：规矩，法度，法规。　[30]弗：不。诛：惩处。　[31]令朝至暮变：命令在早晨传达到，过错到傍晚就能改正。　[32]"十日而海内毕矣"二句是说：十天时间全国的过错就可以全部纠正，哪里要等一周年呢？　[33]"舜犹不以"三句是说：舜也不拿这种道理去劝说尧来使天下的人服从法令，却去亲自操劳，不也是没有手段了么？犹，还。令，使。已，此，指法令。　[34]"且夫（fú）以身为苦"二句是说：况且那种使自己受苦然后去感化民众的做法，是尧、舜也难以做到的。夫，那，那种。以，使。　[35]处：居，占据，掌握。势：势位，权势。骄：当作"矫"，纠正。下：臣民。　[36]庸主之所易：平庸的君主容易做到的。　[37]释：放弃。　[38]道：由，遵行。　[39]未可与为政：是不能和他处理政事的。

[点评]

《韩非子》中的《难》是对前人的行事、言论进行辩驳和责难，所以题为"难（nàn）"。由于其篇幅较大，所以分为四篇，分别题为"难一""难二""难三""难四"。每一篇又分若干章，一章就是一篇完整的驳论文。除《难四》外，前三篇的每一章都分为两节，第一节先陈述一个历史故事，有时也兼及前人对此事的评论，第二节用"或曰"来引出韩非对上述事迹或评论的辩驳和责难。《难一》共有九章，上面选录的是其中的前两章。

第一章以兵不厌诈的军事思想为中心议题，辩证地说明了军事和政治、"一时之权"和"万世之利"、"诈敌"和"不欺其民"之间的关系。

第二章反对君主"以身为苦"搞"德化"，主张利用法治"处势而骄下"。韩非在这里运用了矛盾律这一思想武器，在中国逻辑史上第一次提出了"矛楯之说"，给矛盾律提供了正式的称号。韩非在中国逻辑史上第一次提出矛盾之说的功绩值得肯定，但此文的辩驳不宜完全加以肯定。因为即使"圣人明察在上位"，也不可能使天下一点邪恶的东西都没有，所以臣子还是有事可做，还是应该采取"德化"或法治的方法去治理邪恶；而天下还存在着邪恶的现象即使可以看作是"尧有失"，也不能因为这些局部的缺点就从总体上否定尧是圣人。"尧之明察"在于能任用舜，"舜之德化"可进一步说明尧在用人方面的"明察"足以用来"救败"。圣君任用贤臣做事，贤臣根据圣君的旨意去"德化"，这圣君与贤臣之间显然是相辅相成的关系，而不是矛与盾之间的对立关系。所以，所谓"贤舜，则去尧之明察；圣尧，则去舜之德化"云云，看上去道理十足，实际上是一种出于苛求而将问题绝对化后得出的结论，韩非显然把矛盾律用错了地方。

　　我们在此着重剖析了韩非辩驳中存在的问题，但此举并非要否定韩非《难》篇的思想价值，而旨在提醒读者：应该像韩非那样，既保持高度的批判精神而养成独立思考的习惯，又应该具有较强的批判性思维能力，善于解剖分析别人的理论或论证，而不能人云亦云，盲目信从。平心而论，韩非的辩驳，虽然不无瑕疵，但大多思想犀利，思路开阔，振聋发聩，读之令人耳目一新。它不但充分体现了当时百家争鸣的学术气氛，而且有助于增进读者的思辨力。它对后代问难体文章的写作也多有影响，在我国文体史上具有重要的开创作用。因此，感兴趣的读者不妨进一步去阅读我们未选录的其他章节。

难势第四十

以"云罢雾霁,而龙、蛇与螾、蚁同"比喻君主失势无权则与平民百姓相同,形象而贴切。

只肯定"势"的作用而否定"贤"的作用,无疑犯了片面化的错误,所以会引来驳难。由此可见,创建理论学说切忌极端化,必须谨慎周密,才能做到无懈可击。

《慎子》曰[1]:"飞龙乘云[2],腾蛇游雾[3],云罢雾霁[4],而龙、蛇与螾、蚁同矣[5],则失其所乘也[6]。贤人而诎于不肖者[7],则权轻位卑也[8];不肖而能服于贤者[9],则权重位尊也。尧为匹夫[10],不能治三人;而桀为天子[11],能乱天下。吾以此知势位之足恃而贤智之不足慕也[12]。夫弩弱而矢高者,激于风也[13];身不肖而令行者[14],得助于众也[15]。尧教于隶属而民不听[16];至于南面而王天下[17],令则行[18],禁则止[19]。由此观之,贤智未足以服众[20],而势位足以屈贤者也[21]。"

[注释]

[1]《慎子》：战国时期赵国人慎到所著，《史记·孟子荀卿列传》说"慎到著十二论"，《汉书·艺文志·诸子略》法家类著录"《慎子》四十二篇"，但其书至宋代已亡佚大半，现残存七篇以及一些后人辑录的逸文。　[2]乘：驾驭，凭借。　[3]腾蛇：也作"螣蛇"，传说中的神蛇，与龙类似，能兴起云雾而游于其中。"腾""螣"为同源词，均含有奔腾飞驰的意思。　[4]罢：罢休，消除。霁（jì）：雨止，引申为消散。　[5]螾：同"蚓"，蚯蚓。　[6]则：因为。失其所乘：失去了它们飞行云游时所凭借的东西。　[7]贤人：德才兼备的人。诎（qū）：通"屈"，屈服。不肖：不贤，没有德才。　[8]则：因为。下一"则"字与此同。卑：低。　[9]服于贤：等于说"服贤"。服，使……屈服，制服。于，动宾结构中的助词，无实义。　[10]尧：传说中的圣君，参见《解老》注。匹夫：平民百姓。　[11]桀：夏朝末代帝王，历史上的暴君，参见《解老》注。　[12]以此：因此。势位：权势地位。足：值得。恃：依靠，依赖。慕：羡慕。　[13]"夫弩（nǔ）弱而矢高者"二句是说：弩弓并不强劲而箭射得很高，是因为被风推动的缘故。弩，一种用机械力量射箭的弓，泛指弓。矢，箭。激，激荡，推动。　[14]身：自身，本身。令：命令。行：实行，付诸实施。　[15]得助于众：从众人那里得到了借助。　[16]尧教于隶属：尧处于奴隶一类的地位时去施教。隶，奴隶。属，类。　[17]至于：到。南面：面向南。古代以面向南为尊位，君主见群臣时南面而坐，因而"南面"用来指处在君位上。王（wàng）：称王。　[18]令则行：一发布命令就得到执行。　[19]禁则止：禁令一发布人们就停止不做。　[20]未足：不能够。　[21]足以：足够用来。屈：这里是使动用法，使……屈服。

权势归根结底是由人掌握与运用的，所以人的贤能与否，也会直接影响权势的作用。

利用原有的比喻进行批驳，可谓随手拈来、巧夺天工，韩非思想之敏锐可见一斑。

应《慎子》曰[1]：

飞龙乘云，腾蛇游雾，吾不以龙、蛇为不托于云、雾之势也[2]。虽然，夫择贤而专任势，足以为治乎[3]？则吾未得见也。夫有云、雾之势而能乘游之者，龙、蛇之材美也[4]；今云盛而螾弗能乘也[5]，雾醲而蚁不能游也[6]，夫有盛云醲雾之势而不能乘游者，螾蚁之材薄也[7]。今桀、纣南面而王天下[8]，以天子之威为之云雾[9]，而天下不免乎大乱者，桀、纣之材薄也。

[注释]

[1]应：回应，回答。《荀子·解蔽》说："慎子蔽于法而不知贤。"这"应《慎子》"的文字，是韩非就学于荀卿时所作。他依师说来驳难《慎子》，所以将此篇题为"难势"，这里虽用"应"字，实含有驳难的意思。　[2]势：力。下文说："夫'势'者，名一而变无数者也。"所以本篇的"势"有各种含义，它有时表示泛指的抽象概念"势"，有时表示确指的具体概念如"力""威势""趋势"等，这里表示托力。　[3]"虽然"三句是说：即使这样，舍弃了贤能而单纯使用权势，就足够用来进行治理了吗？择，通"释"，舍弃，抛弃。任，使用。　[4]材：材质，资质。　[5]弗：不。　[6]醲：浓。　[7]薄：浅薄。　[8]纣：商朝末代帝王，历史上的暴君，参见《解老》注。　[9]这句是说：把天子的威势作为自己凭借的云雾。

且其人以尧之势以治天下也,其势何以异桀之势也——乱天下者也[1]?夫势者,非能必使贤者用己而不肖者不用己也[2]。贤者用之,则天下治;不肖者用之,则天下乱。人之情性[3],贤者寡而不肖者众[4],而以威势之利济乱世之不肖人[5],则是以势乱天下者多矣,以势治天下者寡矣。夫势者,便治而利乱者也[6]。故《周书》曰[7]:"毋为虎傅翼[8],将飞入邑[9],择人而食之[10]。"夫乘不肖人于势[11],是为虎傅翼也。桀、纣为高台深池以尽民力[12],为炮烙以伤民性[13]。桀、纣得成肆行者[14],南面之威为之翼也[15]。使桀、纣为匹夫,未始行一而身在刑戮矣[16]。势者,养虎狼之心而成暴乱之事者也[17],此天下之大患也[18]。势之于治乱,本末有位也[19],而语专言势之足以治天下者[20],则其智之所至者浅矣[21]。

权势是一种"便治而利乱"的强制力,所以把权势交给什么样的人,便是一个有关兴衰治乱的大问题,是不能不慎重对待的。

[注释]

[1]"且其人"二句是说:况且那个人认为尧的权势可以用来治理好天下,但尧的权势和桀用来搞乱天下的权势又有什么不同呢?且,况且,而且,再说。其人,那个人,指大谈"尧为匹夫,

不能治三人；而桀为天子，能乱天下。吾以此知势位之足恃而贤智之不足慕也"的慎到。　[2]已：此（见《尔雅·释诂下》），之，指代权势。　[3]情性：天性。　[4]寡：少。　[15]这句是说：如果用威力权势的便利去帮助人。而，如，如果。济，帮助。"乱世之不肖"是衍文。　[6]便：方便于。利：有利于。　[7]《周书》：即《逸周书》，是周朝的史书，记载周代的诰誓号令，《汉书·艺文志》著录七十一篇，今本已有残缺。下面的引文，今本《逸周书·寤儆解》："无虎傅翼，将飞入宫择人而食。"　[8]毋（wú）：不要。傅：通"附"，附加。翼：翅膀。　[9]邑：城镇。　[10]择：捉，抓。　[11]乘不肖人于势：使没有德才的人凭借权势。乘，利用，凭借，这里是使动用法。　[12]台：用土筑成的方形的高而平的建筑物。尽：竭尽，耗尽。　[13]炮烙（páo luò）：原作"炮格"，古时的一种酷刑，让受刑者在烧红的铜格子上行走而被烤死。性：性命。　[14]成：做成。肆行：放肆的行径。　[15]南面之威：向南坐在朝廷上的威势，即统治天下的威势。　[16]未始行一：还没有开始做成一件坏事。身在刑戮：身体被处死。戮，杀。　[17]养：滋养。成：成就，酿成。暴乱：暴虐昏乱。　[18]患：祸害。　[19]"势之于治乱"二句是说：权势对于治和乱，本来就没有固定的位置。就是说：权势可以使天下治，也可以使天下乱。末，当为"未"字之误。位，位置，指固定的对应关系。　[20]语：议论，指慎到的言论。　[21]所至者：所能达到的程度。浅：浅陋。

夫良马固车[1]，使臧获御之[2]，则为人笑；王良御之[3]，而日取千里[4]。车马非异也，或至乎千里[5]，或为人笑，则巧拙相去远矣[6]。今以国位为车[7]，以势为马，以号令为辔[8]，以刑罚为鞭策[9]，使尧、舜御之[10]，则天下治，桀、纣御之，则天下乱，则贤不肖相去远矣。夫欲追速致远[11]，不知任王良；欲进利除害[12]，不知任贤能：此则不知类之患也[13]。夫尧、舜，亦治民之王良也。

其实，人们都希望由贤能的人去掌握权势，但如何确保贤者掌权，如何防止权势落到暴虐无能的人手中，则是政治学中一个值得深入研究而难以完全解决的老问题，所以历代都有圣君贤臣，也不乏暴君奸臣。此文提出了要让贤能的人掌权的问题，却未提供如何能使贤者掌权的具体措施，所以虽有驳难慎子之功，却缺乏实际的政治效用。

[注释]

[1]固：坚固。 [2]臧获：奴婢。御：驾驭。 [3]王良：春秋末年晋国大夫，赵简子的驾车人，以善于驾车闻名。 [4]取：通"趋"，快走，奔走。 [5]乎：于。 [6]相去：相差。 [7]以国位为车：把国家的君位比作车子。 [8]辔（pèi）：缰绳。 [9]策：竹制的鞭子。 [10]尧、舜：古代传说中的圣明帝王，参见《解老》注。 [11]追速致远：赶上快速飞奔的车马而到达远方。 [12]进利：取得利益。除害：消除祸害。 [13]类：类比。患：祸患。

复应之曰[1]：

其人以势为足恃以治官[2]；客曰"必待贤乃治"[3]，则不然矣[4]。夫"势"者，名一而变无数者也[5]。势必于自然，则无为言于势矣[6]。吾所为言势者，言人之所设也[7]。今曰："尧、舜得势而治，桀、纣得势而乱。"吾非以尧、桀为

将某一概念复杂化，就有文章可做了。这是文章家的技巧之一。"名一而变无数者"即利用了此法。

不然也[8]。虽然，非一人之所得设也[9]。夫尧、舜生而在上位[10]，虽有十桀、纣不能乱者，则势治也[11]；桀、纣亦生而在上位，虽有十尧、舜而亦不能治者，则势乱也。故曰："势治者则不可乱，而势乱者则不可治也[12]。"此自然之势也，非人之所得设也[13]。若吾所言，谓人之所得势也而已矣，贤何事焉[14]？何以明其然也[15]？客曰[16]："人有鬻矛与楯者[17]，誉其楯之坚[18]：'物莫能陷也[19]。'俄而又誉其矛曰[20]：'吾矛之利[21]，物无不陷也。'人应之曰：'以子之矛[22]，陷子之楯，何如？'其人弗能应也。"以为不可陷之楯与无不陷之矛为名不可两立也[23]。夫贤之为势不可禁，而势之为道也无不禁[24]；以不可禁之势[25]，此矛楯之说也[26]。夫贤、势之不相容亦明矣。

"势之为道也无不禁"是对的，但"贤之为势不可禁"的前提是不能成立的，所以由此推出"贤、势之不相容"也就谬误了。由此可见，此文的驳论看上去似乎逻辑严密，其实不然，因为它是靠预设了一个谬误的前提来实现其推理的。

[注释]

[1]复：又。之：指代上一段"应《慎子》"的人。 [2]其人：那个人，指慎到。官：官方，指国家。此句概括了上面第一大段中《慎子》的基本观点。 [3]客：向慎子发难的论客。此句概括了上面第二大段中论客的基本观点。 [4]"其人以势"三句是

说：慎子这个人认为权势是足够可以依靠来治理国家的；而责难他的论客却说"一定要等有了贤能的人才能把国家治理好"，这就不对了。　[5]"夫'势'者"二句是说："势"这个东西，名称虽然只是一个，但它变化的含义却是数不清的。　[6]"势必于自然"二句是说：如果势一定是源于自然生成的，那就用不着再去议论势了。自，自己。然，如此，成为这样。无为，不用。　[7]"吾所为言势者"二句是说：我之所以要议论势，是要议论人为设立的威势。人之所设，指人为设立的具有绝对权威而不能不服从的强制力，包括君权、国法、政令等。　[8]"今曰：尧、舜得势而治"三句是说：现在论客说："尧、舜得到了权势而天下大治，桀、纣得到了权势而天下大乱。"我并不是认为尧、桀他们不是这样。　[9]"虽然"二句是说：即使这样，他们的权势也并不是他们独自一个人所能建立的。　[10]生而在上位：生来就处在君主的位置上。　[11]则：就是。势治：势所必治，根据那趋势一定能治理好。势，指必然的趋势。　[12]"势治者则不可乱"二句是说：势所必治的就不可能被扰乱，而势所必乱的就不可能被治理好。　[13]"此自然之势也"二句是说：这种势是自然生成的客观趋势，并不是人们所能建立的。得，能。　[14]"若吾所言"三句是说：至于我所要说的势，是指人们所能设立的威势罢了，贤人在这里又能干什么呢？贤何事焉，指贤人在这里没什么用。势，当作"设"。事，做，从事。焉，于此。　[15]何以明其然也：用什么来说明它是这样的呢？　[16]客：指早年的韩非。下面的引文见《韩非子·难一》。　[17]鬻（yù）：卖。矛：古代用来刺杀敌人的长柄兵器。楯（dùn）：通"盾"，盾牌，古代用金属、木头或皮革制成的用来抵挡敌人矛、箭、剑等伤害的护身牌。　[18]誉：赞誉，赞美，夸耀。坚：坚固。　[19]陷：陷入，指刺破。　[20]俄而：一会儿。　[21]利：锋利。　[22]子：你。　[23]这句是说：

论客认为不可能被刺破的盾与没有什么东西不能刺破的矛在逻辑上是不可以同时并存的。名，概念，与"名学"之"名"同义，这里作状语。 [24]"夫贤之为势不可禁"二句是说：那贤人是威势不可以禁止的，而威势作为一种政治手段是没有什么东西不能禁止的。 [25]这句当作"以不可禁之贤与无不禁之势"。 [26]"以不可禁之势"二句是说：论客将不可以禁止的贤人与没有什么不能禁止的威势相提并论，这实在是上述那种关于矛和盾的说法啊。

"抱法处势"是韩非为中等资质的君主设计的治国策略。由于贤能聪慧的与蠢笨不开窍的君主为数不多，绝大多数君主都属于中等人才，所以韩非提出的这一政治策略具有普遍的借鉴意义。而且，这种用法治来巩固自己权势的主张有一种良性循环的优点：君主抱法处势则臣民尊君利上，臣民尊君利上则君权稳固，君权稳固则可以凭借法治使臣民尊君利上。如此循环往复，就可以达到君权稳固而至高无上的境地。如果"背法去势"，即使明君也难以治国，一般君主就更会乱套了。

且夫尧、舜、桀、纣千世而一出[1]，是比肩随踵而生也[2]。世之治者不绝于中，吾所以为言势者，中也[3]。中者，上不及尧、舜，而下亦不为桀、纣；抱法处势则治[4]，背法去势则乱[5]。今废势背法而待尧、舜[6]，尧、舜至乃治，是千世乱而一治也[7]；抱法处势而待桀、纣，桀、纣至乃乱，是千世治而一乱也。且夫治千而乱一，与治一而乱千也，是犹乘骥、骅而分驰也[8]，相去亦远矣。夫弃隐栝之法[9]，去度量之数[10]，使奚仲为车[11]，不能成一轮。无庆赏之劝、刑罚之威[12]，释势委法[13]，尧、舜户说而人辨之[14]，不能治三家。夫势之足用亦明矣，而曰"必待贤"，则亦不然矣。且夫百日不食以待粱肉[15]，饿者不活；今待尧、舜之贤乃治当世之民，是犹待粱肉而救饿之说也[16]。

[注释]

[1]千世而一出：一千世才出现一个。 [2]这句是说：这就已经算是肩膀挨着肩膀、脚跟接着脚跟似地密集降生了。比，紧靠。随，跟着，接着。踵，脚跟。 [3]"世之治者不绝于中"三句是说：世上的统治者接连不断地产生于中等人才之中，我之所以要议论威势，就是为了这些资质中等的君主。中，指中等人才。 [4]抱：坚守。法：法度。处：居，占据，掌握。势：势位，权势。 [5]背：背离。去：离开，丢掉。 [6]废：废弃，抛弃。待：等待。 [7]是：这。千世乱而一治：一千世的混乱以后才有一世太平。 [8]是：这。犹：好比，像。乘：骑。骥：一种千里马的名称。駬（ěr）：古代一种骏马的名称。分驰：背道而驰。 [9]隐栝（kuò）之法：矫正的办法，此指矫正木材的办法。隐栝，通"檃楛"，竹木的矫正工具，它可以用来矫正使直，也可以用来矫正使曲，这里用作动词，指矫正使曲（标准的弯曲）。 [10]去：丢掉，抛弃。度量之数：测量的技术。 [11]奚仲：任姓，传说中车子的创造者，曾任夏禹之车正（掌管车服诸事的大夫）。为：制造。 [12]庆赏：表扬、奖赏。 [13]释：舍弃，抛弃。委：放弃。 [14]户说：挨家挨户地去劝说。户，作状语，表示每户。人辨之：逐个逐个地去给人们辨析事理。人，作状语，表示每人。 [15]粱肉：上等的米饭鲜肉，指精美的饭食。粱，一种优良的粟。粟去皮后今称小米，粱是一种大而不黏的小米。 [16]待粱肉而救饿之说：等待一百天以后的上等饭菜来解救饥饿之人的说法。

夫曰[1]："良马固车，臧获御之，则为人笑；

就如同"抱法处势"可使中等资质的君主治理好国家一样,只要采取某些补救措施,就可使中等人才取得上等的成就,这就是"良马固车,五十里而一置,使中手御之,追速致远,可以及也"这一比喻所蕴含的具有普遍借鉴意义的理论内核,值得我们举一反三地在实践中推广应用。

此文中"乘骥、骃""弃隐栝""待梁肉""越人救溺""五十里而一置",巧妙的比喻迭出,韩文之"博喻"特色可见一斑。

王良御之,则日取乎千里。"吾不以为然。夫待越人之善海游者以救中国之溺人[2],越人善游矣,而溺者不济矣[3]。夫待古之王良以驭今之马,亦犹越人救溺之说也,不可亦明矣。夫良马固车,五十里而一置[4],使中手御之[5],追速致远,可以及也[6],而千里可日致也[7],何必待古之王良乎?且御,非使王良也,则必使臧获败之;治,非使尧、舜也,则必使桀、纣乱之。此味[8],非饴蜜也[9],必苦莱、亭历也[10]。此则积辩累辞、离理失术、两末之议也[11],奚可以难夫道理之言乎哉[12]?客议未及此论也[13]。

[注释]

[1]夫(fú):通"彼",他,指责难慎子的论客。 [2]待:等待。越:南方的一个诸侯国,范围包括今浙江大部和江苏、江西部分地区。善海游:善于在大海中游泳。中国:指中原地区各诸侯国。溺人:落水者。 [3]济:拯救,得救。 [4]置:驿站,古代供传递公文或命令的人歇脚或换马的地方,这里用作动词。五十里而一置,每五十里就设立一个歇脚换马的驿站。 [5]中手:技能中等的人。 [6]及:达到,办得到。 [7]日致:在一天之内到达。 [8]味:食物,这里用作动词,指吃食物。 [9]饴(yí):饴糖,用麦芽制成的糖。蜜:蜂蜜。 [10]莱:又名"藜",一种嫩时可食用的野菜,俗名红心灰藋,类似现在的红茎野苋菜。亭历:通

"葶苈"，一年生草本植物，叶子呈卵形或长椭圆形，开黄色小花；果实为椭圆形，黑褐色，可入药。　[11]积辩累辞：累积辩辞。离理：违背情理。失术：失道，丧失规范。两末：两端，指不是走这个极端就是走那个极端。　[12]奚：怎么。难：责难。夫（fú）：那。道理之言：合乎道理的言论。　[13]未及：比不上。此论：这种理论，指法度、权势并治的理论。

[点评]

　　本文责难辩驳慎到的势治学说，所以题为"难（nàn）势"。文章讨论了"贤""势"两者在政治中的地位和作用，以及如何完善势治的问题。全文分为三大部分。

　　第一部分引述《慎子》的话作为责难的靶子。慎到的观点是："贤智未足以服众，而势位足以屈贤者也"，贤人必须依靠权势才能治天下。他在"贤""势"两者之中片面地强调了"势"的作用。

　　第二部分是对慎子势治学说的责难辩驳。作者根据荀子所说的"慎子蔽于法而不知贤"的观点，批判了慎到"择（释）贤而专任势"的唯势论，认为"势"是"便治而利乱"的东西，所以不能不注意到任贤，权势必须依靠贤人才能治理好天下。作者在"贤""势"两者之间强调了"贤"的作用，但并未否定"势"的作用。所以，这部分议论，集中反映了作者"贤""势"并治的思想。

　　第三部分是对第二部分议论的辩驳。作者认为，任贤和任势不能相提并论，总得以其中一个为主。从一般的情况来看，君主大多是中等人才，他们"抱法处势则治，背法去势则乱"，有了"法"作为保证，即使不"贤"，也可以凭借"势"把国家治理好,而并不一定要依靠"贤"。如果一定要等待贤君来治理国家,那就只能是"千世乱而一治"了,所以,"贤""势"并治不如"法""势"兼治,应该提倡"法""势"兼治而不必"待贤"。这些议论,表面上似乎是在维护慎到的势治学说而批判"客"所提倡的贤治之说,实际上并没有简单地肯定或否定上面的任何一种说法,而是在间接或直接的批判中完善和发展了上面的两种说法,即以"法""势"兼治之说来取代慎到专任"势"而不言"法"的学说,以及"客"的"贤""势"并治之说。这样,既可避免"专任势"所带来的"为虎傅翼"之祸,又可避免"待贤"所带来的"千世乱而一治"的局面。这种"法""势"兼治的思想,无疑是将慎到的势治学说发展到了一个新的高度。

问田第四十二（节录）

堂谿公谓韩子曰[1]："臣闻服礼辞让[2]，全之术也[3]；修行退智[4]，遂之道也[5]。今先生立法术[6]，设度数[7]，臣窃以为危于身而殆于躯[8]。何以效之[9]？所闻先生术曰[10]：'楚不用吴起而削乱[11]，秦行商君而富强[12]。二子之言已当矣[13]，然而吴起支解而商君车裂者[14]，不逢世遇主之患也[15]。'逢遇不可必也[16]，患祸不可斥也[17]。夫舍乎全遂之道而肆乎危殆之行[18]，窃为先生无取焉[19]。"

"立法术"搞改革因为会触犯贵族的既得利益而"危于身"。堂谿公秉承《老子》"曲则全"的与世无争的道家哲学，主张明哲保身而劝阻韩非的入世进取。

[注释]

[1] 堂谿（xī）：原为地名，也作"棠谿"，春秋时属楚国，战

国时属韩国，故址在今河南遂平西北。据《左传》定公五年载，吴国夫概逃奔到楚国，楚昭王封之于堂谿，为堂谿氏，于是堂谿就成了复姓。堂谿公，夫概的后代。　[2]臣：我，古人对别人谦称自己时的一般用词。服：服从，顺从，遵行。礼：礼制，指周代的礼制。辞：推辞，推却不受，退避。让：谦让。　[3]全之术：保全自身的方法。　[4]修：修养。行：品行，品德。退智：隐藏才智。　[5]遂之道：成就名声的途径。遂，成，指成名。　[6]立：建立。法术：指法治术治的学说。　[7]设：设置，设立，创建。度数：法度术数。"设度数"与"立法术"意思相同。　[8]窃：私下，私自，是一种谦词。殆（dài）：危险，危害。"殆于躯"与"危于身"同义，指对身体有危害，乃至有生命危险。　[9]何以效之：用什么来证明这个结论？效，验证，证明。[10]所闻：所听到的。术：学说。下面的话大致见于《韩非子·和氏》。　[11]吴起：早期法家的代表人物，曾任楚国令尹，辅佐楚悼王实行变法而促进了楚国的富强。楚悼王死后，吴起被乱箭射死并被五马分尸，参见《奸劫弑臣》注。削乱：削弱混乱。　[12]行：实行。商君：即商鞅，法家的代表人物，在秦孝公的支持下实行变法而使秦国富强起来。秦孝公死后，商鞅被攻杀并被车裂，参见《奸劫弑臣》注。此"商君"指商鞅的法制。　[13]二子：两位先生，指吴起、商鞅。言：言论，主张。当：得当，正确。　[14]支解：即肢解，一种分裂肢体的酷刑。车裂：古代一种用车分裂身体的酷刑，俗称"五马分尸"，即把头和四肢分别拴在五辆车上，用马拉开，撕裂肢体。　[15]不逢世遇主之患：没有碰上好世道、没有遇到贤明君主而遭到的灾祸。　[16]逢遇不可必：人的遭遇不可确定。必，必定，肯定。　[17]斥：排斥，排除。　[18]夫（fú）：发语词。舍：舍弃，放弃。全遂之道：保全自身、成就名声的道路。肆乎危殆之行：无所顾忌地去做有生命危险的事。肆，放肆。　[19]窃为先生无取焉：我个人以为您不该采取这种做法。

韩子曰："臣明先生之言矣。夫治天下之柄，齐民萌之度，甚未易处也[1]。然所以废先王之教而行贱臣之所取者[2]，窃以为立法术，设度数，所以利民萌便众庶之道也[3]。故不惮乱主暗上之患祸[4]，而必思以齐民萌之资利者[5]，仁智之行也[6]；惮乱主暗上之患祸，而避乎死亡之害，知明而不见民萌之资夫利身者[7]，贪鄙之为也[8]。臣不忍向贪鄙之为[9]，不敢伤仁智之行[10]。先生有幸臣之意，然有大伤臣之实[11]。"

孔子提倡杀身成仁（见《论语·卫灵公》），孟子提倡舍生取义（见《孟子·告子上》），韩非为了民众的利益而不避死亡。他们的政治主张虽有所不同，但为了实现理想而不怕牺牲的高尚情怀实无二致。这种崇高的志趣，是中国传统文化中值得传承的精神财富。

[注释]

[1] "夫治天下之柄"三句是说：治理天下的权柄，整治民众的法度，很不容易处理。齐，整治。民萌，民众。甚，很。 [2] 然：然而。废：废除，放弃，不再使用。先王之教：前代君主的礼教。行：奉行，施行。贱臣：下贱的我，这是对别人谦称自己时更为谦恭的用词。所取者：所采取的政治主张，指韩非的法术主张。 [3] 便众庶：便利群众，有利于民众，与"利民萌"同义。庶，百姓，平民。道：方法。 [4] 惮（dàn）：怕，畏惧。乱：昏乱，昏庸。暗：愚昧，糊涂。上：君主。 [5] 必思以齐民萌之资利：坚定地为整治民众的财产利益着想。资，资产，财产。 [6] 仁

智之行：仁爱明智的行为。　[7]这句是说：智慧聪明却不顾民众的财产利益而只顾有利于自己。知，通"智"。明，明察，明智，聪明。夫，当为"而"字之形误。　[8]贪鄙之为：贪生怕死而自私卑鄙的行为。　[9]不忍：不忍心，不愿意。向：趋向，奔向，采取。　[10]伤：损伤，伤害。　[11]"先生有幸臣之意"二句是说：您虽然有爱护我的心意，但实际上却大大地伤害了我。幸，宠爱，爱护。大伤臣之实，严重伤害我的实际内容，指在实质上否定了韩非的政治理想。

[点评]

本篇原文有两章，第一章的内容是"徐渠问田鸠"而田鸠作答，所以题为"问田"。这里节录的是第二章，它通过堂谿公与韩非的对话，反映了"废先王之教"而"立法术，设度数"在当时的艰巨性，充分表现了韩非为民献身的崇高志趣。

当然，从另一个角度来看，韩非这种不惜牺牲生命、一切为民众谋利益的思想观念，一方面具有真实性，即真实地反映了韩非为民献身的崇高志趣与为政治理想奋斗终身的精神；但另一方面也带有欺骗性：它既欺骗了别人，也欺骗了韩非自己，因为归根结底，得利的还是韩国的国君及其同党，怎么会是全体民众呢？当然，他为了"利民萌便众庶"而不畏祸患的志趣是真实的；至于其欺骗性，则是他本人未曾意识到的。

定法第四十三

问者曰[1]:"申不害、公孙鞅[2],此二家之言,孰急于国[3]?"

应之曰[4]:"是不可程也[5]。人不食,十日则死;大寒之隆[6],不衣亦死。谓之衣食孰急于人[7],则是不可一无也,皆养生之具也[8]。今申不害言术而公孙鞅为法[9]。术者,因任而授官、循名而责实、操杀生之柄、课群臣之能者也[10]。此人主之所执也[11]。法者,宪令著于官府、刑罚必于民心、赏存乎慎法而罚加乎奸令者也[12]。此臣之所师也[13]。君无术则弊于上[14],臣无法则乱于下,此不可一无,皆帝王之具也[15]。"

韩非使用比喻往往巧夺天工而又通俗贴切,其修辞的高超技巧由此可见一斑。

韩非所谓的法治,不过是根据国家制定的法令奖赏守法有功之人、惩罚犯法有罪之人而已。赏罚两者就是法治的具体体现,也就是韩非所倡法治的基本内容。

[**注释**]

[1]问者：发问的人。古代往往用假设问答的方法来做文章。 [2]申不害：郑国京邑（位于今河南荥阳东南）人，战国时期法家代表人物，原在郑国做小官，后来用术治学说游说韩昭侯，于公元前351年被韩昭侯任为相国，直至前337年去世。在任相国期间，他在韩国进行政治改革，对外应对诸侯，使韩国安定强盛。公孙鞅：即商鞅，参见《奸劫弑臣》注。 [3]孰急于国：对于治理国家来说哪一家更要紧？ [4]应：回答，指韩非的答复。 [5]程：衡量，考核，指比较。 [6]隆：盛，程度深，极点。 [7]这句是说：评论穿衣和吃饭哪一样对人更为要紧。 [8]养生：保养身体，维持生命。具：指必须具备的东西。 [9]言术：主张术治。为法：推行法治。 [10]这句是说：根据各人的能力来授予相应的官职、按照官职名分来责求其实际的功效、掌握生杀大权、考核各级官吏的才能这样一整套方法。因，依据。任，能力，才能。循名而责实，即所谓的形名术，可参见本书"导读"第五节第（三）小节及《主道》《二柄》注。循，根据，按照。名，名称，名分。责，求。操，执掌，掌握。柄，权柄，权力。课，考核。 [11]执：执掌，掌握。 [12]这句是说：法令明确地著录在官府中、刑罚制度一定贯彻到民众的思想意识中去、奖赏只给予谨守法令的人而刑罚施加于触犯禁令的人这样一整套制度。著，用文字明确地记述，著录。存乎，存在于，指授给。慎，谨慎对待，指依顺、遵守。乎，于。奸（gān），通"奸（gān）""干"，犯。 [13]师：师法，遵循。 [14]弊：通"蔽"，被蒙蔽。 [15]帝王之具：称帝称王的工具。

问者曰："徒术而无法[1]，徒法而无术，其不可何哉[2]？"

对曰："申不害，韩昭侯之佐也[3]。韩者，晋之别国也[4]。晋之故法未息[5]，而韩之新法又生；先君之令未收[6]，而后君之令又下。申不害不擅其法[7]，不一其宪令[8]，则奸多。故利在故法前令，则道之[9]；利在新法后令，则道之；利在故新相反、前后相悖[10]，则申不害虽十使昭侯用术[11]，而奸臣犹有所谲其辞矣[12]。故托万乘之劲韩，七十年而不至于霸王者，虽用术于上，法不勤饰于官之患也[13]。公孙鞅之治秦也，设告相坐而责其实，连什伍而同其罪[14]，赏厚而信[15]，刑重而必[16]。是以其民用力劳而不休[17]，逐敌危而不却[18]，故其国富而兵强；然而无术以知奸，则以其富强也资人臣而已矣[19]。及孝公、商君死[20]，惠王即位[21]，秦法未败也，而张仪以秦殉韩、魏[22]。惠王死，武王即位[23]，甘茂以秦殉周[24]。武王死，昭襄王即位[25]，穰侯越韩、魏而东攻齐[26]，五年而秦不益尺土之地[27]，乃城其陶邑之封[28]。应侯攻韩八年[29]，成其

如果法制不严密，即使有高明的权术，也难以防止奸臣钻法律的漏洞。

在韩非看来，臣子都是要以权谋私的，君主即使依靠法治使国家富强了，可是如果"无术以知奸"，那就只能让臣下利用国家的富强为自己谋利益，严重的还会被臣下篡夺政权而使自己造就的富强成为臣下的政治资本。因此，君主只利用法治还不行，还得利用术治来驾驭臣子。

汝南之封[30]。自是以来[31]，诸用秦者[32]，皆应、穰之类也。故战胜，则大臣尊；益地，则私封立[33]：主无术以知奸也[34]。商君虽十饰其法[35]，人臣反用其资[36]。故乘强秦之资，数十年而不至于帝王者，法不勤饰于官、主无术于上之患也[37]。"

[注释]

[1] 徒术而无法：只运用术治而不实行法治。徒，单，只。[2] 其：它们的，指"徒术而无法，徒法而无术"的做法。不可：不行。　[3] 韩昭侯：战国时期韩国国君，参见《二柄》注。佐：辅佐，指相国。　[4] 晋之别国：从晋国中分出来的国家。韩国是韩、赵、魏三家分晋后成为战国七雄之一的，参见《孤愤》注。别，分。　[5] 故：旧。息：止息，废止，废除。　[6] 先君：前一代君主。　[7] 擅：专一，统一。　[8] 一：统一。　[9] "故利在故法前令"二句是说：所以奸臣们看到自己的利益存在于原有的法律和从前的政令之中，他们就按照这些原有的法律政令来办事。道，由，依从，按照。　[10] 悖：违背。　[11] 十：泛指多次。　[12] 犹：还是，仍然。谲（jué）其辞：使其言诡诈，玩弄他们的言辞，指诡辩。谲，诡诈，这里是使动用法。　[13] "故托万乘（shèng）之劲韩"四句是说：所以韩国的君主依靠了拥有万辆兵车的强大韩国，经过了七十年也还是没能达到称霸称王的地步，这是他们虽然在上面运用了术治，但没有用法治经常对官吏进行整顿所造成的危害啊。托，依托，依靠，凭借。万乘，万辆兵车，指拥有万辆兵车，形容强大（参见《备内》注）。劲，

强劲,坚强有力。七十年,指申不害之时到韩非写《定法》篇的时间,申不害卒于前337年,此文写于前266年,相差71年,韩非说"七十年",是举其成数,所以不很精细。饰,通"饬",整治。 [14]"设告相坐而责其实"二句是说:设立了告发奸邪、株连定罪的制度来求得犯法的真实情况,把老百姓连结成了十家为一什、五家为一伍的联保组织而对联保的人家定同样的罪。设,设立,设置。告,告发,检举。相坐,相连定罪,即"连坐",指联保组织中有一人犯罪,其他的人如果不告发,就连带一同受罚。坐,定罪,判罪受罚。责,求。什伍,秦国设置的联保组织单位,十家为一什,五家为一伍。同其罪,使什伍中的人家罪责相同,指联保组织中有一人犯罪,其他的人如果不告发,就使他们受同样的处罚。 [15]信:守信用。 [16]必:一定实行,坚决执行。 [17]用力:使用力量,指努力耕作。劳:劳累。休:休息。 [18]逐:追逐,追击。却:退却。 [19]资:资助。 [20]及:到,等到。孝公:秦孝公,战国时期秦国国君,参见《奸劫弑臣》注。商君:公孙鞅的封号,参见《奸劫弑臣》注。商君是秦惠王即位之后被诬告攻杀的,由于商君的命运与孝公紧密相连,为了行文方便,所以这里将他的死与孝公之死连写而置于惠王即位之前。 [21]惠王:指秦惠文王,秦孝公之子,嬴姓,名驷,生十九年而立为国君,称"惠文君",前337—前311年在位。公元前325年他称王,故称"惠文王"或"惠王"。即位:登上王位。 [22]张仪以秦殉韩、魏:张仪把秦国的力量牺牲在韩国、魏国,指张仪利用秦国的力量对韩国、魏国进行威逼利诱来谋取私利。张仪,战国时期魏国人,纵横家,相传与苏秦同师事鬼谷子。苏秦游说六国合纵以抗秦,张仪则是主张连横的代表人物。 [23]武王:指秦武王,战国时期秦国国君,秦惠文王之子,嬴姓,名荡,前310—前307年在位。 [24]甘茂以秦殉周:

指甘茂将秦国的力量牺牲在进军周王朝都城的征战中。秦武王三年(前308),左丞相甘茂为了给秦武王打通三川(黄河、洛水、伊水)之路以窥周室,带兵攻打韩国的宜阳(今河南宜阳西),次年攻克宜阳,秦武王至周而卒于周。甘茂,战国时期楚国下蔡(今安徽凤台)人,秦惠王时入秦,秦武王时为左丞相。周,周室,指东周王朝的都城雒邑(今河南洛阳王城公园一带)。 [25]昭襄王:即秦昭王,又作秦昭襄王,嬴姓,名稷(一作侧),秦武王异母弟,前306—前251年在位。 [26]穰(ráng)侯:即魏冉。他是秦昭王母宣太后的异父弟,在秦惠王、秦武王时就已任职用事。秦武王去世后,秦国内乱,他拥立昭王。昭王时他四次任相,因功封于穰邑(今河南邓州),又加封陶邑(今山东定陶西北),号称穰侯,富于王室。越:越过。 [27]益:增加。 [28]城其陶邑之封:即《史记·穰侯列传》所说的"广其陶邑"、《史记·范睢蔡泽列传》所说的"广其陶封"。城,通"盛",引申为扩大。陶邑,当时为穰侯魏冉的封邑,秦朝以后为定陶县县治。 [29]应侯:即范雎(jū),一作"范且(jū)",或误作"范睢",字叔,战国时期魏国人。在魏国时,因事为须贾陷害,魏相魏齐派人打断了他的肋骨,装死得免。后化名为张禄,靠魏国人郑安平的帮助,由秦国的使者王稽带到秦国。他游说秦昭王,驱逐了专权的秦相魏冉,于公元前266年任秦相,受封于应邑(今河南鲁山东北),号应侯。 [30]成:成就。汝:汝水,其上游即今河南之北的汝河,东南流至今漯河市郾城区,其故道南流至今西平县东、上蔡县西、汝南县北,再下即今南汝河及新蔡县以下的洪河。范雎被封应是在秦昭王四十一年(前266),其封地应邑在今河南鲁山东北,今北汝河之南。封:封地。 [31]自:从。是:这,此,指商鞅死的时候。 [32]诸:众,许多。用秦:用于秦,被秦国任用,在秦国执政。 [33]私:私人,指臣子,参见《有度》注。封：封地。立：建立。　[34] 这句是说：因为君主没有运用术治去了解奸臣的缘故啊。　[35] 饬：通"饬"，整治，整顿。　[36] 资：资本，指商鞅变法所取得的国富兵强。　[37] "故乘强秦之资"三句是说：所以秦国的君主凭借着强大的秦国，经过了几十年也还没有能达到称帝称王的地步，这是没有用法治对官吏经常加以整顿、君主在上面没有运用术治的祸患啊。乘，凭借，依靠。资，资本，条件。数十年，几十年，指商君治秦至韩非写《定法》篇的时间。这里的主语是秦孝公以后的秦国君主。

问者曰："主用申子之术，而官行商君之法[1]，可乎？"

对曰："申子未尽于法也[2]。申子言：'治不逾官，虽知弗言[3]。''治不逾官'，谓之守职也，可；'知而弗言'，是不谓过也[4]。人主以一国目视，故视莫明焉[5]；以一国耳听，故听莫聪焉[6]。今知而弗言[7]，则人主尚安假借矣[8]？商君之法曰：'斩一首者[9]，爵一级[10]，欲为官者为五十石之官[11]；斩二首者，爵二级，欲为官者为百石之官。'官爵之迁与斩首之功相称也[12]。今有法曰[13]：'斩首者令为医、匠[14]。'则屋不成而病不已[15]。夫匠者，手巧也；而医者，齐

政治家之所以成为政治家，就在于善于利用别人的智慧与力量。君主的才能则在善于利用全国臣民的智慧与力量，如果没有这样的本事，就难以坐稳江山了。

以显而易见的谬误作比喻，既能说明问题，又令人过目不忘。

文治与武功不能等而视之，就像治病、造房不能与斩首一视同仁一样。智能是当官者应该具备的基本才能，仅依靠的勇力是当不好官的。韩非把政治管理工作看作一种高级的脑力劳动，的确是别具慧眼的高见。

药也[16]；而以斩首之功为之[17]，则不当其能[18]。今治官者，智能也；今斩首者，勇力之所加也[19]。以勇力之所加而治智能之官，是以斩首之功为医、匠也[20]。故曰：二子之于法术[21]，皆未尽善也。"

[注释]

[1]官：官吏。行：奉行，遵行。 [2]这句当作"申子未尽于术，商君未尽于法也"，意思是：申子关于术治的理论还不周到，商君对于法律的规定也还没有完善。尽，完全，达到极点，指完善。 [3]"治不逾官"二句是说：官吏办事不能超越自己的职权，对于职权以外的事情即使知道了也不要说。治，治理，处理政务。逾，逾越，超越。官，官职，职位，职权。虽，即使。 [4]"治不逾官"四句是说："办事不超越自己的职权"，是说要谨守自己的职责，这还可以；至于"对职权以外的事情即使知道了也不要说"，这是要人们不告发别人的过错。谓，说，告诉。 [5]"人主以一国目视"二句是说：君主用全国人民的眼睛来观察，所以没有谁能比君主看得更明白的了。 [6]聪：听得清楚。 [7]今：假使，如果。 [8]尚安假借：还能凭借什么？尚，还。安，何，什么。假借，凭借。 [9]首：指"爵首"，即敌国有爵位的军官的首级。 [10]爵：爵位，这里用作动词，表示赏给爵位。级：级别。秦国的爵位分二十级。 [11]为官：做官。五十石：是秦国的一种俸禄等级。古代官吏的俸禄多以赋税充当，所以以"石"为计量单位。石，容量单位，十斗为一石。 [12]迁：升迁，晋升。相称（chèn）：相符，相当。 [13]今：假使，如果。 [14]令

为医、匠：让他们去做医生、工匠。　[15]已：止，完了，治愈。　[16]"夫匠者"二句是说：工匠，要靠手艺精巧；而医生，要会调配药剂。齐（jì），通"剂"，剂量，这里用作动词，表示按一定的剂量调配。　[17]以：凭借。为之：做这些工作，指做医生、工匠。　[18]不当其能：和他们的才能不相适应。当，相称，相配。　[19]"今治官者"二句是说：现在拿做官来说，是要靠智慧和才能的；现在再拿砍杀敌人的首级来说，是要靠勇敢和气力的施展。治官，管理官府，指担任官职，处理政务。　[20]"以勇力之所加"二句是说：让施展勇敢和气力而立功的人去担任需要智慧和才能的官职，这就是让砍杀敌人首级而立功的人去做医生、工匠。　[21]二子：二位先生，指商君和申子。法术：法治术治。

[点评]

本文是韩非修正申不害、商鞅的术治、法治学说，从而确定其法治原则的专论，所以题为"定法"。它是我们了解韩非法术思想及其思想渊源的重要篇章。

韩非所谓的术治和法治，其基本内容是："术者，因任而授官、循名而责实、操杀生之柄、课群臣之能者也。此人主之所执也。法者，宪令著于官府、刑罚必于民心、赏存乎慎法而罚加乎奸令者也。此臣之所师也。"韩非同时指出："君无术则弊于上，臣无法则乱于下，此不可一无，皆帝王之具也。"可见韩非是主张法术兼治的。因此，他在文章中进一步剖析了申不害单用术、商鞅单行法所造成的弊端以及这两家学说的不足之处，给读者以前车之鉴。特别是最后一段，其文紧扣上文"君无术则弊于上,臣无法则乱于下,此不可一无,皆帝王之具也"再作设问而内容有所变换,从而加深了读者对"术""法"的把握,可谓曲尽其妙。术与法都是"帝王之具",所以"申不害言术而公孙鞅为法"都值得利用,但利用时应该采取批判的态度而有所扬弃,不能盲目地全盘接受。韩非的反复辩说给我们以重要的启示:无论哪一种高明的学说,虽都是哲人智者的智慧结晶,但也只是他们对某一领域中的事物进行探索后得出的一些明智认识,是人类在认识世界与社会的过程中产生的阶段性成果,而不可能穷尽真理,所以值得借鉴而不能全盘照搬。

此文虽然短小,却持之有据,言之成理,显示了韩非深刻的思辨力和高超的批判力。

八说第四十七

为故人行私谓之"不弃"[1],以公财分施谓之"仁人"[2],轻禄重身谓之"君子"[3],枉法曲亲谓之"有行"[4],弃官宠交谓之"有侠"[5],离世遁上谓之"高傲"[6],交争逆令谓之"刚材"[7],行惠取众谓之"得民"[8]。"不弃"者,吏有奸也[9];"仁人"者,公财损也;"君子"者,民难使也[10];"有行"者,法制毁也;"有侠"者,官职旷也[11];"高傲"者,民不事也[12];"刚材"者,令不行也[13];"得民"者,君上孤也[14]。此八者,匹夫之私誉,人主之大败也[15]。反此八者,匹夫之私毁,人主之公利也[16]。人主不察社稷

把"枉法曲亲"看作有德之行,法制就会遭到破坏。由于人类社会是血缘社会,而中国古代的宗法制度又强化了这种血缘关系,致使亲情之力在很多人心目中超过了法律应有的约束力,"大义灭亲"成了不近人情之举,因而班固公然非议法家"残害至亲,伤恩薄厚"。因此,秉公执法而刑及亲人的事并不多见。

之利害，而用匹夫之私誉[17]，索国之无危乱[18]，不可得矣。

[注释]

[1]故人：老朋友。行私：奔忙私事。谓之：称之为。不弃：指不抛弃朋友。 [2]以：用，拿。公财：国家财物。分施：散发施舍。 [3]轻禄：轻视俸禄。重身：看重自身。 [4]枉法：歪曲法制。曲：不公正，曲从，偏袒。亲：亲人。行：品行，德行。 [5]弃：放弃，舍弃。官：官职。宠：尊崇，看重。交：私交。有侠：有义气。 [6]离世：逃离现实社会。遁：逃避，回避。上：君主。高傲：清高傲世。 [7]交争：互相争斗。逆令：违抗禁令。刚材：刚强之才。 [8]行惠取众：施行恩惠以收买民众。得民：得民心。 [9]"不弃者"二句是说："不抛弃朋友"，官吏就会有邪恶的行为了。奸，奸诈，邪恶。 [10]"君子者"二句是说：有了"君子"这种人，民众就难以驱使了。 [11]旷：空缺。 [12]"高傲者"二句是说：有了"清高傲世"的道德观，民众就不侍奉君主了。 [13]行：实行。 [14]孤：孤立。 [15]"此八者"三句是说：这八种道德说教，使这些人得到了赞誉，却使君主受到了极大的损害。匹夫，个人。败，失利，损害。 [16]"反此八者"三句是说：和这八种相反的道德观念，会使这些人得到毁谤，却符合君主的国家利益。 [17]"人主不察社稷之利害"二句是说：君主不去考察它们对国家是有利还是有害，却听从这些使某些人获得声誉的道德说教。社稷，土地神和谷神，指代国家。用，采用，听取，听从。 [18]索：求。

国家的兴衰存亡，政治上的成败得失，必定与组织措施有关。要在政治上有所作为、有所成就，一定要知人善任。

任人以事，存亡治乱之机也[1]。无术以任人，无所任而不败[2]。人君之所任，非辩智[3]，则修洁也[4]。任人者，使有势也[5]。智士者未必信也[6]，为多其智[7]，因惑其信也[8]。以智士之计，处乘势之资而为其私急[9]，则君必欺焉[10]。为智者之不可信也，故任修士者，使断事也[11]。修士者未必智，为洁其身，因惑其智[12]。以愚人之所惛[13]，处治事之官而为其所然[14]，则事必乱矣。故无术以用人，任智，则君欺；任修，则君事乱[15]。此无术之患也。

单凭才智去任用人，一旦他用才智为自己谋利，君主就要被欺骗；只以品德去任用人，万一是个愚笨之人，政事就会被搞乱。所以，选拔官员必须德才兼备。

[注释]

[1]"任人以事"二句是说：把政事交给什么人，是国家存亡治乱的关键。任人以事，即"以事任人"，拿政事使人承担。任，任用，使……承担。机，关键，对事情成败有重要关系的中心环节。　[2]"无术以任人"二句是说：没有手段来任用人，那么被任用的人就没有不把事情搞坏的。术，指统治术，即君主使用和管理（包括任免、考核、赏罚等）各级官吏的措施和手段。　[3]辩：有口才，能说会道。智：有智慧，聪明。　[4]修：善，品德优良。洁：清白，廉洁。　[5]使有势：使他有权势。　[6]信：诚实，忠诚。　[7]为：因为。多：贤，赞赏。　[8]因惑其信：就糊涂地认为他们诚实可靠。因，因而。惑，迷惑，糊涂地相信。　[9]处：居，占有，掌握。乘：凭借，依仗。势：权势。资：资本，条件。为其私急：干他们私自的要事。　[10]欺焉：欺于之，被他们欺骗。　[11]"为智者之不可信也"三句是说：因为聪明的人不可

信任，所以任用品德好的人，让他们来处理政事。　[12]"修士者未必智"三句是说：品德好的人不一定聪明，因为觉得这种人廉洁，就糊涂地认为他们聪明。　[13]惛（hūn）：同"惛"，糊涂。　[14]处治事之官：在治理政事的官位上。为其所然：干他们认为对的事情。　[15]"任智"四句是说：如果任用聪明的人，君主就会受欺骗；如果任用品德好的人，君主的事情就会被搞乱。

明君之道[1]：贱德义贵[2]，下必坐上[3]，决诚以参[4]，听无门户[5]，故智者不得诈欺；计功而行赏[6]，程能而授事[7]，察端而观失[8]，有过者罪，有能者得[9]，故愚者不任事[10]。智者不敢欺，愚者不得断，则事无失矣[11]。

[注释]

[1]道：原则，方法。　[2]贱：下贱，指地位低的人。德义：当作"得议"，可以议论。贵：高贵，指地位高的人。　[3]下必坐上：部下一定与上司同样获罪受罚，指上司有罪，部下不告发，就一定给部下判处与上司相同的罪。坐，判罪受罚，这里指"连坐"。　[4]决诚以参：用检验的方法来判断事情的真相。　[5]听无门户：听取意见时没有固定的门路，指不偏听一方的言论。　[6]计功而行赏：计算功劳后再实施奖赏。　[7]程：衡量。能：能力，才能。授事：授予职事。　[8]察端而观失：审视事情的起因来考察官吏的过失。端，开端。　[9]"有过者罪"二句是说：有罪过的人就判罪处罚，有才能的人就奖励提拔。得，通"德"，奖赏。　[10]不任事：不可能承担职事。　[11]失：失误。

"贱德义贵""下必坐上"，是为了使有才无德者不能为所欲为；"决诚以参""听无门户"，是为了全面地了解臣下，使其阴谋不能得逞。"计功""程能"而授官，就能把有才能的人选拔上来。如此，就能使臣子有德又有才。但人的道德观念并不是一成不变的，它往往会随各种外界因素的制约或变动以及主观因素的努力或调整而发生变化。因此，不仅在选用官员时要严格考核其德才，在任用以后也要采取种种手段来保证其忠贞不渝，而"贱德义贵""决诚以参""听无门户"等无疑可用来加强对臣子的监督管理，以免他们在任职之后失其德而不能恪尽职守。

察士然后能知之，不可以为令，夫民不尽察[1]。贤者然后能行之[2]，不可以为法，夫民不尽贤。杨朱、墨翟[3]，天下之所察也[4]，千世乱而卒不决，虽察而不可以为官职之令[5]。鲍焦、华角[6]，天下之所贤也[7]，鲍焦木枯[8]，华角赴河[9]，虽贤不可以为耕战之士[10]。故人主之所察，智士尽其辩焉；人主之所尊，能士能尽其行焉[11]。今世主察无用之辩[12]，尊远功之行[13]，索国之富强，不可得也。

> 法令必须通俗平易，易知易行，与大部分人的才智和能力相适应，这是立法时不能不考虑的原则。

[注释]

[1]"察士然后能知之"三句是说：只有明察的人才能懂得的东西，是不可以用作法令的，因为民众并不都是明察的。　[2]贤：贤能，有德才。行：做。　[3]杨朱：战国时期道家人物，他主张看重自己的生命，就是拔掉自己小腿上的一根毫毛而能够使天下人都得利，他也不愿干，参见《显学》注。墨翟（dí）：春秋战国之际思想家，墨家学派的创始人，参见《显学》注。　[4]天下之所察：天下公认的明察之人。察，这里是意动用法，认为……明察。　[5]"千世乱而卒不决"二句是说：上千代的混乱局面他们终究不能解决，所以他们的学说虽然明察却不可以用作官府的法令。　[6]鲍焦：周代的隐士，他廉洁自守，不臣服天子，不结交诸侯，靠耕作生活，子贡讥笑他，他抱木立枯而死于洛水边。华角：生平不详，可能也是周代的隐士。　[7]贤：这里是意动用法，认为……贤能。　[8]木枯：像树木一样枯死，指抱着树木站

立而死。　[9]赴河：投身黄河而死。　[10]以为耕战之士：把他们作为种地打仗的人。　[11]"故人主之所察"四句是说：所以君主认为是明察的东西，有智慧的人就会在这上面尽力辩说；君主所推崇的东西，有能力的人就能在这上面尽力去干。察，明察，这里是意动用法。焉，于此。　[12]世主：当代的君主。察无用之辩：把没有实际用处的辩说当作明察。　[13]远功：没有实际功效。远，远离。

韩非从狭隘的富强观出发，所以只要"耕耨""战攻"而否定孔、墨的"博习辩智"与曾、史的"修孝寡欲"，要君主"息文学而明法度，塞私便而一功劳"。其实，"文学"与"法"、"行修"与"功"并不是绝对对立而格格不入的，在一般情况下，除了法治以外，治国也是需要文献典籍与礼义修养的。虽然在战国时期，君主只听信儒家学说而奉行礼义不可能富国强兵，因而韩非的说法有一定的合理性，但从政治学的角度来看，韩非的观点是有偏颇的。

博习辩智如孔、墨[1]，孔、墨不耕耨[2]，则国何得焉[3]？修孝寡欲如曾、史[4]，曾、史不战攻，则国何利焉？匹夫有私便[5]，人主有公利[6]。不作而养足[7]，不仕而名显[8]，此私便也；息文学而明法度[9]，塞私便而一功劳[10]，此公利也。错法以道民也[11]，而又贵文学[12]，则民之所师法也疑[13]；赏功以劝民也[14]，而又尊行修[15]，则民之产利也惰[16]。夫贵文学以疑法，尊行修以贰功[17]，索国之富强，不可得也。

[注释]

[1]博习：博学多识。辩智：善辩聪明。孔：指孔丘。墨：指墨翟。　[2]耕：耕地。耨（nòu）：锄草。　[3]何得焉：从他们那里得到什么？　[4]修孝：讲究孝道。寡：少。欲：欲望。曾：指曾子，名参（shēn），字子舆，春秋战国间鲁国南武城（今山

东费县西南）人，孔子的学生，以孝著称，是儒家学派的重要人物，被尊为"宗圣"。史：指史鳝（qiū），字子鱼，故也称史鱼，春秋时期卫灵公的大夫，以正直著称。　[5]私便：个人的利益。　[6]公利：国家的利益。　[7]作：劳作，劳动。养足：给养充足。　[8]仕：做官。显：显赫。　[9]息：止息，消灭，禁止。文学：指古代的文献典籍。　[10]塞：堵住，遏止。一功劳：专门按照功劳来行赏。一，专一。　[11]错：通"措"，设置。道：通"导"，引导。　[12]贵：认为……贵重，推崇。　[13]民之所师法也疑：民众所要遵守的法制也就有了相抗衡的东西。师，效法，遵循，顺从。疑，通"拟"，匹敌。　[14]赏功：奖赏有功劳的人。劝：劝勉，鼓励。　[15]尊：尊重。行：品行，德行。修：善，美好。　[16]民之产利也惰：民众对于生产获利的事就懒得去做。　[17]"夫贵文学以疑法"二句是说：推崇文献典籍来和法制相抗衡，尊重品德美好的人来和有功劳的人分庭抗礼。疑，通"拟"，匹敌。贰功，不专门按照功劳来行赏。贰，不专一。

搢笏干戚，不适有方铁銛[1]；登降周旋，不逮日中奏百[2]；《狸首》射侯，不当强弩趋发[3]；干城距冲，不若埋穴伏橐[4]。古人亟于德[5]，中世逐于智[6]，当今争于力[7]。古者寡事而备简[8]，朴陋而不尽[9]，故有珧铫而推车者[10]。古者人寡而相亲，物多而轻利易让[11]，故有揖让而传天下者[12]。然则行揖让[13]，高慈惠[14]，而道仁厚[15]，皆推政也[16]。处多事之时，用寡事之器，

时代的发展与社会情况的变化要求政治措施也相应地进行变革，这是韩非建立其政治理论体系时的基本观念。他处于"多事""大争"之世，所以主张抛弃古代宽缓的仁政而实行严厉的法治，但这并不意味着他永远主张严刑苛罚，他承认"古人亟于德，中世逐于智"，即可证明这一点。

非智者之备也[17]；当大争之世[18]，而循揖让之轨[19]，非圣人之治也。故智者不乘推车，圣人不行推政也。

[注释]

[1]"搢笏（jìn hù）干戚"二句是说：腰带上插着朝板来议论，手里拿着盾牌、大斧来跳舞，敌不过长矛、铁铦的刺杀。搢，插。笏，古代大臣朝见君主时手中所拿的狭长板子，用于记事。干戚，干是盾牌，戚是斧的一种，这里指舞蹈时所用的兵器道具。适，通"敌"。有方，当为"酋矛"之误，一种长二丈的矛。铦（xiān），锸一类的兵器，是一种顶端呈长针状的长矛，类似于今天的标枪。此句以下所论，旨在说明古代的一套敌不过现在的。　[2]"登降周旋"二句是说：讲究如何上阶登堂、下阶退堂，以及如何和客人迎送周旋等古代礼仪来录用人才，不及现在以能否在一个上午奔跑一百里来选取人才。登，上阶，登堂。降，下阶，退堂。周旋，盘旋，转身，指打交道，应酬。逮，及。日中，从早晨到中午，即一个上午。奏，通"走"，奔跑。日中奏百，是战国时期魏国录用武士时标准，该标准规定：应试者要穿上铠甲，拿着拉力为十二石的弩弓，背着装有五十支箭的箭袋，把戈放在上面，戴着头盔，佩带宝剑，带上三天的粮食，半天奔走一百里，则考试合格。见《荀子·议兵》。　[3]"《狸首》射侯"二句是说：奏起《狸首》的乐章来举行射靶的礼仪，抵不上强劲的弓弩快速发射。《狸首》，乐诗篇名，其诗已亡逸，古代行射礼时，诸侯奏《狸首》之乐作为发箭的节度。侯，箭靶。当，相当，抵。弩，一种用机械力量射箭的弓。趣（cù），通"促"，急促，快速。　[4]"干城距冲"二句是说：捍卫城墙、抵抗冲车的老办

法，不如埋伏下风箱用烟来熏敌人地道的新办法。干，捍卫。距，通"拒"。冲，冲车，古代用来冲坚攻城的兵车。堙（yīn），通"煙（烟）"。穴，洞穴。堙穴，指用烟熏敌人攻城所挖的地道，这是一种应对敌人挖地道进城的防守战术。伏橐（tuó），指在灶口埋伏下皮囊来吹烟。橐，古代有底的袋子叫囊，无底而两头通的袋子叫橐，此指用牛皮制成的安装在炉灶旁的鼓风设备，它的作用类似后代的风箱。 [5]古人亟（jí）于德：上古的人在道德上争先，指尧、舜、禹、商汤、周文王、周武王等禅让或征伐首先考虑的是道德。亟，急。 [6]中世逐于智：中古的人在智谋上角逐，指春秋时期诸侯利用智谋争当盟主、挟天子以令天下。 [7]当今争于力：现在的人在力量上竞争，指战国时期强国兼并、弱国防守完全靠实力。 [8]寡：少。备简：设备简单。 [9]朴陋：质朴简陋。尽：达到极限，完善。 [10]珧（yáo）：蚌壳。铫（yáo）：大锄。珧铫，用蚌壳制成的锄头。推车：当作"椎车"，是一种原始的车子，它的车轮是用整块木料做成的，既没有车辐，也没有车辋（车轮的外框）。 [11]轻利：看轻财利。易让：容易谦让。 [12]揖让：拱手让位，指尧、舜时代的禅让（把帝位让给他人）。传天下：把统治天下的大权传给别人。 [13]然：这样。则：那么。行：奉行。 [14]高：崇尚。慈惠：慈善恩爱。 [15]道：称道，称赞。 [16]推政：当作"椎政"，即椎车似的政治措施，也就是指原始时代的政治措施。 [17]备：措施。 [18]当：面对。 [19]循：遵循。轨：车辙，轨道，比喻规则。

　　法所以制事，事所以名功也[1]。法有立而有难，权其难而事成，则立之[2]；事成而有害，权其害而功多，则为之。无难之法，无害之功，天

认识天下没有"无难""无害"之法极为重要。保守者往往会对改革时产生的政策法令评头论足，百般指责，但他们其实也拿不出更好的方案，因为完全兼顾各方而有利无弊的方案实在难以找到。道理很简单，现实毕竟不同于理想，不会那么尽善尽美。犹如"金无足赤，人无完人"，毫无缺憾的法令制度是难以寻觅的。所以立法者的目标其实并不在于追求完全的、绝对的合理，而在于追求一种最大程度上的相对合理。只要利大于弊，其法就可立。明白了这一点，不但有利于立法者大胆开展工作，而且可以增进广大民众对立法者的理解，消除那些过于苛严的批评与指责。

下无有也。是以拔千丈之都[3]，败十万之众[4]，死伤者军之乘[5]，甲兵折挫[6]，士卒死伤，而贺战胜得地者，出其小害计其大利也[7]。

[注释]
[1]"法所以制事"二句是说：法律是用来制约事情的，事情是用来成就功绩的。名，成。　[2]"法有立而有难"三句是说：法律有时候设立起来会产生祸患，权衡下来它虽有祸患，但事情能办成，那就设立它。权，权衡，衡量。　[3]是以：因此。拔：攻取，攻克。千丈之都：千丈见方的大城市。　[4]败：打败。　[5]死伤者：指自己死伤的将士。乘：当为"垂"字之形误，三分之一。　[6]甲：铠甲。兵：兵器。折挫：折断摧毁。　[7]出其小害计其大利：考虑到它的害处小而好处大。出，从……出发，考虑到，与"计"互文同义。计，计算，核算。

> 如果因为法令有某些局部的缺陷就抛弃法治，那就是无知之为了。

夫沐者有弃发[1]，除者伤血肉[2]。为人见其难[3]，因释其业[4]，是无术之事也[5]。先圣有言曰[6]："规有摩而水有波[7]，我欲更之，无奈之何[8]！"此通权之言也[9]。是以说有必立而旷于实者，言有辞拙而急于用者[10]。故圣人不求无害之言，而务无易之事[11]。人之不事衡石者，非贞廉而远利也，石不能为人多少，衡不能为人轻重[12]，求索不能得，故人不事也。明主之国，官不敢枉法[13]，吏不敢为私利[14]，货赂不行[15]，是境内之事尽如衡石也[16]。此其臣有奸者必知，知者必诛[17]。是以有道之主[18]，不求清洁之吏，而务必知之术也[19]。

[注释]

[1]沐：洗头。弃发：掉头发。 [2]除：指割除病灶。 [3]为：如果。难：祸患。 [4]因：因而，就。释：放弃。 [5]是无术之事：这是没有学识的行为。 [6]先圣：先前的圣人。 [7]规：圆规。摩：通"磨"，磨损。水：指照面容的水镜。波：波纹。 [8]无柰之何：不能对它们怎么样。柰，通"奈"。 [9]通权之言：精通权变的言论。韩非引此文的言外之意是：任何事物都有不足之处，如圆规有磨损因而在画圆时会产生误差，水镜有波纹因而不能清晰地反映面容，但如果要更换它们，却又找不出什么更好的东西来取代，所以只能权且使用它们了。因此，韩非说这是"通权之言"。 [10]"是以说有必立"二句是说：因此学说有在道理上完全站得住而远离实际的，言论有措辞笨拙而切于实用的。旷，远。急，切近。 [11]务：致力于。无易之事：不可改变的事情，指符合规律而不能不做的事情。 [12]"人之不事衡石者"四句是说：人们之所以不去奉承秤和石之类的量器，并不是因为正直廉洁而不追求财利，而是因为石不能为人们增多或减少原有的数量，秤不能为人们减轻或加重原有的重量。事，事奉，为了得利而花力气去从事或用财物去奉承。衡，秤杆，泛指秤。石，古代量器，十斗为一石。贞，正直，有节操。远，远离，不追求。 [13]枉法：歪曲法令。 [14]为私利：谋取私利。 [15]货赂不行：贿赂行

在韩非看来，人有自利之心，而且往往贪得无厌，所以要寻觅"清洁之吏"实在很难，关键有效的办法应该是用法术来整治官吏。用术，则臣有奸者"必知"；用法，则奸者"必诛"。这样，就能迫使官吏清白廉洁而不敢"枉法""为私利"。所以，君主不必去寻求"清洁之吏"，而应该致力于采取措施使臣子不得不"清洁"。这正如今天的反腐，既要进行道德教育，提高官员的廉洁自律意识；更要加强法制建设，把权力关进制度的笼子。

不通。　[16]事：政事。尽：全，都。如衡石：像秤、石一样，比喻处理得规范公正。　[17]诛：惩处。　[18]有道之主：掌握了统治术的君主。　[19]务：致力于，努力去掌握。必知之术：一定能察知臣下奸邪的方法。

比喻浅显而贴切。

慈母之于弱子也[1]，爱不可为前[2]。然而弱子有僻行[3]，使之随师[4]；有恶病，使之事医[5]。不随师，则陷于刑[6]；不事医，则疑于死[7]。慈母虽爱，无益于振刑救死，则存子者非爱也[8]。子母之性[9]，爱也；臣主之权，策也[10]。母不能以爱存家[11]，君安能以爱持国[12]？明主者通于富强[13]，则可以得欲矣[14]。故谨于听治[15]，富强之法也。明其法禁[16]，察其谋计[17]。法明，则内无变乱之患[18]；计得[19]，则外无死虏之祸[20]。

在国内实行严格的法治，对国外使用得当的谋划，是永不过时的政治策略。

[注释]

[1]弱：年幼，幼小。　[2]爱不可为前：没有什么可以超越在它前面的爱了。　[3]僻行：邪恶的行为。　[4]随师：跟随老师学习。韩非主张"以法为教""以吏为师"（《五蠹》），所以这里实指跟随明法之"吏"学习。　[5]事：侍奉，引申为求助。　[6]陷于刑：掉到刑法之中，指犯法受刑。　[7]疑于死：即"疑死"，恐怕会死亡。疑，疑心，恐怕。于，动宾结构

中的助词。　[8]"慈母虽爱"三句是说：慈祥的母亲虽然爱孩子，但这种爱对于从刑罚中把孩子拯救出来或从死亡中把孩子救活的事情来说却毫无裨益，这样看来，使孩子得以生存的并不是爱。振，挽救。存，生存，这里是使动用法。　[9]性：本性，天性。　[10]"臣主之权"二句是说：君臣之间的权衡，是互相算计。权，衡量。　[11]存：保存。　[12]安：怎么。持：保持，维持，掌握，控制。　[13]通于富强：通晓使国家富强的办法。　[14]得欲：实现（称王称霸的）愿望。　[15]谨：谨慎。听治：处理政事。　[16]明：彰明，严明。法禁：法律禁令。　[17]察：审察。谋计：谋划计策。　[18]内：指国内。变乱之患：事变叛乱的祸患。　[19]计得：计策得当。　[20]外：指在国外。死虏之祸：死亡被俘的灾祸，指战争失败而导致的灾难。

故存国者[1]，非仁义也。仁者，慈惠而轻财者也[2]；暴者[3]，心毅而易诛者也[4]。慈惠，则不忍[5]；轻财，则好与[6]。心毅，则憎心见于下[7]；易诛，则妄杀加于人[8]。不忍，则罚多宥赦[9]；好与，则赏多无功[10]。憎心见，则下怨其上；妄诛，则民将背叛。故仁人在位[11]，下肆而轻犯禁法[12]，偷幸而望于上[13]；暴人在位，则法令妄而臣主乖[14]，民怨而乱心生[15]。故曰：仁暴者，皆亡国者也[16]。

韩非虽然主张厚赏重罚，但那只是制定法律时的原则。在执法时，则不能肆意妄为，既不能因为仁爱而免除刑罚、乱加赏赐，又不能任意加重刑罚、虐杀臣民。仁慈地或残暴地执法，法律就会遭到破坏，统治者也会遭殃。

[注释]

[1]存国者：保存国家的办法。 [2]慈惠：仁慈宽厚。轻财：看轻钱财。 [3]暴者：残暴的人。 [4]心毅：心地残忍。易诛：轻率地施行处罚。 [5]不忍：不忍心，下不了狠心。 [6]好与：喜欢施舍。 [7]憎心见于下：憎恨别人的心就会暴露给臣下。见，同"现"。 [8]妄杀：胡乱杀戮。 [9]罚多宥（yòu）赦：处罚时会有很多罪犯得到宽大赦免。宥，宽容，饶恕。 [10]赏多无功：奖赏时会有很多没有功劳的人得赏。 [11]在位：指处在君位上。 [12]肆：放肆，肆无忌惮。轻犯禁法：轻易地违犯禁令法律。 [13]偷幸：侥幸。望于上：指望于君主，指希望从君主那里得到非分的赏赐。 [14]法令妄：法令被乱施滥用。乖：背离，离心离德。 [15]乱心：叛乱的念头。 [16]亡国者：使国家灭亡的人。

> 关键不在于说什么，而在于做什么，有什么实际功效。这种反对虚言、注重办实事的务实精神，无疑值得提倡。

不能具美食而劝饿人饭[1]，不为能活饿者也[2]；不能辟草生粟而劝贷施赏赐[3]，不能为富民者也[4]。今学者之言也，不务本作而好末事[5]，知道虚圣以说民[6]，此劝饭之说[7]。劝饭之说，明主不受也。

[注释]

[1]具：具备，准备。饿人：饿坏了的人。饭：吃饭。 [2]不为能活饿者：不是能救活饥饿者的人。 [3]辟草：除草开荒。生粟：生产粮食。劝贷施赏赐：劝君主借贷施舍、奖赏恩赐。 [4]不能为富民者：不能算是使民众富足的人。 [5]本作：根本性的劳

作，指"辟草生粟"。好：喜欢，指常常谈论。末事：小事，无关紧要的事，没有意义的事，指"贷施赏赐"。末，末等的，非根本的。　[6] 知：通"智"，智慧地，巧诈地。道：称道。虚圣：虚假的圣人。说（yuè）：通"悦"，这里是使动用法，使……高兴。　[7] 劝饭之说：指不能拿出美食而劝饥民吃饭之类的空话。

书约而弟子辩，法省而民讼简[1]，是以圣人之书必著论[2]，明主之法必详尽事[3]。尽思虑[4]，揣得失[5]，智者之所难也[6]；无思无虑，挈前言而责后功[7]，愚者之所易也。明主虑愚者之所易[8]，以责智者之所难[9]，故智虑力劳不用而国治也[10]。

论点鲜明是论说文的基本要求，圣人之书如此，韩非之书也如此，值得我们观摩效法。

既要做到"法省"，又要做到"详尽事"，是很不容易的事情。只有运用类推原则，才能使有限的法律条文发挥最大的效用。

[注释]

[1]"书约而弟子辩"二句是说：书写得简单扼要，学生们就容易理解；法律制定得简省明确，民众的争辩就会少。约，简约，简要。辩，通"辨"，辨别，此指理解。讼，争论，诉讼。　[2] 著论：使论点鲜明。论，论点，观点。　[3] 详尽事：详尽地包括所要裁断的事情。　[4] 尽思虑：竭尽思索考虑，绞尽脑汁。　[5] 揣（chuǎi）：估量。　[6] 智者之所难：聪明的人也感到为难的事。　[7] 挈（qiè）前言而责后功：即所谓的形名术，可参见本书"导读"第五节第（三）小节及《主道》《二柄》注。挈，拿。前言，指臣下事先发表的言论（建议、许诺之类）。责，责求。后功，指臣下后来办事的功效。　[8] 虑：考虑，引申为追求、采

取。　[9]责：求，追求。　[10]智虑力劳不用：等于说"智之虑、力之劳均不用"，即智力的考虑、体力的操劳均不用。

> 此文以两个喻体喻说一个本体，不但有博喻之富，又有排比之美。

酸甘咸淡[1]，不以口断而决于宰尹[2]，则厨人轻君而重于宰尹矣[3]。上下清浊[4]，不以耳断而决于乐正[5]，则瞽工轻君而重于乐正矣[6]。治国是非[7]，不以术断而决于宠人[8]，则臣下轻君而重于宠人矣。人主不亲观听[9]，而制断在下[10]，托食于国者也[11]。

[注释]
[1]甘：甜。　[2]以口断：用嘴来品尝决断。决于宰尹：取决于厨师长，由厨师长来决断。决，决断。宰尹，主管君主膳食的官，厨师长。　[3]厨人：厨师。轻：看轻，轻视。于：动宾结构之间的助词，无实义。重于，等于说"重"，尊重。下同。　[4]上下：指音调的高低。清浊：指音质的清扬和凝浊。　[5]以耳断：用耳朵来聆听决断。乐正：主管音乐官署的长官。　[6]瞽（gǔ）工：盲人乐工。　[7]治国是非：治理国家时的是是非非。　[8]以术断：用法术来衡量决断。宠人：君主宠爱的亲信。　[9]观听：了解处理政事。　[10]制断在下：裁断的大权掌握在臣子手中。　[11]托食于国者：寄生在国内的人，指君主成了寄生在国内的傀儡。

使人不衣不食而不饥不寒，又不恶死，则无事上之意[1]。意欲不宰于君，则不可使也[2]。今生杀之柄在大臣[3]，而主令得行者[4]，未尝有也[5]。虎、豹必不用其爪牙而与鼷鼠同威[6]，万金之家必不用其富厚而与监门同资[7]。有土之君[8]，说人不能利，恶人不能害[9]，索人欲畏重己[10]，不可得也。

有了钱财就应该充分发挥其应有的作用，用它来改善自己的生活，或成就自己的事业。

[注释]

[1]"使人不衣（yì）不食"三句是说：假如人们不穿衣不吃饭而不感到饥饿和寒冷，又不厌恶死亡，那就不会有侍奉君主的心意了。使，假使。衣，穿衣。恶（wù），厌恶。　[2]"意欲不宰于君"二句是说：人们的心思和欲望如果不能被君主所控制，那就不可能被君主使唤了。宰，主宰，控制。　[3]今：相当于"夫"，提示之词。柄：权柄，权力。　[4]令：命令。行：执行。　[5]未尝有：不曾有，从来没有过。　[6]必：如果。爪牙：脚爪牙齿。而：则，那么，就。鼷（xī）鼠：鼠名，一种体形很小的鼠。　[7]万金之家：拥有万贯家财的人家。金，古代重量单位，即"镒（yì）"，先秦以黄金二十两或二十四两为一镒，也称一金。万金，指一大笔钱，形容富裕。富厚：财富。监门：看门的人。资：物质条件。　[8]有土：拥有国土。　[9]"说（yuè）人不能利"二句是说：喜欢某人却不能使他得利，憎恶某人却不能使他受害。说，通"悦"。利、害，这里都是使动用法。　[10]索人欲畏重己：要别人打心底里害怕和敬重自己。索，求，要。

人臣肆意陈欲曰"侠"[1]，人主肆意陈欲曰人臣受到君权的制约,所以其"肆意陈欲"是有风险的,有时还是一种抗衡强权的冒险行为,人们佩服其勇气,所以称之为侠义;君主拥有至高无上的权力,其"肆意陈欲"是一种没有任何约束的胡作非为,人们厌恶其作威作福,所以称之为昏乱。同样,人臣受到君主的制约,其轻上需要骨气与勇气,所以被誉为矫健;君主地位至高,其轻下完全是一种傲慢的行为,所以被称为残暴。由此可见,由于拥有的权力不同,看似相同的行为,实质并不相同。韩非认为人臣人主的"肆意陈欲"和"轻上""轻下"实质相同,这是没有看到其中的权力差异而导致的误说。

"乱"[2];人臣轻上曰"骄"[3],人主轻下曰"暴"[4]。行理同实,下以受誉,上以得非[5]。人臣大得[6],人主大亡[7]。

[注释]

[1]肆意:任意,随心所欲。陈:陈列,展现。欲:欲望。侠:侠义。 [2]乱:昏乱。 [3]骄:通"矫",矫健,强壮,勇武。 [4]暴:残暴,凶恶。 [5]"行理同实"三句是说:这两种行为从道理上来讲其实质是相同的,但臣下因此而得到赞誉,君主却因此而受到诽谤。实,实质。非,通"诽"。 [6]得:收获,得益。 [7]亡:失,损失。

明主之国,有贵臣[1],无重臣[2]。贵臣者,爵尊而官大也[3];重臣者,言听而力多者也[4]。明主之国,迁官袭级[5],官爵受功[6],故有贵臣。言不度行而有伪,必诛[7],故无重臣也。

[注释]

[1]贵臣:地位高贵的臣子。 [2]重臣:操纵国家大权的臣子。 [3]爵尊:爵位高。 [4]言听而力多者:他的话能被君主听从而势力又大的人。 [5]这句是说:晋升官职按照官阶等级来进行。袭,因,沿袭,按照。 [6]这句是说:官职爵位授给有功劳的人。受,同"授"。 [7]"言不度(duó)行而有伪"二句是说:对那些说话不估量是否能做到而弄虚作假的臣子,一定加以惩处。度,估量。

[点评]

本篇第一章列举了八种社会上的说法，所以题为"八说"。至于全篇内容，则并不局限于此，它除了批判这些世俗观念之外，又较为广泛地论述了作者的政治主张。

韩非首先较为全面地论述了自己的用人主张。他认为："任人以事，存亡治乱之机也。"如此强调用人的重要性，无疑是很有政治见地的。他为君主设计的用人之术，有"贱德义（得议）贵，下必坐上，决诚以参，听无门户"，"程能而授事"，"迁官袭级"，"官爵受功"，"有奸者必知，知者必诛"，"有贵臣，无重臣"等等。他认为，只有这样才能使"智者不敢欺，愚者不得断"，"官不敢枉法，吏不敢为私利"，从而使政事"无失"。所以，君主应该"不求清洁之吏，而务必知之术"。

其次，韩非又较为全面地论述了自己的法治主张。他认为：一、政治举措应该随着时代的变化而变化。"古人亟于德"，"当今争于力"，现在处于"多事之时""大争之世"，绝不能再"行揖让，高慈惠"，"道仁厚"，而必须"明其法禁，察其谋计"，实行严格的法治。二、制定的法令应该容易了解，便于实行。"察士然后能知之""贤者然后能行之"的，都"不可以为法"。三、立法必须考虑到它的功利性。"法有立而有难，权其难而事成，则立之。"四、法令应该简明又详尽。"法省而民讼简"，因此"明主之法必详尽事"。五、实行法治时必须排除一切干扰，必须"息文学而明法度，塞私便而一功劳"。否则，就会使"民之所师法也疑"，"民之产利也惰"。六、实行法治，必须严格，既要反对"仁人"的"罚多宥赦""赏多无功",也必须反对"暴人"的"憎心"和"妄杀"。七、实行法治,必须注重行动,如果"说人不能利,恶人不能害",臣民就不会"畏重己"。

除了上述内容,文中还有一些重要的观点,如反对"世主察无用之辩,尊远功之行",指责儒、墨学者"不耕耨""不战攻""不务本作而好末事"等等,这充分反映了韩非重耕战的功利主义思想。再如文中反对"人主不亲观听,而制断在下",又反映了他的君主必须大权独揽的势治思想。总之,此文内容丰富,可与《五蠹》《显学》之类相媲美。

五蠹第四十九

上古之世[1]，人民少而禽兽众，人民不胜禽兽虫蛇[2]。有圣人作[3]，构木为巢以避群害[4]，而民悦之[5]，使王天下[6]，号曰有巢氏[7]。民食果蓏蚌蛤[8]，腥臊恶臭而伤害腹胃[9]，民多疾病。有圣人作，钻燧取火以化腥臊[10]，而民说之[11]，使王天下，号之曰燧人氏[12]。中古之世[13]，天下大水，而鲧、禹决渎[14]。近古之世[15]，桀、纣暴乱[16]，而汤、武征伐[17]。今有构木钻燧于夏后氏之世者[18]，必为鲧、禹笑矣[19]；有决渎于殷、周之世者[20]，必为汤、武笑矣。然则今有美尧、舜、汤、武、禹之道于当今之世者[21]，

"民悦之，使王天下"虽是原始社会的民主政治制度，但这种帝王之权势取决于民众意志的政治观念，显然与现代民主政治制度中的民主授权原则相通，所以它应该看作人类政治文明的重要成果。韩非此文虽然看似简单的叙事而不是一种理论总结，但实际上反映了他对这种政治体制的重视，这对韩非政治理论的形成具有极其重要的作用。他在《功名》中所说的"人主者，天下一力以共载之""众同心以共立之"，无疑与此有关。

"圣人不期修古,不法常可,论世之事,因为之备。"此乃韩非著名的变法论。

必为新圣笑矣[22]。是以圣人不期修古[23],不法常可[24],论世之事[25],因为之备[26]。

[**注释**]

[1] 上古之世:远古时代,指原始社会时期。世,时代。 [2] 不胜:经受不住,敌不过。胜,能承受。 [3] 作:起来,出现。 [4] 构木为巢:架起木头搭成像鸟窝一样的住处。构木,架木。 [5] 悦:喜爱。 [6] 王:称王,统治。 [7] 有巢氏:传说中的远古帝王。相传远古人们都住在洞穴中,常受到禽兽虫蛇的侵害,他发明巢居以避群害,因而受到人们的拥戴而被称为有巢氏。 [8] 果蓏(luǒ):瓜果。古代木本植物的果实叫"果",草本植物的果实叫"蓏"。蜯蛤:泛指水产动物。蜯,同"蚌"。蛤,蛤蜊。 [9] 恶臭(xiù):难闻的气味。臭,气味。 [10] 钻燧(suì)取火:就是钻木取火,是用钻子钻木,让它摩擦生热而取得火种的一种方法。燧,古代用来钻火的材料,有金属和木材两种,晴天用金燧反射太阳光来取得火种,阴天用木燧来取火。 [11] 说(yuè):通"悦",喜爱。 [12] 燧人氏:传说中的远古帝王。相传远古人们茹毛饮血,生食蚌蛤,伤害肠胃而多疾病,他发明钻燧取火,使人们熟食而无腹疾,因而受到人们的拥戴而被称为燧人氏。 [13] 中古之世:中古时代,指尧、舜、禹统治时期。 [14] 鲧(gǔn):禹的父亲。鲧其实并没有采取"决渎"的方法,所以他治水未能成功。此"鲧"字只是连类而及之词,并不是肯定他在治水方面有功,所以下文没有提"鲧"。禹:传说中夏朝的帝王,姒姓,名文命,鲧之子。传说他奉舜的命令治理洪水,采取疏通河道的办法而获得成功。舜死后,他称帝天下,建立了夏王朝,以夏后为号,都阳翟(今河南禹州),其

在位时间约在公元前 22 世纪末。决：掘开堵塞水流的地方，疏通。渎：水道，这里指大河。古代把长江、淮河、黄河、济水称为四渎。　[15]近古之世：近古时代，指夏末、商代、西周时期。　[16]桀、纣：分别是夏朝、商朝的末代帝王，参见《解老》注。暴乱：残暴昏乱。　[17]汤、武：商汤、周武王，参见《解老》注。　[18]今：假如。夏后氏之世：夏朝帝王统治的时代，即夏代。　[19]为：被。　[20]殷、周之世：指商代、周代。殷，指商朝。商朝帝王盘庚把都城迁到殷（今河南安阳），所以商又称为"殷"。　[21]美：赞美，赞颂。尧、舜：古代传说中的圣明帝王，参见《解老》注。　[22]新圣：新时代的圣人。　[23]不期修古：不想照搬古代的办法。期，期望，希望。修，学习，遵循。　[24]不法常可：不效法永远合适的制度和办法，指不墨守成规。法，效法。常，永久的，固定不变的。可，合适，指合适可行的东西。　[25]论世之事：研究当代的社会情况。论，研究。世，当世，当代。事，事情。　[26]因为之备：从而制定相应的措施。因，因而，从而。为，制作。备，措施。

　　宋人有耕田者[1]，田中有株[2]，兔走触株[3]，折颈而死，因释其耒而守株[4]，冀复得兔[5]。兔不可复得，而身为宋国笑[6]。今欲以先王之政治当世之民[7]，皆守株之类也。

[注释]

[1] 宋：周代诸侯国，开国君主是商纣王的庶兄微子启，子姓，国都商丘（今河南商丘睢阳区城南），其范围包括今河南东部和

历史在不断地发展变化，所以政治措施也应随时代的变化而相应地进行变革。儒家坚持"祖述尧、舜，宪章文、武"（《汉书·艺文志·诸子略》），未免太过迂腐。韩非将死抱住"先王之政"不放的儒者比作墨守陈规而不知变通的守株待兔者，可谓是幽默而中肯之妙喻，所以这个故事一向脍炙人口。

山东、江苏、安徽之间的地区。由于宋国诸侯为商朝王室的后裔，而商朝为周武王所灭，所以周代著作中常把宋国人当作讥讽的对象。　[2]株：树桩。　[3]走：跑。触：撞。　[4]因：就。释：放下。耒：古代翻土的农具，木锹。　[5]冀：希望。复：重复，再次。　[6]身：自身。为：被。　[7]先王：已经死去的圣明帝王，这里指尧、舜、禹、汤、周武王。政：政治措施，统治办法。

古者丈夫不耕[1]，草木之实足食也[2]；妇人不织，禽兽之皮足衣也[3]。不事力而养足[4]，人民少而财有余[5]，故民不争。是以厚赏不行[6]，重罚不用，而民自治[7]。今人有五子不为多，子又有五子，大父未死而有二十五孙[8]。是以人民众而货财寡[9]，事力劳而供养薄[10]，故民争，虽倍赏累罚而不免于乱[11]。

此与马尔萨斯的人口论相似：人口以几何比率增加，生活资料以算术比率增长，人口增长有经常超过生活资料增长的趋势。虽然机械地消极地片面地看待人口的增长所带来的负面效应并不完全正确，因为人具有主观能动性与创造性，能够想办法解决因人口增长所产生的"货财"消耗问题，但韩非从物质的角度去挖掘社会斗争产生的原因，这种观念还是应该加以肯定的。

[注释]
[1]丈夫：泛指成年男子。男子长约一丈（古代一丈约合1.991米），所以称丈夫。　[2]实：果实。　[3]衣：穿。　[4]事力：从事体力劳动，指耕织。事，从事。养：给养，供养。　[5]财：财物。　[6]行：实行，运用。　[7]自：自然。治：安定，治理得好。　[8]大父：祖父。　[9]寡：少。　[10]劳：劳累，劳苦。　[11]倍赏：加倍奖赏。累罚：屡次处罚。

尧之王天下也，茅茨不翦[1]，采椽不斫[2]；

粝粱之食[3]，藜藿之羹[4]；冬日麑裘[5]，夏日葛衣[6]；虽监门之服养[7]，不亏于此矣[8]。禹之王天下也，身执耒臿以为民先[9]，股无胈[10]，胫不生毛[11]，虽臣虏之劳[12]，不苦于此矣。以是言之，夫古之让天子者[13]，是去监门之养[14]，而离臣虏之劳也[15]，古传天下而不足多也[16]。今之县令，一日身死，子孙累世絜驾[17]，故人重之。是以人之于让也，轻辞古之天子[18]，难去今之县令者，薄厚之实异也[19]。

物质决定精神，人们的社会存在决定了他们的思想意识。韩非从这种唯物论的立场出发去观察人们的行为，就看到了"轻辞古之天子，难去今之县令"的真正原因是"薄厚之实异"。推而广之，他认为人们的社会活动都受到物质利益的支配，而并非取决于道德观念，这种思想不免有失偏颇，因为道德观念对人的作用也是不容小视。不过，他看到了道德观念背后所蕴涵的物质动因，无疑是深刻的。

［注释］

[1]茅茨：茅草盖的屋顶。翦：通"剪"，修剪。　[2]采椽：栎木做的椽子。采，通"棌"，栎树。斫：砍削，这里指对木材的加工。　[3]粝粱（cī）之食：粗米、稻饼之类的食物，指粗劣的食物。粝，粗米，整粒的劣等米。粱，稻饼，用整粒米做成的饼。　[4]藜藿之羹：野苋菜、豆叶之类熬煮的菜羹。藜，一种嫩时可食用的野菜，俗名红心灰藋，类似现在的红茎野苋菜。藿，一种豆类植物，其嫩叶可食，此指可食用的豆叶。羹，带厚汁的食物。　[5]麑（ní）裘：用幼鹿皮做的皮衣，指薄而保暖性能差的兽皮衣服。麑，幼鹿。裘，皮衣。　[6]葛衣：葛布做的粗布衣，麻布衣。葛，葛麻，一种多年生的蔓草，茎的纤维可以织成布。葛布粗糙，俗称夏布。　[7]虽：即使。监门：看门的人。服养：指穿、吃、住等生活资料的给养。服，衣服。养，给养，生活资料。　[8]亏于此：比这差。亏，少。　[9]这句是说：亲自拿着

木锹铁铲使自己成为民众的带头人。身,亲自。臿(chā):挖土的农具,铁锹。 [10]股:大腿。胈(bá):肥肉。 [11]胫不生毛:形容禹奔走劳苦,小腿上的汗毛因经常受到摩擦而长不出来。胫,小腿。 [12]臣虏:奴隶。臣、虏本来都是指俘虏,古代的奴隶往往由俘虏来充当,所以这里把奴隶称为"臣虏"。劳:劳苦,劳役。 [13]夫:句首语气词。让天子:让王位。让,辞让。 [14]去:舍弃,丢掉。 [15]离:脱离,摆脱。 [16]古:通"故",所以。传天下:把统治天下的大权传给别人。足:值得。多:称赞,赞美。 [17]累世:接连几代。絜(xié)驾:约车,把马套在车上,指出门时驾车。按照古代礼法,卿、大夫等贵族才有马车坐,所以"絜驾"是指享受贵族特权,出门可乘车而不步行。絜,约。 [18]轻辞:轻易地辞去。 [19]薄厚之实:利益大小的实际情况。薄,微薄。厚,优厚。

夫山居而谷汲者,膢腊而相遗以水[1];泽居苦水者,买庸而决窦[2]。故饥岁之春[3],幼弟不饷[4];穰岁之秋[5],疏客必食[6]。非疏骨肉爱过客也[7],多少之实异也[8]。是以古之易财[9],非仁也,财多也;今之争夺,非鄙也[10],财寡也。轻辞天子,非高也[11],势薄也[12];争土橐[13],非下也[14],权重也。故圣人议多少、论薄厚为之政[15]。故罚薄不为慈[16],诛严不为戾[17],称俗而行也[18]。故事因于世,而备适于事[19]。

[注释]

[1]"夫山居而谷汲者"二句是说：在山上居住而从山谷中取水的人们，每逢祭祀的节日就用水作为礼物互相赠送。䁖（lóu），古代祭祀的节日，其祭祀的时间与对象因地而异。腊，古代十二月举行的一种祭祀百神的节日。遗（wèi），赠送。　[2]"泽居苦水者"二句是说：在沼泽地居住而被水涝害苦的人们，却要雇佣劳力来开沟排水。买庸，雇工，雇佣劳力。庸，同"佣"，被雇佣的人，出卖劳动力的人。决窦，疏通水道。窦，通"渎"，沟渠，水道。　[3]饥岁：荒年。春：春季。春天青黄不接，用来突出食物的缺乏。　[4]饷：供给食物。　[5]穰岁：丰年。穰，庄稼丰收。秋：秋季。秋天是收获的时节，用来突出食物的充足。　[6]疏客：关系疏远的客人。食（sì）：通"饲"，供给食物，拿食物给……吃。　[7]疏：疏远。骨肉：亲人。过客：过路的客人。　[8]这句是说：因为粮食或多余或缺少的实际情况不一样。　[9]易：看轻，轻视。　[10]鄙：卑鄙，庸俗。　[11]高：崇高，高尚。　[12]势薄：权势小。薄，薄弱，微弱。　[13]争土橐：指争着去做官和依附权势。土，当作"士"，通"仕"，做官。橐，通"托"，依托，依附，指依附诸侯、大夫等贵族。　[14]下：卑下，卑鄙。　[15]这句是说：所以圣人计议财富的多少、考察权势的轻重来制定相应的政治措施。　[16]薄：轻。为：因为。慈：仁爱。　[17]严：严厉。戾：凶狠，残暴。　[18]称（chèn）：适合，适应。俗：习俗，指社会情况。行：为，做。　[19]"故事因于世"二句是说：所以社会情况随着时代的变化而变化，而政治措施必须适应变化着的社会情况。

古者文王处丰、镐之间[1]，地方百里[2]，行仁义而怀西戎[3]，遂王天下[4]。徐偃王处汉东[5]，地方五百里，行仁义，割地而朝者三十有六国[6]。荆文王恐其害己也[7]，举兵伐徐，遂灭之。故文王行仁义而王天下，偃王行仁义而丧其国，是仁义用于古不用于今也。故曰：世异则事异[8]。当舜之时，有苗不服[9]，禹将伐之。舜曰："不可。上德不厚而行武[10]，非道也[11]。"乃修教三年[12]，执干戚舞[13]，有苗乃服。共工之战[14]，铁铦短者及乎敌[15]，铠甲不坚者伤乎体[16]。是干戚用于古不用于今也。故曰：事异则备变[17]。上古竞于道德[18]，中世逐于智谋[19]，当今争于气力[20]。

[注释]

[1]文王：周文王，姬姓，名昌，武王发的父亲。丰：又作"酆"，原是商代崇侯虎的封国，周文王灭崇后，在此作邑，并从岐山之下迁都于丰邑，其地在今陕西西安西边渭河支流沣河西岸、户县东。镐（hào）：地名，位于今陕西西安长安区西北丰镐村附近，距丰邑二十五里。周武王由丰邑迁都于镐，称镐京。这里的"镐"只是连类而及之词，与上文的"鲧"相似，无实义，"丰、镐之间"实指"丰"而言。 [2]方：方圆，以……见方。 [3]怀：感化，安抚，使……归附。西戎：周代西北地区的少数民族，分布在今黄河上游一带。 [4]遂：于是，就。 [5]徐：古国名，嬴姓，地处今安徽泗县一带，它以泗县

为中心，占有今江苏省洪泽湖、淮河中下游及安徽东北部地区。据此文所记，徐国疆域曾一度扩展到汉东一带。公元前512年，徐国为吴国所灭（见《左传》昭公三十年）。徐偃王，名诞，据《竹书纪年》《史记·秦本纪》记载，徐偃王是周穆王时期徐国的君主。古代诸侯一般不称王，由于他以仁义治国，江、淮之间三十六国诸侯都服从他，所以他自号偃王。处：居，指统治。汉东：汉水以东。　[6]这句是说：把土地割让给徐偃王并向他朝拜称臣的有三十六个国家。有，通"又"。　[7]荆：楚国的别称。荆文王，即楚文王。据史书记载，楚文王，熊氏，名赀（zī），是春秋时期楚国的君主，前689—前677年在位，上距周穆王已有二三百年，所以他不可能伐灭徐偃王。此文说楚文王伐灭徐偃王，可能只是一种民间传说。当然，也可能楚国的文王不止一个，这里的楚文王不是指熊赀。　[8]世异则事异：时代不同，那么事情也就不一样了。　[9]有苗：苗族，也称"苗"或"三苗"，是尧、舜时代的一个部落，原居于今长江中游洞庭湖与鄱阳湖一带，后被迁于三危（今甘肃敦煌东南）。有，名词词头，没有实际意义。　[10]这句是说：君主的道德不深厚却使用武力。上，指君主。　[11]道：道理，正确的方法。　[12]乃：于是，就。修教：修治教化，即加强德教，进行精神感化。　[13]干：盾牌。戚：古代兵器，是斧的一种。执干戚舞，拿着盾牌、大斧等兵器跳舞。兵器不用来作战，而用作跳舞的道具，说明舜不用武力，而用音乐舞蹈来进行精神感化。　[14]共（gòng）工：古代传说中一个氏族部落的氏。关于这一部落的时代和事迹，各种古籍说法不一，从传说中的炎帝时代一直到商代，都有共工的事迹。这里把"共工之战"当作"今"事，则这一部落一直延续到周代。此"共工"即指周代的共工氏。　[15]这句是说：长矛短的就被敌人刺到。铦（xiān），古代兵器，顶端呈长针状。及，触及，到，指刺到。乎，于，被。　[16]这句是说：铠甲不坚固的就伤了身体。铠甲，古代打仗时穿的护身战衣，用皮革或金属薄片制成。　[17]这句是说：社会情况不同了，那么措施就要跟着改变。　[18]上古：与第一节的"上古之世"所指不同，指尧、舜、禹、汤、周文王、周武王之时，因其禅让或征伐都以道德为尚，所以说"竞于道德"。竞于道德：在道德上竞赛高低。　[19]中世：指春秋时期，当时诸侯虽然争霸，但还有礼义廉耻，要凭智慧来挟天子以令诸侯，所以说"逐于智谋"。逐于智谋：在智谋上角逐优劣。　[20]当今：指战国时期，当时各国攻战不断，一切取决于实力，所以说"争于气力"。争于气力：在力量上较量强弱。

难怪孟子要说"春秋无义战"（《孟子·尽心下》）。在这种强力决定一切的世界上，谁有实力，谁就有理；没有实力，则纵有千种道理，也无济于事。韩非崇尚实力而否定仁义辩智的思想就是这一法则在政治理论上的体现。

　　齐将攻鲁，鲁使子贡说之[1]。齐人曰："子言非不辩也[2]，吾所欲者土地也，非斯言所谓也[3]。"遂举兵伐鲁，去门十里以为界[4]。故偃王仁义而徐亡，子贡辩智而鲁削[5]。以是言之，夫仁义辩智，非所以持国也[6]。去偃王之仁，息子贡之智[7]，循徐、鲁之力使敌万乘[8]，则齐、荆之欲不得行于二国矣[9]。

[注释]

[1]子贡：春秋时期卫国人，复姓端木，名赐，字子贡，孔子的门徒，曾经仕鲁、相卫，能言善辩，又善于经商。说（shuì）：游说，劝说。　[2]这句是说：您的话不是没有道理。子，您，古

人对对方的尊称。辩,(言辞)动听而有理。 [3]"吾所欲者土地也"二句是说:我们想要的是土地,不是这些话中所讲的道理。斯,这。 [4]这句是说:把距离鲁国国都城门十里的地方作为国界,也就是占领了鲁国的大片土地。去,距离。门,指鲁国都城的城门。 [5]辩:有口才。智:有智谋,聪明。削:削减,割地。 [6]持:维持,保全。 [7]息:止息,废止,不用。 [8]循:因循,引申为凭借、依靠。敌:对抗,抵抗。万乘(shèng):万辆兵车,指拥有万辆兵车的诸侯国(参见《备内》注)。 [9]这句是说:那么齐、楚两国的欲望就不能够在鲁、徐两国得逞了。行,实行,实现,这里指(欲望)得逞。

夫古今异俗,新故异备[1]。如欲以宽缓之政治急世之民[2],犹无辔策而御骍马[3],此不知之患也[4]。今儒、墨皆称先王兼爱天下[5],则视民如父母[6]。何以明其然也[7]?曰:"司寇行刑[8],君为之不举乐[9];闻死刑之报[10],君为流涕[11]。"此所举先王也[12]。夫以君臣为如父子则必治[13],推是言之[14],是无乱父子也[15]。人之情性,莫先于父母[16],父母皆见爱而未必治也[17]。虽厚爱矣,奚遽不乱[18]?今先王之爱民,不过父母之爱子[19];子未必不乱也,则民奚遽治哉?且夫以法行刑[20],而君为之流涕,此以效仁,非以为治也[21]。夫垂泣不欲刑者[22],仁也;然而不

此文反复强调其变法论。

韩非的政治理论是为"治急世之民"而设的,明确了这一点,就能较为合理地去评判他的一系列过激之辞,较为准确地洞察韩非思想的利弊得失,而不会再过分地指责其刻薄寡恩了。应该说,在礼崩乐坏的战国末期,儒家的仁政思想是不能取得实效的,只有韩非的法治思想才是有力而富于成效的。

可不刑者，法也。先王胜其法[23]，不听其泣[24]，则仁之不可以为治亦明矣。

[注释]

[1]"夫古今异俗"二句是说：古代和现代的社会情况不一样，新旧时代的政治措施也不一样。俗，风俗，习俗，指社会状况。故，旧。　[2]宽缓之政：宽松和缓的政治措施，指儒家提倡的仁政。急世：急剧变动的时代，即一般所说的"乱世"。　[3]犹：如同，好像。辔：驾驭牲口用的缰绳。策：竹制的马鞭，头上有刺。御：驾驭。駻马：烈马，凶悍、不驯服的马。　[4]知：通"智"，明智。患：祸害。　[5]称：称颂，颂扬。兼爱：泛爱，普遍地爱。儒家提倡王道、仁政，称颂尧、舜爱民，宣扬"泛爱众"（《论语·学而》）、"仁者爱人"（《孟子·离娄下》）。墨家提倡"兼爱"（《墨子·兼爱》），宣扬爱无差等。　[6]视民如父母：看待老百姓就好像父母一样（仁爱慈惠）。　[7]这句是说：用什么来说明古代帝王是这样的呢？然，这样。　[8]司寇：古代掌管刑狱的最高一级的官员。行刑：执行刑罚。　[9]为之：因此。举乐：演奏音乐。　[10]报：判决。　[11]涕：眼泪。　[12]举：推崇。　[13]这句是说：他们以为君臣关系像父子那样就一定会天下安定。治，治理得好，安定。　[14]推是言之：从这一点推导来说一般的情况，由此推论。推，推断。是，这。　[15]这句是说：这样就没有闹纠纷的父子了。　[16]"人之情性"二句是说：人的感情，没有超过父母对待子女的。情性，感情，本性。先于，比……领先。　[17]这句是说：父母都付出了对子女的爱而家庭未必就和睦。见（xiàn），同"现"，表现。　[18]"虽厚爱矣"二句是说：虽然爱得很深了，哪里就不发生纠纷了呢？奚，哪里。遽，就。　[19]过：超过。　[20]且夫：

况且那，再说那。以：按照。　[21]"此以效仁"二句是说：这只是用来表示仁爱的，并不是用它来治国的。效，显示。　[22]垂泣：流着眼泪哭泣。　[23]胜其法：优先搞他的法治，指治理政事时把他的法放在首位。胜，优先。　[24]不听其泣：指治理政事时不顺从自己仁爱之心来办事。听，顺从。

且民者固服于势[1]，寡能怀于义[2]。仲尼[3]，天下圣人也，修行明道以游海内[4]，海内说其仁、美其义而为服役者七十人[5]。盖贵仁者寡[6]，能义者难也。故以天下之大，而为服役者七十人，而为仁义者一人[7]。鲁哀公[8]，下主也[9]，南面君国[10]，境内之民莫敢不臣[11]。民者固服于势，势诚易以服人[12]，故仲尼反为臣而哀公顾为君[13]。仲尼非怀其义[14]，服其势也。故以义[15]，则仲尼不服于哀公；乘势[16]，则哀公臣仲尼[17]。今学者之说人主也[18]，不乘必胜之势，而务行仁义则可以王[19]，是求人主之必及仲尼[20]，而以世之凡民皆如列徒[21]，此必不得之数也[22]。

韩非认为，如果没有权势，即使贤能，也不能服人，所以孔子虽然是圣人，却只能做臣子；鲁哀公再庸劣，还是当了君主。韩非对权势的作用及其重要性的认识是值得重视的。但是，他只注重权势的作用而把依靠权势治国与推行仁义之道截然对立起来，则有失偏颇。

[注释]

[1]固：本来。服：屈服。势：权威，威势。　[2]寡：少。怀于义：被仁义所感化。　[3]仲尼：孔子的字。孔子是儒家学派的

创始人。参见《显学》注。　[4]修行:修养德行。明道:阐明学说,指宣扬仁义道德。道,主张,学说。游海内:周游天下,指奔走游说列国诸侯。　[5]说(yuè):通"悦",喜爱。美:赞美。为服役:给他做事,指做他的门徒。　[6]盖:发语词。贵:尊重,看重,崇尚。　[7]为仁义者一人:奉行仁义的只是孔子一个人。一人,指孔子。　[8]鲁哀公:见《内储说上七术》注。　[9]下主:下等的君主,才智低下的君主。　[10]南面:见《功名》注。君国:做国家的君主。君,这里用作动词,为君。　[11]臣:这里用作动词,称臣,臣服,服从。　[12]诚:的确,确实。　[13]顾:反而。　[14]怀:归附,被……感化。　[15]以:按照,根据。　[16]乘:凭借,依仗。　[17]臣:使……称臣,使……臣服。　[18]学者:指儒生。　[19]"不乘必胜之势"二句是说:不是劝君主去凭借必定可以制服人的权势,反而说致力于推行仁义之道就可以称王天下。务,从事,致力于。　[20]是:这。求:要求。及:如同,比得上。　[21]以:以为。凡民:普通民众。列徒:指孔子的各个门徒。列,众,各。　[22]这句是说:这肯定是一种不可能实现的道理。得,得到,实现。数,道理。

今有不才之子[1],父母怒之弗为改[2],乡人谯之弗为动[3],师长教之弗为变。夫以父母之爱、乡人之行、师长之智三美加焉[4],而终不动,其胫毛不改[5]。州部之吏操官兵、推公法而求索奸人[6],然后恐惧,变其节[7],易其行矣[8]。故父母之爱不足以教子,必待州部之严刑者,民固骄于爱、听于威矣[9]。故十仞之城[10]，楼季弗能逾者[11]，峭也[12]；千仞之山，跛牂易牧者[13]，夷也[14]。故明王峭其法而严其刑也[15]。布帛寻常[16]，庸人不释[17]；铄金百溢[18]，盗跖不掇[19]。不必害，则不释寻常；必害手，则不掇百溢。故明主必其诛也[20]。是以赏莫如厚而信[21]，使民利之[22]；罚莫如重而必，使民畏之；法莫如一而固[23]，使民知之。故主施赏不迁[24]，行诛无赦[25]，誉辅其赏[26]，毁随其罚[27]，则贤、不肖俱尽其力矣。

"民固骄于爱、听于威"是韩非主张重刑严罚的现实基础。

人除了财富、官爵之类等物质利益需求外，还有成就感、荣誉感等精神方面的需求。韩非正是看到了这一点，才认为除了钱财等方面的赏罚外，还应该用"誉""毁"来调节人们的行为。精神上的激励措施，不但能鼓舞人们的斗志，启迪人们的心灵，诱导人们的价值取向，培养人们的道德情操，激发人们的智慧和才能，还能在一定程度上规范大部分人的言行，实现良好的治理效果。

[注释]

[1]不才：不成材，不成器。　[2]怒：愤怒地斥责。弗为改：不因此而悔改。　[3]乡人：乡大夫，掌管乡中政教禁令的官员。谯（qiào）：通"诮（qiào）"，责备，责骂。　[4]这句是说：拿父母的疼爱、乡大夫的品德、老师的智慧这三种美好的东西施加到他（不才之子）身上。行，品行，德行。　[5]胫毛不改：小腿上的一根汗毛也没有改变，指丝毫不变。　[6]州部之吏：地方衙门中的差役。州部，州一级的衙署，是古代地方上的一种基层行政机构。古代一个乡辖五个州，一万二千五百家为乡，二千五百家为州，州长掌管州中的政教法令。操官兵：拿着官府的武器。推：推行，执行。求索：搜查索取，搜捕。　[7]节：节操，品行。　[8]易：改变。行：行为。　[9]这句是说：人们本来

就是受到宠爱便放纵，见了威势便服从。骄，骄横，放纵。听，听从。　[10]仞：古代高度与深度单位，七尺为一仞，参见《功名》注。　[11]楼季：战国时期魏文侯的弟弟，善于跳跃登高。逾：跨越，越过。　[12]峭：又高又陡，陡峭，险峻。　[13]跛牂（bǒ zāng）易牧：瘸腿的母羊容易被赶上去放牧。跛，瘸（qué）腿。牂，母羊。　[14]夷：平坦，指坡度平缓。　[15]峭其法：使他的法纪严峻，即立法严峻。峭，严峻，严厉。　[16]布帛：古代棉麻织品称为"布"，丝织品称为"帛"。寻常：古代长度单位，八尺为一寻，两寻为一常。　[17]庸人：平常的人。释：丢掉，放弃。　[18]铄金：熔化的金子。铄，熔化。溢：通"镒"，古代重量单位，也称为"金"，先秦以黄金二十两（一说二十四两）为一镒。　[19]盗跖（zhí）：即"跖"，春秋战国之际鲁国造反者中的领袖。在古代典籍中，都把他当作贪婪的典型，诬称他为"盗跖"。掇（duō）：拾取。　[20]必其诛：一定严格地执行刑罚。必，一定，指一定实行。　[21]信：讲信用，说到做到。　[22]利之：认为它有利，贪图它。　[23]一：统一，一致，指法律条文互相不抵触。固：固定，稳固，指法律条文不经常变动。　[24]迁：变更，变动。　[25]赦：赦免，免罪。　[26]誉辅其赏：用荣誉来辅助他的奖赏，也就是给予奖赏的同时还附加以荣誉。誉，荣誉，称誉。　[27]毁随其罚：诋毁跟随他的刑罚，也就是给予惩罚的同时还毁坏他的名声。毁，诋毁，毁坏。

今则不然[1]。以其有功也爵之[2]，而卑其士官也[3]；以其耕作也赏之，而少其家业也[4]；以其不收也外之[5]，而高其轻世也[6]；以其犯禁也罪之[7]，而多其有勇也[8]。毁誉、赏罚之所加者相与悖缪也[9]，故法禁坏而民愈乱。今兄弟被侵必攻者[10]，廉也[11]；知友被辱随仇者[12]，贞也[13]。廉贞之行成[14]，而君上之法犯矣。人主尊贞廉之行，而忘犯禁之罪，故民程于勇而吏不能胜也[15]。不事力而衣食[16]，则谓之能；不战功而尊[17]，则谓之贤。贤能之行成，而兵弱而地荒矣[18]。人主说贤能之行[19]，而忘兵弱地荒之祸，则私行立而公利灭矣[20]。

此文所述毁誉与赏罚相互悖缪的情况历代都有，可见韩非揭示的社会问题带有普遍性。其著作具有经久不衰的生命力，原因就在于此。至于韩非关于社会道德观念如果与法制相背则必将破坏法治的观点，也可见其思想之深度。

[注释]

[1]则：却。然：这样。　[2]以：因为。爵之：授给他官爵。爵，官爵，这里用作动词。　[3]卑：贬低。士官：即仕官，做官。士，通"仕"。　[4]少：轻视，看不起。家业：成家立业。　[5]不收：指不接受官爵。外：疏远。　[6]高：推崇。轻世：轻视世俗名利。　[7]犯禁：触犯禁令。罪：惩罚。　[8]多：称赞，赞美。　[9]这句是说：诋毁和赞誉、奖赏和惩罚所施加的对象是这样的互相矛盾错乱。悖，违背。缪（miù），通"谬"，谬误。　[10]攻：打，攻击，指帮助兄弟报复反击。　[11]廉：正直，方正，有节操。　[12]知友：知心朋友。随仇：追逐仇人，即报仇。　[13]贞：忠贞，正直而有节操。　[14]廉贞之行：方正忠贞的品德。廉贞之行都是儒家所赞赏的道德观念。成：养成，形成。　[15]程：显示，表现。胜：制服，制止。　[16]事力：从事体力劳动，指耕织。　[17]战功：作战立功。　[18]前一"而"

字同"则"。　[19] 说（yuè）：通"悦"，喜欢。　[20] 私行：臣下谋取私利的行为，指上文所说的"廉贞""贤能"之行。公利：国家利益。关于"公""私"，可参见《有度》注。

儒、法两家的学说各有千秋，都有值得借鉴之处。韩非将儒家与法家截然对立起来，不免过于偏激。

儒以文乱法[1]，侠以武犯禁[2]，而人主兼礼之[3]，此所以乱也。夫离法者罪[4]，而诸先生以文学取[5]；犯禁者诛，而群侠以私剑养[6]。故法之所非[7]，君之所取；吏之所诛，上之所养也。法、趣、上、下[8]，四相反也[9]，而无所定[10]，虽有十黄帝不能治也[11]。故行仁义者非所誉[12]，誉之则害功[13]；文学者非所用，用之则乱法。楚之有直躬[14]，其父窃羊，而谒之吏[15]。令尹曰[16]："杀之[17]！"以为直于君而曲于父[18]，报而罪之[19]。以是观之，夫君之直臣，父之暴子也[20]。鲁人从君战，三战三北[21]。仲尼问其故，对曰："吾有老父，身死莫之养也[22]。"仲尼以为孝，举而上之[23]。以是观之，夫父之孝子，君之背臣也[24]。故令尹诛而楚奸不上闻[25]，仲尼赏而鲁民易降北[26]。上下之利，若是其异也[27]，而人主兼举匹夫之行[28]，而求致社稷之福[29]，必不几矣[30]。

[注释]

[1]儒：儒家。文：又称"文学"，指古代文献典籍，如《诗》《书》《礼》《易》《春秋》之类，是儒家借以宣传自己政治主张的典籍。　[2]侠：侠士，侠客，有武艺并甘心为主人卖命者。禁：禁令。　[3]兼：并，同时。礼：以礼相待，尊敬。　[4]离：背离，违反。罪：治罪，惩办。　[5]诸先生：众儒生。以文学取：靠研究文献经典获得官位。文学，指古代文献典籍。取，录用，这里用为被动词。　[6]私剑：为臣下的私利而行刺。养：供养，豢养，这里用作被动词。　[7]非：否定，反对。　[8]法：指"法之所非"。趣：通"取"，指"君之所取"。上：指"上之所养"。下：指"吏之所诛"。　[9]四相反：指这四种情况互相矛盾，实际上只是指"法""取"相反，"上""下"相反。　[10]无所定：指没有一定的是非标准。　[11]黄帝：法家说他是一个实行法治的帝王。　[12]非所誉：不是（应当）称赞的人。　[13]功：工作，事业，指耕战。　[14]直躬：字面意义是"正身"，这里用来指一个正直地对待自己的人。　[15]谒（yè）之吏：向官吏报告这件事。谒，禀告，告发。　[16]令尹：楚国掌握军政大权的最高官职，相当于其他诸侯国的相。　[17]之：他，指直躬。　[18]这句是说：认为他对君主忠诚，但对父亲却大逆不道。直，正直，指忠诚。曲，不直，邪曲，这里指不道德、叛逆不孝。　[19]报：判决。罪：治罪，惩处。　[20]暴子：损害父亲的儿子，即逆子、不孝之子。暴，欺凌，损害。　[21]北：败北，败退逃跑。　[22]莫之养：没人供养他。　[23]举：推举。上之：使之上，让他升官。　[24]背：逆，背叛。　[25]令尹诛：指令尹杀直躬。奸：邪恶，坏人坏事。不上闻：不再让上边了解，即不再有人向上告发了。闻，使……听见，报告。　[26]降：投降。　[27]若是其异：即"其异若是"，它们的不同就像这样。　[28]兼：并，同时。

人主在"举匹夫之行"的同时,又"求致社稷之福",所以说"兼"。举:推举,推崇,指称誉。匹夫之行:平民的品行。韩非认为民众都有自利之心,所以用"匹夫之行"来指一切为个人利益着想的品行。 [29]致:取得,得到。社稷之福:土地神、谷神的保佑,即国家的幸福,指国家长治久安,君主永坐江山。 [30]几:通"冀",希望。不几,没有指望。

> 韩非为了阐明其学说,除了征引史料、创作寓言、运用比喻外,还利用对古文字的解说,其学问之渊博由此可见一斑。我国文字学的开山之作《说文解字》引用了此说,可见韩非学术影响之广。

古者苍颉之作书也[1],自环者谓之"厶"[2],背厶谓之"公"[3]。公私之相背也,乃苍颉固以知之矣[4]。今以为同利者[5],不察之患也[6]。然则为匹夫计者[7],莫如修行义而习文学[8]。行义修则见信[9],见信则受事[10];文学习则为明师[11],为明师则显荣[12]:此匹夫之美也[13]。然则无功而受事,无爵而显荣,为有政如此[14],则国必乱,主必危矣。故不相容之事,不可两立也[15]。斩敌者受赏,而高慈惠之行[16];拔城者受爵禄[17],而信廉爱之说[18];坚甲厉兵以备难[19],而美荐绅之饰[20];富国以农,距敌恃卒[21],而贵文学之士;废敬上畏法之民[22],而养游侠私剑之属[23]。举行如此[24],治强不可得也[25]。国平养儒侠[26],难至用介士[27]。所利非

> "利"和"用"一致——利益归于有功者,才能发挥"利"的激励作用而取得功效。

所用^[28]，所用非所利。是故服事者简其业^[29]，而游学者日众^[30]，是世之所以乱也。

[**注释**]

[1]苍颉（jié）：一作"仓颉"，相传是黄帝时的史官，传说他创造了汉字。作书：造字。作，制作，创造。书，指文字。　[2]自环：自己绕着自己转。环，旋绕。厶：古文写成"厶"，其笔画绕自己旋转而成，象征专为自己盘算，所以说"自环者谓之厶"。　[3]背：违背，对立。公：古文写作"公"，由"八""厶"两字构成。"八"的本义是违背。"八厶"就是"背私""违背私利"，所以说"背厶谓之公"。　[4]以：通"已"，已经。　[5]同利：指公私的利益相同。　[6]不察之患：不加考察所造成的过错。　[7]计：考虑，打算。者：语气词。　[8]修：修养。行义：德行道义。　[9]见信：被信任。　[10]受事：接受职事，指得到官职。　[11]明：明智，高明。　[12]显荣：显赫荣耀。　[13]美：美事，美差。　[14]这句是说：如果有这样的政治情况。为，如果。政，政事，政治情况。　[15]两立：并存。　[16]高慈惠之行：推崇仁爱的行为，这是儒家的主张，与"斩敌"是相反对的。高，以……为崇高，推崇。　[17]拔：攻克。　[18]廉：当作"兼"。墨家宣扬兼爱、非攻的主张，与"拔城"是相反对的。　[19]坚甲：使铠甲坚固。厉兵：磨快兵器。厉，通"砺"，磨。备：防备。难：灾难，指战争。　[20]美：以……为美，赞美。荐（jìn）绅：即"搢（jìn）绅"，古代官吏上朝时把笏（hù，朝见君主时拿的手版）插在衣带间，叫做搢绅，后来就把做官者称为"搢绅"。这里指穿着宽袍、束着大带而不从事耕战的儒生。荐，通"搢"，插。绅，宽大的衣带。饰：服饰，装束。　[21]距：通"拒"，抵

抗。恃：依仗，依靠。　[22] 废：废弃，指不任用。敬上：尊敬君主。　[23] 属：类。　[24] 举行：举止行动，行为，这里指政治措施。　[25] 治：国家太平，政治安定。强：强盛。　[26] 平：太平。　[27] 介士：披甲的兵士，武士。介，通"甲"。　[28] 这句是说：得到利益的人不是被使用的人。　[29] 服：从事，做。事：职事，工作，指耕战。简：怠慢，荒废。　[30] 游学者：指游侠和儒生。

用对偶句连出"糟糠不饱者不务粱肉，短褐不完者不待文绣"两个喻体，文辞妙而内涵深。治理民众，首先要做的是雪中送炭，然后才是锦上添花。

统治者要处理的事情千头万绪，首先要抓当务之急。在弱肉强食的战国时代，要使自己的国家生存下去，首先要做的就是抓紧时间使自己迅速富强起来。韩非的功利主义就是这种现实要求在政治理论上合乎逻辑的反映。

且世之所谓贤者[1]，贞信之行也[2]；所谓智者，微妙之言也[3]。微妙之言，上智之所难知也[4]。今为众人法，而以上智之所难知，则民无从识之矣[5]。故糟糠不饱者不务粱肉[6]，短褐不完者不待文绣[7]。夫治世之事[8]，急者不得[9]，则缓者非所务也[10]。今所治之政，民间之事，夫妇所明知者不用[11]，而慕上知之论[12]，则其于治反矣。故微妙之言，非民务也。若夫贤良贞信之行者[13]，必将贵不欺之士[14]；贵不欺之士者，亦无不欺之术也[15]。布衣相与交[16]，无富厚以相利[17]，无威势以相惧也，故求不欺之士。今人主处制人之势[18]，有一国之厚[19]，重赏严诛，得操其柄[20]，以修明术之所烛[21]，虽有田常、子罕之臣[22]，不敢欺也，奚待于不欺之士[23]？今贞信之士不盈于十[24]，而境内之官以百数，必任贞信之士，则人不足官[25]。人不足官，则治者寡而乱者众矣。故明主之道：一法而不求智，固术而不慕信[26]。故法不败，而群官无奸诈矣。

政治的要义在利用法治及各种督查手段造成一种严厉的法治环境，使群臣不敢不诚信，不敢以权谋私，不敢贪污腐败，而只能奉公守法，恪尽职守。

[注释]

[1]世：世俗，社会上。 [2]贞：忠贞。信：守信用，诚实。行：行为。 [3]微妙：深奥玄妙。 [4]上智：上等智慧的人，最聪明的人。 [5]"今为众人法"三句是说：现在制定民众所遵守的法规，却使用这些最聪明的人都难以理解的言辞，那么民众就无法了解它了。为，制定。 [6]糟：酒糟，酒渣。糠：谷皮。务：求。粱肉：指精美的饭菜。粱，一种品种优良的小米。 [7]短：是"裋"字之形误。裋褐（shù hè）：是制作粗糙的毛布衣服。完：完好，完整。文绣：绣有花纹的华丽服装。 [8]治世之事：治理国家的大事。 [9]急者不得：紧急的事情还没能得到解决。得，得到。 [10]缓者：不紧迫的事情。务：从事。 [11]这句是说：一般老百姓能理解的办法却不被采用。夫妇，男女，泛指一般人。 [12]慕：羡慕，崇尚。上知之论：指"微妙之言"。知，通"智"。 [13]贤良贞信之行者：推崇忠贞诚实行为的君主。贤，以……为贤，把……看作贤能，看重，推崇。良，衍文。 [14]贵：尊重。不欺之士：不搞欺骗的人，即诚实的人。 [15]"贵不欺之士者"二句是说：尊重不搞欺骗的老实人的君主，也实在是没有不被欺骗的手段啊。 [16]布衣：平民。交：交往，结交。 [17]厚：财富。相利：使人贪图，使人追求自己。相，偏指性副词，指代

别人。利，贪（见《广雅·释诂二》），这里用作使动。　[18] 处：占据，占有。制：控制，制服。势：权势，威势。　[19] 有：占有，拥有。厚：财富。　[20] 得操其柄：能掌握赏罚的大权。柄，权柄，权力。　[21] 修明术之所烛：用高明的统治手段所洞察到的事情。修，整治，治理。烛，照，洞察。　[22] 田常、子罕：都是杀君篡权的奸臣，见《二柄》注。　[23] 这句是说：哪里还要依靠不搞欺骗的人呢？韩非认为，君主应该掌握"不欺之术"，使臣下不敢欺骗自己，而不必去尊重依靠那些"不欺之士"。待，依靠。　[24] 盈：满。　[25] 人不足官：能做官的人员就不够用来应付官职的需要。　[26] "一法而不求智"二句是说：专一地实行法治而不去访求那些搬弄"微妙之言"的所谓智者，牢固地掌握权术而不去羡慕那些具有"贞信之行"的所谓贤者。

今人主之于言也，说其辩而不求其当焉[1]；其用于行也[2]，美其声而不责其功焉[3]。是以天下之众，其谈言者务为辩而不周于用[4]，故举先王言仁义者盈廷[5]，而政不免于乱；行身者竞于为高而不合于功[6]，故智士退处岩穴[7]，归禄不受[8]，而兵不免于弱。兵不免于弱，政不免于乱，此其故何也？民之所誉，上之所礼[9]，乱国之术也[10]。今境内之民皆言治[11]，藏商、管之法者家有之[12]，而国愈贫，言耕者众、执耒者寡也；境内皆言兵[13]，藏孙、吴之书者家有之[14]，而

"商、管""孙、吴"等诸子著作流传如此之广，实为战国时期百家争鸣的一大景观。

兵愈弱，言战者多、被甲者少也[15]。故明主用其力，不听其言；赏其功，必禁无用[16]。故民尽死力以从其上[17]。夫耕之用力也劳，而民为之者，曰：可得以富也[18]。战之为事也危，而民为之者，曰：可得以贵也。今修文学，习言谈，则无耕之劳而有富之实，无战之危而有贵之尊，则人孰不为也？是以百人事智而一人用力[19]。事智者众，则法败；用力者寡，则国贫。此世之所以乱也。

[注释]

[1]说（yuè）：通"悦"，喜爱。辩：（言辞）动听，有口才。当：符合，指与事实相符。　[2]其用于行：君主用（臣下）来做事。　[3]美其声：欣赏他的名声。责：责求，考察。功：功效。　[4]谈言者：游说的人，包括"举先王言仁义"的儒生。务：致力于。为辩：说得动听。周：切合。用：功用，实用。　[5]举先王言仁义者：推崇古代帝王而宣扬仁义的儒生。盈廷：充满朝廷。　[6]行身者：修身者，注重自身道德修养的人。竞：争。为高：做得清高。　[7]退处岩穴：隐居深山洞穴之中。岩穴，山洞。　[8]归禄：归还俸禄，指辞去官职。　[9]所礼：所尊重的。　[10]乱国之术：使国家混乱的办法。　[11]言治：谈论政治。　[12]商、管之法：指商鞅、管仲的著作。商、管，商鞅、管仲（参见《奸劫弑臣》注），他们都重视农耕，见《商君书·垦令》《管子·地员》。家：每家，家家。　[13]兵：指军事。　[14]孙、

人性好利恶害，所以君主的奖惩会成为民众行动的指挥棒。君主使人因"耕"得"富"，因"战"得"贵"，民众就会为君主"尽死力"而耕战。君主不注重实效而喜听虚言浮说，人们就都去"修文学，习言谈"。为了避免国贫兵弱而尽快造就国富兵强的局面，韩非极力贬斥儒生"举先王言仁义"这种不切实际、毫无实效的空谈。由此可见，韩非的反儒意识，实是其功利主义的副产品，而并不是一种出于学术上的门户之见。

指孙武，春秋时期齐国人，著名的军事家。今传《孙子兵法》为我国现存最早最杰出的兵书。吴：指吴起（参见《奸劫弑臣》注）。《汉书·艺文志·兵书略》著录"《吴起》四十八篇"，现存《吴子》六篇，是后世伪托之作。　[15]被（pī）甲：指参加战斗。被，通"披"。甲，铠甲。　[16]无用：指对国家没有实际功用的儒家与游侠的言行。　[17]上：指君主。　[18]可得以富：可以靠（耕种）富足起来。　[19]事智：从事智力活动，指"修文学，习言谈"。用力：指从事耕战等体力劳动。

"无书简之文，以法为教"与"绝圣弃智"类似，旨在消灭古代文化，不免有失偏颇。但是，加强法制教育还是有积极意义的。彰明法令，使全国之人都知法懂法，不但能使民众自觉守法，而且能防止各级官吏徇私枉法，这就最大程度上保护了广大民众的正当权利。否则，人因不知法而误触法网，如果严格执法就会枉杀良民，如果赦免又会破坏法律的权威，其不良后果昭然若揭。总之，普及法制教育，使法律成为预防人们犯罪的行为准则，当为法治之第一要义。

故明主之国，无书简之文[1]，以法为教[2]；无先王之语，以吏为师；无私剑之捍[3]，以斩首为勇。是境内之民[4]，其言谈者必轨于法[5]，动作者归之于功[6]，为勇者尽之于军[7]。是故无事则国富[8]，有事则兵强，此之谓王资[9]。既畜王资而承敌国之釁[10]，超五帝、侔三王者[11]，必此法也[12]。

[注释]

[1]书简：书籍。上古时期没有纸，书由竹简编成，所以称书简。文：指"文学"，即儒家经典。　[2]以法为教：把法令作为教育的内容。　[3]捍：通"悍"，强悍，凶狠。　[4]是：这样。　[5]轨：遵循。于：动宾结构中的助词。　[6]动作者：做事的人。归之于功：使其事归属于有实际功效的农耕。功，指农耕。　[7]为勇者：施展勇力的人。尽之于军：使其勇力全部用于

从军杀敌。　[8]无事：没有战事，指国家太平。　[9]王资：称王的资本，统治天下的凭借。资，资本，凭借。　[10]既：已经。畜：通"蓄"，积蓄。承：通"乘"，趁着，凭借，利用。衅（xìn）：同"衅"，缝隙，引申为破绽、弱点。　[11]五帝：古代说法不一，一般是指黄帝、颛顼（zhuān xū）、帝喾（kù）、尧、舜。侔：等同，相等。三王：古代说法不一，一说指夏禹、商汤、周文王；一说指三代开国之王，即夏代的禹、商代的汤、周代的文王与武王。　[12]必此法：一定靠这种办法。指用"以法为教""以吏为师""以斩首为勇"的办法来达到"国富""兵强"，从而再"承敌国之衅"。

今则不然。士民纵恣于内[1]，言谈者为势于外[2]。外内称恶[3]，以待强敌[4]，不亦殆乎[5]？故群臣之言外事者[6]，非有分于从衡之党，则有仇雠之患而借力于国也[7]。从者，合众弱以攻一强也；而衡者，事一强以攻众弱也[8]：皆非所以持国也[9]。今人臣之言衡者皆曰："不事大[10]，则遇敌受祸矣。"事大未必有实，则举图而委、效玺而请兵矣[11]。献图则地削[12]，效玺则名卑[13]；地削则国削[14]，名卑则政乱矣[15]。事大为衡，未见其利也，而亡地乱政矣。人臣之言从者皆曰："不救小而伐大，则失天下[16]；失天下，则国危；国危而主卑[17]。"救小未必有实，则起兵而敌大矣。救小未必能存，而交大未必不有疏[18]，有疏，则为强国制矣。出兵则军败，退守则城拔。救小为从，未见其利，而亡地败军矣。是故事强，则以外权士官于内[19]；救小，则以内重求利于外[20]。国利未立，封土厚禄至矣[21]；主上虽卑，人臣尊矣；国地虽削，私家富矣[22]。事成，则以权长重[23]；事败，则以富退处[24]。人主之听说于其臣，事未成则爵禄已尊矣[25]；事败而弗诛，则游说之士孰不为用矰缴之说而徼幸其后[26]？故破国亡主，以听言谈者之浮说[27]。此其故何也？是人君不明乎公私之利，不察当否之言，而诛罚不必其后也[28]。皆曰："外事，大可以王，小可以安[29]。"夫王者，能攻人者也；而安，则不可攻也。强，则能攻人者也；治，则不可攻也。治强不可责于外[30]，内政之有也[31]。今不行法术于内，而事智于外[32]，则不至于治强矣。

[注释]

[1]士民：指儒生与游侠。纵恣：放纵恣肆，指肆意违法乱纪。内：指国内。 [2]言谈者：游说的人，指纵横家。外：指国外。

为势于外，在国外造就自己的势力。　[3]称恶：作恶，做坏事。称，举，行。　[4]待：对待，对付。　[5]殆：危险。　[6]外事：外交事务。　[7]"非有分（fèn）于从（zòng）衡之党"二句是说：不是和合纵或连横的朋党有关系，就是有仇敌的忧患而想借用国家的力量。有分于，在……中占有一份，从属于。分，份，全数的一部分。从，通"纵"，南北为纵，这里指合纵。战国时期苏秦主张齐、楚、燕、韩、赵、魏六国结成联盟对抗秦国，由于六国在位置上成南北向，所以称"合纵"。衡，通"横"，东西为横，这里指连横。秦国为了对付合纵，采纳张仪的主张，与六国分别结成联盟，以便各个击破。由于秦国在六国的西面，东西联合，所以称"连横"。雠，通"仇"，仇敌。患，忧患。　[8]事：侍奉，依附。　[9]持：保持，保全。　[10]大：大国，指秦国。　[11]"事大未必有实"二句是说：侍奉大国不一定有好的结果，却先交上本国的地图、献上国君的印信来请求军事援助了。实，果实，指实际成果。则，却。举图而委，捧上地图交给大国，指割让国土。委，交给，交付。效，献。效玺，献出国君的印章，指取消独立的地位而做大国的臣子。请兵，请求派兵保护。　[12]地削：国土减少。　[13]这句是说：国君效玺称臣，所以名声低下。　[14]国削：国家削弱。　[15]这句是说：国君名声低下，发布的命令就难以实行，所以政治就混乱了。　[16]"不救小而伐大"二句是说：不援救小国而攻打大国，就会失去各诸侯国的信任。天下，指崤山以东合纵的各诸侯国。　[17]而：则。　[18]交大：和大国交战。疏：疏忽，失误。　[19]以：凭借，依靠。外权：国外的权势。士官：做官。士，通"仕"。内：指国内。这句是针对主张连横的人而言。　[20]"救小"二句是说：援救小国，就让那些主张合纵的人靠着国内的权势到国外去谋求私利。重，权势。　[21]至：得到。　[22]私家：大臣之家。参见《有度》注。　[23]以权长重：凭借权势被长期重用。　[24]退处：隐居。　[25]"人主之听说于其臣"二句是说：君主如此听信其臣子的言论，结果事情还没有办成功而臣子们的官爵禄位却已经很高了。这句回应前文的"今人主之于言也，说其辩而不求其当焉"。　[26]这句是说：那么游说的人有哪一个不去干这种利用有得无失的言论来碰运气的事呢？为，做。矰缴（zēng zhuó）之说，指有得无失的言论。矰缴，带丝线的箭，射出后可以收回，即使射不到鸟，箭也不会丢失。这里用作比喻，指纵横家用来猎取功名富贵的虚言浮词，就像用来猎取鸟雀的矰缴一样，有得而无失。矰，弋（yì）射的短箭。缴，系在箭上的生丝线。徼幸其后，希望在那以后获得意外的功名利禄。　[27]"故破国亡主"二句是说：所以国家破灭、君主死亡，都是因为听信了纵横家的空谈。以，因为。　[28]"不察当否之言"句是说：不审察言论的是非，而在事败之后不一定对他们执行刑罚。当，适当，得当。否，不对，不得当。必，一定，坚决执行。　[29]"外事"三句是说：搞外交事务，收效大的可以称王天下，收效小的可以保持国家的安全。　[30]这句是说：安定强大不能求助于外交活动。责，求。　[31]内政之有：从内政中才能取得。有，取。　[32]事智：从事智力活动，动脑筋。外：指外交。

"多钱善贾"是古人长期经商后的经验总结，反映了商人对资本的高度重视，是我国早期的经济理论。韩非推导出"多资之易为工"，就有了普遍的哲学意义。这一哲理落实到政治领域，就是"治强易为谋，弱乱难为计"。这种注重实力的观点对后世仍有借鉴意义。

鄙谚曰[1]："长袖善舞，多钱善贾[2]。"此言多资之易为工也[3]。故治强易为谋，弱乱难为计[4]。故用于秦者[5]，十变而谋希失[6]；用于燕者[7]，一变而计希得。非用于秦者必智，用于燕者必愚也，盖治乱之资异也。故周去秦为从[8]，期年而举[9];卫离魏为衡[10],半岁而亡[11]。是周灭于从,卫亡于衡也。使周、卫缓其从衡之计[12],而急其境内之治[13];明其法禁,必其赏罚;尽其地力以多其积[14],致其民死以坚其城守[15];天下得其地,则其利少;攻其国,则其伤大[16];万乘之国莫敢自顿于坚城之下,而使强敌裁其弊也[17]。此必不亡之术也。舍必不亡之术而道必灭之事[18],治国者之过也。智困于内而政乱于外[19],则亡不可振也[20]。

"明其法禁",则有法可依;"必其赏罚",即有法必依、违法必究;"尽其地力以多其积",是致富之经;"致其民死以坚其城守",是强兵之道。这些都是使国家富强的有效方法。这种注重法禁、赏罚、经济实力与人和的法律思想、经济思想、军事思想值得借鉴。

[注释]

[1]鄙谚:通俗的谚语,俗语。 [2]"长袖善舞"二句是说:袖子长有利于跳舞,本钱多好做买卖。贾(gǔ),做买卖。 [3]多资:凭借多,指条件优裕。资,资助,凭借。易为工:容易把事做好。工,工巧。 [4]"故治强易为谋"二句是说:所以安定强盛的国家容易给它出主意,衰弱混乱的国家就难以给它想办法。 [5]用于秦者:被秦国任用的人。 [6]十变而谋希失:情况多次变化而他的计谋也很少失败。希,同"稀",稀少。 [7]燕:诸侯国名,地域范围大致包括今北京市、河北北部和辽宁南部。燕国是战国七雄之一,但在七国中力量较弱。 [8]周:指战国时期的小国西周。公元前256年,西周君背离秦国,和其他诸侯国合纵攻秦,被秦击败,西周君(西周武公)入秦,尽献其邑三十六。去:离开。为从:搞合纵。 [9]期(jī)年:一周年。举:拔,指被攻克。 [10]卫:周代诸侯国,战国时期一直依附于魏国。卫怀君三十一年(前

"就安利如辟危穷"是韩非对人性的基本看法，是韩非政治理论的基石。由此推导，统治者就应该用一系列手段将人们的趋利之心引导到有利于自己事业的轨道上来发展。如果为君主拼死出力者"危"而"穷"，"事私门"者却"安"而"利"，结果就只能是"公民少而私人众"。

从"行货赂而袭当涂者，则求得"可以看到，当时政风极其腐败。百姓求利，当权的大臣也求利，两者的求利欲望在行贿受贿中得到满足，国家的事业也就毁坏了。这种现象，我们应该引以为戒。

253），卫背离魏国而与秦国连横，被魏国击败。怀君朝魏，被魏所杀。魏立卫嗣君之弟卫元君，从此卫国便成了魏国的附庸，实际上已灭亡了。　[11]亡：韩非所说的"亡"，是指君主无权，参见《孤愤》注。卫国成为附庸后，君主没有实权，所以说"亡"。　[12]使：假使，如果。缓：放缓，放松，指放弃。　[13]急：加紧。　[14]尽其地力：充分发挥土地的生产能力。多：增多，增加。积：积蓄，指粮食的贮存。　[15]这句是说：使他们的民众甘愿拼死来加强城池的守卫。致，招致，引来。　[16]"天下得其地"四句是说：其他的诸侯国如果要夺取他们的领土，那么得到的好处将会很少；如果要攻打他们的国家，那么遭到的伤亡将会很大。其，指周国、卫国。　[17]"万乘之国"二句是说：拥有万辆兵车的强国也不敢在这种坚固的城防之下把自己拖得精疲力尽，而让强大的敌人抓住自己疲乏的机会来制裁自己。顿，困顿，精疲力尽。裁，制裁，控制。其，指万乘之国。弊，疲惫，困乏。　[18]舍：舍弃，丢掉。道必灭之事：做一定会灭亡的事情，指搞合纵连横。道，遵行。　[19]这句当作"智困于外而政乱于内"，是说：外交上无计可施而国内政局混乱。　[20]振：挽救。

民之政计[1]，皆就安利如辟危穷[2]。今为之攻战[3]，进则死于敌，退则死于诛，则危矣；弃私家之事而必汗马之劳[4]，家困而上弗论[5]，则穷矣。穷危之所在也，民安得勿避[6]？故事私门而完解舍[7]，解舍完则远战[8]，远战则安。行货赂而袭当涂者[9]，则求得[10]；求得，则私安[11]；私安，则利之所在，安得勿就？是以公民少而私人众矣[12]。

[注释]

[1]政计：常计，一般的谋划。政，通"正"，正常，通常。　[2]就：靠近，指追求。安：安全，安逸。如：而。辟：通"避"。穷：穷困，困苦。　[3]为：使，让。　[4]这句是说：丢掉了自己的家业而一定有战场上流血流汗的劳苦。汗马，使战马出汗，指艰苦的战斗。劳，劳苦。　[5]困：贫困。上：指君主。弗论：不过问。　[6]安得：怎能。　[7]事私门而完解舍：侍奉在大臣权贵的门下而给他们修缮房屋。事，侍奉，指依附。完，使完好，修缮。解舍，官舍。解，通"廨（xiè）"。　[8]这句是说：权贵大臣的官舍盖好了就可以不去打仗了。这是指用投靠私门服劳役的办法来逃避兵役。远战，远离战争，指逃避兵役。　[9]行货赂：进行贿赂。袭：追随，依附。当涂者：当权的人。涂，通"途"。　[10]求得：要求得到满足，指得到官爵。　[11]私安：个人安逸。　[12]公民：指为国家、君主出力的人。私人：指为大臣、权贵出力的人。

夫明王治国之政[1]，使其商工游食之民少而名卑[2]，以寡趣本务而趋末作[3]。今世近习之请行，则官爵可买[4]；官爵可买，则商工不卑也矣。奸财货贾得用于市[5]，则商人不少矣。聚敛倍农而致尊过耕战之士[6]，则耿介之士寡而高价之民多矣[7]。

《史记·货殖列传》说过，要致富，农不如工，工不如商。这种理论在此文中已初露端倪。

此文竭力贬斥儒者之虚学、纵横家之诈说、刺客之行侠、患御者之逃战、工商之末作，认为他们是使国家灭亡的祸根。其实，儒家之学与工商之作，在当时的政治形势下可能对国家的富强没有太大的作用，但在太平盛世，它们在思想建设与经济建设方面的作用还是不可忽视的，所以与其他三"蠹"不宜一律看待。

[注释]

[1]政：政策，政治措施。 [2]工：工匠，指手工业工人。游食之民：到处混饭吃的人，指没有定居的人，如游说之徒。卑：低下。 [3]这句是说：因为人们很少愿意去从事农耕而都愿意去经营工商业。以，因为。寡，少。趣（qū），通"趋"，趋向。本务，根本的事务，指农业。末作，不重要的劳作，指工商业。 [4]"今世近习之请行"二句是说：当今社会上君主亲信的请求能行得通，那么官职爵位就可以花钱买到。近习，指君主左右的亲信。 [5]奸财货贾：不义之财的买卖，指投机倒把而非法获利。用：采用，指施行。 [6]聚敛倍农：指商人牟取的暴利比农民的收入要多一倍。聚敛，搜括。致尊过耕战之士：得到的尊贵地位超过种地打仗的人。 [7]耿介之士：光明正大的人，指遵守法令、依靠耕战来建功立业的人。高价之民：抬高物价非法牟利的商人。

是故乱国之俗[1]：其学者，则称先王之道以籍仁义[2]，盛容服而饰辩说[3]，以疑当世之法[4]，而贰人主之心[5]。其言古者[6]，为设诈称，借于外力，以成其私，而遗社稷之利[7]。其带剑者[8]，聚徒属[9]，立节操[10]，以显其名，而犯五官之禁[11]。其患御者[12]，积于私门[13]，尽货赂[14]，而用重人之谒[15]，退汗马之劳[16]。其商工之民，修治苦窳之器[17]，聚弗靡之财[18]，蓄积待时，而侔农夫之利[19]。此五者，邦之蠹也[20]。人主不除此五蠹之民，不养耿介之士，则海内虽有破亡之国、削灭之朝[21]，亦勿怪矣。

[注释]

[1] 俗：风俗，风气。　[2] 以：而。籍仁义：指凭借仁义进行说教。籍，通"藉"，凭借。　[3] 盛容服：使仪表端庄、服饰华美。盛，整齐华美。饰辩说：修饰言辞，指花言巧语。　[4] 疑：通"拟"，匹敌，抗衡。　[5] 贰人主之心：使君主的思想不专一，即动摇君主实行法治的决心。贰，不专一。　[6] 言古者：当作"言谈者"，指纵横家。　[7] "其言古者"五句是说：那些到处游说的纵横家，捏造事实，编造谎言，借助于外国的力量，来成就他们的私利，而丢掉了国家的利益。为，通"伪"，虚假。为设，虚构，即弄虚作假。诈称，谎说。遗，遗弃。　[8] 带剑者：指游侠刺客。　[9] 徒属：党徒部属。　[10] 立节操：标榜气节操守。　[11] 五官之禁：泛指国家各部门颁布的禁令。五官，指司徒、司马、司空、司士、司寇五种重要官职，国家的大权由他们分职执掌。　[12] 患御者：担心去打仗的人，即上文提到的那些依附私门而逃避兵役的人。御，抵御，抵抗，指作战。　[13] 积：聚集。　[14] 尽货赂：用尽财货进行贿赂。尽，用尽。　[15] 用：利用。重人：掌握权势的大臣。谒（yè）：说情，请托。　[16] 退：辞退，逃避。　[17] 苦窳：粗劣，指偷工减料。这句针对工匠而言。　[18] 弗靡之财：供人挥霍破费的货物。这句针对商人而言。弗，通"费"，破费。靡，浪费。财，通"材"，货物。　[19] 侔：通"牟"，谋取。　[20] 邦：国家。蠹：蛀虫。　[21] 破亡之国：残破沦亡的国家。削灭之朝：削弱覆灭的朝廷。

[点评]

所谓五蠹，即五种蛀虫，指学者（儒家）、言谈者（纵横家）、带剑者（游侠刺客）、患御者（逃避兵役的人）、商工之民（商人和手工业者）这五种危害国家的人（即侵蚀国家的蛀虫）。此文集中反映了韩非的历史发展观以及他的法治主张，阐明了清除破坏国家法治的五蠹之民的必要性，是韩非最杰出的代表作之一。

韩非首先从历史的发展与当时的现实出发，论证了法治的必然性和合理性。他回顾历史事实，指出治国的方法必然会随着时代的变化而相应地发生变革，即"世异则事异"，"事异则备变"，"事因于世，而备适于事"。因此，圣明的君主应该"不期修古，不法常可，论世之事，因为之备"。在韩非看来："上古竞于道德，中世逐于智谋，当今争于气力。"而从当时的情况来看，"民固骄于爱，听于威"，"固服于势，寡能怀于义"，所以要治理现在的"急世之民"，决不可以采用儒家宣扬的仁义道德之类，而必须坚决反对仁治，实行法治，反对礼治，实行势治。

韩非在文章中全面地提出了他的法治主张："赏莫如厚而信，使民利之；罚莫如重而必，使民畏之；法莫如一而固，使民知之"；"施赏不迁，行诛无赦；誉辅其赏，毁随其罚"；"用其力，不听其言；赏其功，必禁无用"。在实行法治的时候，韩非主张用权势、财富和权术来进行辅助。他认为："今人主处制人之势，有一国之厚，重赏严诛，得操其柄，以修明术之所烛，虽有田常、子罕之臣，不敢欺也"，"故明主之道：一法而不求智，固术而不慕信"。其中"赏莫如厚而信"三句排比，内涵丰富而正确，文字精练而匀称，可谓是政治理论方面少有的警策。此中"信""必"二字尤为关键，否则制定的法律就会成一纸空文。每个国家都有法律，但只有那些真正确保法律实施的国家才称得上法治国家。信赏必罚应该是法治国家公信度的标志。至于法"一而固"，又与"论世之事，因为之备"的变法论相辅相成。变法是为了使法令适合不断变化的客观现实，但某一个时期法令一旦制定，就必须"一而固"，以便遵行，否则就会使人们无所适从。

应该指出的是，韩非强调一切依法办事的原则本无可厚非，但他又走到了另一个极端。他为了使君主能够"超五帝、侔三王"，于是除了国法，除了对君主有利的东西，他什么都排斥。他说："明主之国，无书简之文，以法为教；无先王之语，以吏为师；无私剑之捍，以斩首为勇。是境内之民，其言谈者必轨于法，动作者归之于功，为勇者尽之于军。"由此可见，韩非推崇法治，只是为了使人民都成为君主称王天下的"王资"，这便是其法治思想的实质。

为了使自己的法治主张能够顺利实现，韩非提出了清除五蠹之民的主张。他认为，"儒以文乱法，侠以武犯禁"，"言古（谈）者，为设诈称，借于外力，以成其私，而遗社稷之利"。此外，"患御者""事私门"而"远战"，"商工之民，修治苦窳之器，聚弗靡之财，蓄积待时，而侔农夫之利"。他们都是破坏法治、妨碍耕战、对君主有害的人，所以必须坚决铲除。君主如果"不除此五蠹之民"，那么即使"破亡""削灭"，也不足为怪了。

显学第五十

此文是研究儒、墨学派的重要史料，但韩非的本意并不在为后世提供学术思想史的研究资料，他的目的是想推翻儒、墨两家的学说，从而为树立自己的学说铺平道路。

世之显学[1]，儒、墨也[2]。儒之所至[3]，孔丘也[4]。墨之所至，墨翟也[5]。自孔子之死也，有子张之儒[6]，有子思之儒[7]，有颜氏之儒[8]，有孟氏之儒[9]，有漆雕氏之儒[10]，有仲梁氏之儒[11]，有孙氏之儒[12]，有乐正氏之儒[13]。自墨子之死也，有相里氏之墨[14]，有相夫氏之墨[15]，有邓陵氏之墨[16]。故孔、墨之后，儒分为八，墨离为三，取舍相反不同[17]，而皆自谓真孔、墨，孔、墨不可复生，将谁使定世之学乎[18]？孔子、墨子俱道尧、舜[19]，而取舍不同，皆自谓真尧、舜，尧、舜不复生，将谁使定儒、墨之诚乎[20]？

殷、周七百余岁[21]，虞、夏二千余岁[22]，而不能定儒、墨之真[23]；今乃欲审尧、舜之道于三千岁之前[24]，意者其不可必乎[25]！无参验而必之者[26]，愚也；弗能必而据之者[27]，诬也[28]。故明据先王[29]，必定尧、舜者[30]，非愚则诬也。愚诬之学[31]，杂反之行[32]，明主弗受也。

> 韩非提倡参验论，反对虚妄的"愚诬之学"，值得肯定。但他将古代的传说一律加以否定，则不免犯了历史虚无主义的错误。

[注释]

[1]世：当世，当代。显学：显赫的学派。 [2]儒：儒家。墨：墨家。 [3]所至：指最杰出的代表人物。至，极。 [4]孔丘（前551—前479）：名丘，字仲尼，鲁国陬（zōu）邑（今山东曲阜）人，是春秋末期著名的思想家和教育家，儒家学派的创始人。 [5]墨翟（dí）：约生于前468年，约卒于前376年，宋国人，一说鲁国人，是春秋战国之际的思想家，墨家学派的创始人。 [6]子张之儒：传述子张思想的儒家学派。子张，春秋时期陈国人，孔子的弟子，颛（zhuān）孙氏，名师，子张是他的字。《论语》中记有他的言论。 [7]子思：孔丘的孙子，孔鲤（字伯鱼）之子，名伋（jí），字子思，战国时期鲁国人，曾为鲁穆公之师。《汉书·艺文志》载其著《子思》二十三篇。 [8]颜氏：指颜回（前521—前490），春秋末期鲁国人，名回，字子渊，孔子的学生，安贫乐道，以德行著称。 [9]孟氏：指孟轲，习称孟子，名轲，字子舆，战国时期邹邑（今山东邹城东南）人，约生于前372年，卒于前289年。他是子思的再传弟子，精通"五经"。他主张"行仁政"以"王天下"，是孔子以后儒家学派中最有权威的代表人物。他的学说和孔子的学说合称为

孔孟之道，汉代以后成为我国社会的统治思想。　[10]漆雕氏：名启，字子开，孔子弟子。据《汉书·艺文志》记载，他的后代著有《漆雕子》十三篇。　[11]仲梁氏：指战国时期鲁国的仲梁子。他继承了曾参（shēn）、子夏的学说。　[12]孙氏：指公孙尼子，是孔子的再传弟子。据《汉书·艺文志》记载，他著有《公孙尼子》二十八篇。　[13]乐正氏：指乐正子春，曾参的弟子，以孝闻名。　[14]相里氏：名勤，南方三大墨家学派的代表人物之一，他与他的弟子们着重继承了墨家勤俭力行的作风。　[15]相夫氏：南方三大墨家学派的代表人物之一。　[16]邓陵氏：即邓陵子，楚国人，南方三大墨家学派的代表人物之一，他较多地继承了墨家的理论学说。　[17]相反：互相对立，互相矛盾。　[18]这句是说：将让谁来判定当代的这些学派是否得到了孔、墨的真传呢？　[19]道：称道，讲述。尧、舜：古代传说中的圣明帝王，参见《解老》注。　[20]诚：真实。　[21]殷、周七百余岁：指从商、周之际算到韩非的时候七百多年。儒家学派主张恢复周礼，宣称自己的学说发源于商末周初的周公旦，所以韩非从那时算起。殷、周，商朝、周朝，参见《五蠹》注。　[22]虞、夏二千余岁：指从虞、夏之际算到韩非的时候两千多年。墨家学派主张恢复夏道，假托自己的学说源于虞、夏之际的夏禹，所以韩非从那时算起。虞，虞代，即舜在位的时代，约在公元前22世纪。夏，夏代，是禹建立的王朝（参见《五蠹》注），它的年代约在公元前22世纪末至公元前17世纪初。　[23]儒、墨之真：指儒家所宣扬的七百前的周道和墨家所称说的两千年前的夏道的真相。　[24]乃：却，竟然。审：审察，弄明白。　[25]这句是说：想必那是不可能确定的吧。意，料想，想来。必，确定，断定。　[26]参验：检验，验证。之：指尧、舜之道。　[27]据之：以之为据，把它作为依据。　[28]诬：欺骗。　[29]明据先王：宣扬先王之道，并把它当作根据。明，彰明，宣扬。先王，指儒、墨所称颂的尧、舜、禹、汤、文、武。　[30]必定尧、舜：肯定尧、舜的事迹。　[31]愚诬之学：愚蠢骗人的学说。这是针对"孔子、墨子俱道尧、舜"而言。　[32]杂反之行：杂乱矛盾的行为。这是针对儒、墨后学而言。儒、墨各派取舍不同，所以称之为"杂"；各派取舍相反，所以称之为"反"。

墨者之葬也[1]，冬日冬服[2]，夏日夏服，桐棺三寸[3]，服丧三月[4]，世主以为俭而礼之[5]。儒者破家而葬[6]，服丧三年，大毁扶杖[7]，世主以为孝而礼之[8]。夫是墨子之俭[9]，将非孔子之侈也[10]；是孔子之孝，将非墨子之戾也[11]。今孝、戾、侈、俭俱在儒、墨，而上兼礼之[12]。漆雕之议[13]，不色挠[14]，不目逃[15]，行曲则违于臧获[16]，行直则怒于诸侯[17]，世主以为廉而礼之[18]。宋荣子之议[19]，设不斗争[20]，取不随仇[21]，不羞囹圄[22]，见侮不辱[23]，世主以为宽而礼之[24]。夫是漆雕之廉，将非宋荣之恕也[25]；是宋荣之宽，将非漆雕之暴也[26]。今宽、廉、恕、暴俱在二子[27]，人主兼而礼之。自愚诬之学、杂反之辞争[28]，而人主俱听之，

韩非最拿手的驳论术是将极端对立的东西放在一起，使其矛盾凸显而道理不言自明，从而产生不容置辩的强大说服力。这种驳论方法值得借鉴。

言论自由实有利于思想学术的发展，这一道理已为先秦百家争鸣所取得的光辉灿烂的思想成果所证明。韩非从专制主义的政治观出发，反对百家争鸣而主张思想禁锢，不容许异端存在，实有失偏颇。

故海内之士，言无定术[29]，行无常议[30]。夫冰炭不同器而久[31]，寒暑不兼时而至[32]，杂反之学不两立而治[33]。今兼听杂学、缪行、同异之辞[34]，安得无乱乎[35]？听行如此[36]，其于治人又必然矣[37]。

[注释]

[1]葬：指丧葬学说。墨家主张节葬，丧葬力求节俭。 [2]冬日冬服：冬天用冬天的服装，指人死在冬天就穿着冬季的衣服下葬，也就是让死者穿着随身的衣服下葬而不再花钱特制寿衣。 [3]桐棺：用桐木做的棺材。桐木木质疏松，容易腐烂，不宜作建造房屋的材料，用它做棺材，可以节约有用的木材。三寸：形容棺材板很薄。 [4]服丧：指为父母守丧。 [5]世主：当代的君主。礼：以礼相待，敬重。之：他们，指墨家。 [6]破家：倾家荡产。 [7]这句是说：极度悲哀而大大地伤害了自己的身体，必须别人搀扶着才能站起来，必须拄着拐杖才能走路。毁，守丧时因哀伤过度、无心饮食而毁坏身体。扶，搀扶。杖，这里用作动词，拄着拐杖。 [8]孝：孝顺父母。孝是儒家思想体系中的一个重要内容，指子女对父母的奉养与敬爱。 [9]是：认为……对，肯定，赞成。 [10]非：认为……不对，否定，反对。侈：奢侈，浪费。 [11]戾（lì）：违背，指违反人之常情。 [12]上：指君主。兼：同时，一起。 [13]议：通"义"，学说，主张，道德准则。 [14]不色挠：指受到威胁时不在脸色上露出屈服的表情。色，面色。挠，屈服。 [15]不目逃：不在眼睛里显出逃避的神色，也就是目不转睛、不回避敌人的意思。 [16]这句

是说：如果自己行为不正，那么对于地位低下的奴婢都回避退让。行曲，行为不正直，指行为不合于仁义。违，回避退让。臧获，奴婢。　[17]这句是说：如果自己行为正直，那么对于地位高贵的诸侯也敢盛气斥责。怒，斥责。　[18]廉：有棱角，方正，刚直。　[19]宋荣子：战国时期宋国人。由于他反对战争，与墨子的非攻主张相似，所以韩非把他作为墨家学派来批判。　[20]设：设言，铺陈言论，提倡。　[21]取不随仇：采取的态度是不追逐仇人加以报复。取，采取。随仇，追逐仇人，即报仇。随，跟随，追逐。　[22]不羞囹圄：不把坐牢当作羞耻。囹圄，监狱。　[23]见侮不辱：被欺侮也不以为耻辱。　[24]宽：宽容，不计较，宽宏大量。　[25]恕：宽恕，宽容。　[26]暴：凶狠。　[27]二子：二人，指漆雕启、宋荣子。　[28]这句是说：自从愚蠢骗人的学说、杂乱矛盾的说法互相争辩以来。　[29]言无定术：说话没有确定的思想原则，指学派众多，相互争鸣。术，学说，主张。　[30]行无常议：做事没有固定的主张，指各学派各行其事，没有统一的行为规范。常，固定的。议，通"义"，学说，主张，道德准则。　[31]冰炭不同器而久：冰块和炭火放在同一个容器里不可能持久。　[32]寒：严寒。暑：炎热。兼时：同一个季节。时，季节。　[33]不两立而治：不可能同时并存而用来治理好国家。　[34]这句是说：现在君主同时接受这些杂乱的学说、荒谬的行为、互相矛盾的言论。杂学，杂乱的学说，指"言无定术"。缪（miù）行，荒谬的行为，指"行无常议"。缪，通"谬"，荒谬。同异，指取舍相反、相互矛盾的主张。　[35]安得：怎能。　[36]听行：听言行事。如此：像这样。　[37]这句是说：他在治理国家方面也必定是这样（混乱）了。其，指君主。治人，统治人民，即治理国家。必然，必定如此，一定是这样，指"安得无乱乎"。

不仔细审察致富、致贫的原因，只是一味向富人征收财物、没收土地而施舍给穷人，这是不公平的。通过不正当手段得来的不义之财与土地应该没收，但对于劳动得来的财富则不应该横征暴敛，否则就会损伤人们劳动致富的积极性。对于遭到意外灾难的贫困者应该救济，但如果对因懒惰或挥霍而致贫的人加以救济，就不利于促使他们"疾作"与"节用"。

今世之学士语治者多曰[1]："与贫穷地以实无资[2]。"今夫与人相若也，无丰年旁入之利而独以完给者[3]，非力则俭也[4]。与人相若也，无饥馑、疾疚、祸罪之殃独以贫穷者[5]，非侈则惰也[6]。侈而惰者贫，而力而俭者富。今上征敛于富人以布施于贫家[7]，是夺力俭而与侈堕也[8]，而欲索民之疾作而节用[9]，不可得也。

[注释]

[1]学士：学者，指儒生。语治者：谈论治理国家的人。 [2]这句是说：把土地赐给贫穷的人，以便使这些没有资财的人富足起来。与，给予，赐给。实，充实。无资，指没有资财的人。 [3]"今夫与人相若也"二句是说：现在那些与别人条件差不多，没有丰收的年成和额外收入的利益而能自给自足的人。夫，那。与人相若，和别人条件相似。旁入，额外收入。独，唯独，偏偏。完，完好，保全。给（jǐ），丰足，给养充足。 [4]这句是说：不是因为勤劳就是因为节俭。力，尽力，努力劳作。 [5]饥馑：指荒年。饥，粮食不丰收。馑，蔬菜不丰收。疚：久病。祸：灾难，祸害。罪：犯罪而被惩处。殃：祸害，残害。 [6]堕：同"惰"，懒惰。 [7]征敛：征收。布施：施舍。 [8]与：给予，赐予。堕：通"惰"。 [9]疾作：勤快耕作。

今有人于此，义不入危城、不处军旅、不以天下大利易其胫一毛[1]，世主必从而礼之[2]，贵其智而高其行[3]，以为轻物重生之士也[4]。夫上所以陈良田大宅、设爵禄，所以易民死命也[5]。今上尊贵轻物重生之士，而索民之出死而重殉上事[6]，不可得也。藏书策[7]，习谈论[8]，聚徒役[9]，服文学而议说[10]，世主必从而礼之，曰："敬贤士，先王之道也。"夫吏之所税[11]，耕者也；而上之所养，学士也。耕者则重税，学士则多赏，而索民之疾作而少言谈，不可得也。立节参民[12]，执操不侵[13]，怨言过于耳，必随之以剑，世主必从而礼之，以为自好之士[14]。夫斩首之劳不赏[15]，而家斗之勇尊显[16]，而索民之疾战、距敌而无私斗[17]，不可得也。国平则养儒侠[18]，难至则用介士[19]。所养者非所用，所用者非所养，此所以乱也。且夫人主于听学也[20]，若是其言，宜布之官而用其身[21]；若非其言，宜去其身而息其端[22]。今以为是也，而弗布于官；以为非也，而不息其端。是而不用，非而不息，乱亡之道也。

"若非其言，宜去其身而息其端"，此举对于避免思想的混乱、建立君主集权制度固然有很大的效用。但对于思想的发展显然有破坏作用。因为在这种极端思想统制下，就只能有为政治服务、为君主的命令作诠释的学说，因而思想就只能永远滞后于政治而不能闪发出它应有的新曙光。

[注释]

[1] 义：学说，主张，道德准则，这里是意动用法，意思是"认为……是合宜的道德行为""把……当作道德准则"，它的宾

语一直到"不以天下大利易其胫一毛"。危城：危险的城池，指有战事的地方。不处军旅：不待在军队之中。不以天下大利易其胫一毛：不拿天下的大利来换取自己小腿上的一根汗毛，也就是说，拔掉自己小腿上的一根汗毛能够使天下人都得利，他也不愿干。这是战国时期杨朱学派的基本思想。易，交换。胫毛，喻指细微。胫，小腿。　[2]从：顺从，听从。　[3]这句是说：尊重他的见识而推崇他的品行。　[4]轻物：轻视物质利益。重生：看重自己的生命。　[5]"夫上所以陈良田大宅"二句是说：君主之所以拿出肥沃的土地和宽敞的住宅、设置官爵和俸禄，是为了用它来换取人民出力卖命。陈，陈列，摆出。设，设置。易，交换。　[6]索：求。出死：出生入死，拼死，卖命。重殉上事：即"重上事而殉上事"，看重君主的事业并为它献身。重，看重，重视。　[7]策：通"册"，古代用竹简编成的书籍，这里指记载先王之道的典籍。　[8]习：学习，练习。谈论：言谈辩论。　[9]徒役：门徒，弟子。古代弟子侍奉先生称为服役（参见《五蠹》注），所以称"徒役"。　[10]服：从事，指诵读。文学：指古代的文献典籍，指《书》《诗》《礼》《易》《春秋》等儒家经典。议：议论。说：游说。　[11]所税：征税的对象。税，这里用作动词，征税，收税。　[12]立节：树立节操，指标榜气节。参民：与民相并，与民众抗衡。参，并，匹敌。　[13]执操不侵：坚守节操，不容别人侵犯。　[14]自好（hào）：自爱，指看重自己的声誉。　[15]斩首之劳：杀敌的功劳。　[16]家斗：私斗，为私家争斗。勇：指勇士。尊显：尊贵显赫。　[17]疾战：奋勇作战。疾，急切地从事。距：通"拒"，抵抗。　[18]平：太平。侠：侠客。　[19]难：灾难，这里指战祸。介士：即甲士，穿铠甲的战士。　[20]听学：听取学说。　[21]"若是其言"二句是说：如果赞同他们的话，就应该在官府中公布他们的言论，并任用他们。之，指"其言"。　[22]去：

除去。息：止息，消灭，禁止。端：开头，源头，根源。

澹台子羽[1]，君子之容也[2]，仲尼几而取之[3]，与处久而行不称其貌[4]。宰予之辞[5]，雅而文也[6]，仲尼几而取之，与处久而智不充其辩[7]。故孔子曰："以容取人乎，失之子羽[8]；以言取人乎，失之宰予。"故以仲尼之智而有失实之声[9]。今之新辩滥乎宰予[10]，而世主之听眩乎仲尼[11]，为悦其言[12]，因任其身[13]，则焉得无失乎[14]？是以魏任孟卯之辩而有华下之患[15]，赵任马服之辩而有长平之祸[16]。此二者，任辩之失也。夫视锻锡而察青黄，区冶不能以必剑[17]；水击鹄雁[18]，陆断驹马[19]，则臧获不疑钝利[20]。发齿吻形容[21]，伯乐不能以必马[22]；授车就驾而观其末涂[23]，则臧获不疑驽良[24]。观容服[25]，听辞言，仲尼不能以必士；试之官职[26]，课其功伐[27]，则庸人不疑于愚智[28]。故明主之吏，宰相必起于州部[29]，猛将必发于卒伍[30]。夫有功者必赏，则爵禄厚而愈劝[31]；迁官袭级[32]，则官职大而愈治[33]。夫爵禄大而官

韩非举例，往往成双而有骈俪之美，此上下文均如此。

实践是简便易行而又确实可靠的检验标准。因此，在实际工作中考验人才，鉴别人才，根据实绩选拔人才，才是明智之举。"以容取人""以言取人"，往往会失误。

职治，王之道也[34]。

[**注释**]

[1]澹（tán）台子羽：澹台氏，名灭明，字子羽，春秋时期鲁国武城（今山东费县西南）人，孔子的弟子。 [2]容：容貌，仪表。 [3]几（jī）而取之：指察看了他的容貌就收他为弟子。几，通"讥"，察看。取，选取。 [4]这句是说：和他相处久了，就发现他的行为和他的仪表并不相称。称，相称。 [5]宰予：字子我，所以又叫宰我，春秋时期鲁国人，孔子的弟子，以善辩著称。 [6]雅：高雅，纯正，不庸俗。文：华丽，有文采。 [7]智不充其辩：他的智慧不及他的口才。充，满，及得上。辩，口才。 [8]失之子羽：在子羽身上出了差错。失，过失，错误。 [9]失实之声：（考察的结果）不能符合事实的感叹。失实，不符合实际。声，声音，这里指仲尼的感慨之声。 [10]这句是说：现在新出现的辩说比宰予更加夸夸其谈。滥，泛滥，引申为言辞的浮夸，不切实际。乎，于，比。 [11]眩：迷惑，糊涂。 [12]为：因为，由于。悦：喜欢。 [13]因：因而，就。任：任用，采用。 [14]焉得：怎能。 [15]孟卯：即芒卯，又作昭卯，战国时期齐国人，因善辩而被魏国任用为相。华下之患：公元前273年（秦昭王三十四年，魏安釐王四年），魏国任用孟卯攻打韩国，秦将白起救韩，在华阳大破魏军，孟卯逃走，十五万魏军被歼，魏国被迫献南阳求和。华，地名，即华邑，又作华阳邑，春秋时期属郑，战国时期属韩，位于今河南新郑西北。 [16]马服：战国时期赵地，在今河北邯郸西北。战国时期赵国名将赵奢因有战功被封为马服君。这里指赵奢的儿子赵括。赵括熟读兵书，喜欢纸上谈兵，但毫无实战经验。长平之祸：公元前260年，秦将白起攻赵，与赵军战于长平（今山西高平西

北），赵王中了秦国的反间计，任用赵括为大将，以代廉颇，结果赵军四十余万被全歼，赵括被箭射死。　[17]"夫视锻锡而察青黄"二句是说：锻造时只看掺锡的多少和火色的青黄，就是区冶也不能断定剑的利钝。锻锡，古代锻炼金属时掺的锡。青黄，指锻炼金属时的火色。区（ōu）冶：即区冶子，春秋时期越国人，善于铸剑。必，确定，断定。　[18]水击鹄（hú）雁：在水面上击杀鹄和雁。鹄，天鹅。　[19]陆断驹马：在陆地上斩杀马匹。驹，小马。　[20]不疑：不疑惑，分得清。　[21]发：察看。吻：嘴唇。形容：形体容貌。　[22]伯乐：古代善于相马和驭马的人。据典籍记载，古代称"伯乐"的有二人：一为春秋中期秦穆公的臣子，善于相马和驭马。有人说他叫孙阳，字伯乐，所以称他为孙阳伯乐。另一人即春秋末期赵简子的驾车人王良，也善于相马驭马，可与秦之伯乐相媲美，所以人们也称他为伯乐。这两人常常被混淆。本篇的伯乐即指赵之伯乐王良。　[23]授车：指授车于马，也就是给马套上车。授，授给，给予。就驾：指让马拉着车跑。就，开始从事。驾，驾驶。末涂：路途终点。涂，通"途"。　[24]驽：劣马。　[25]容：容貌。服：服装。　[26]试之官职：用官职来试验他，即让他担任一定的官职，然后考察他的办事能力。　[27]课：考核。伐：功劳。　[28]庸人：平常的人，普通的人。　[29]这句是说：宰相一定是从基层衙署中提拔上来的。起，兴起，产生。州部，州一级的衙署，是古代地方上的基层行政机构，参见《五蠹》注。　[30]发于卒伍：从士兵队伍中选拔出来。发，出，产生。卒伍，古代军队的基层单位，百人为"卒"，五人为"伍"。　[31]爵禄厚而愈劝：奖赏的爵位越高、俸禄越多，就越能使他们得到鼓励。　[32]迁：升。袭级：沿着官阶等级。袭，因袭，沿着。　[33]官职大而愈治：官职越大就越能使他们治理好政事。　[34]王：称王，统治天下。

> 国家富强是法家追求的现实目标，围绕"富""强"二字落笔而取喻成双，确切而有骈俪之美。

> 只注重耕战而完全否定商人、工匠与儒者的作用，显然出于韩非狭隘的功利主义观念而有失偏颇，但其使用类推来论证的方法还是值得借鉴的。

磐石千里[1]，不可谓富；象人百万[2]，不可谓强。石非不大，数非不众也[3]，而不可谓富强者，磐不生粟，象人不可使距敌也[4]。今商官、技艺之士亦不垦而食[5]，是地不垦与磐石一贯也[6]。儒侠毋军劳[7]，显而荣者，则民不使与象人同事也[8]。夫祸知磐石象人，而不知祸商官儒侠为不垦之地、不使之民，不知事类者也[9]。

[注释]

[1]磐石：大石。 [2]象人：俑人，古代殉葬时用木头、陶土等材料做的假人。 [3]数：指象人的数量百万。 [4]使：用，使唤。距：通"拒"，抵抗。 [5]商官：当为"商贾"之误，指商人。技艺之士：有技巧的人，指手工业者。 [6]这句是说：这样的话，土地就得不到开垦而和大石头一样了。是，这。一贯，一样，相同。 [7]毋：通"无"，没有。劳：功劳。 [8]这句是说：那么民众就会不听使唤而和木偶陶俑具有同样的使用价值了。与象人同事，指和木偶陶俑一样不可派他们去抵抗敌人。事，同"使"。 [9]"夫祸知磐石象人"三句是说：只知道把不能生产粮食的大石头和不能抵抗敌人的木偶陶俑看作祸害，却不知道那些商人、儒生、侠客等在制造不开垦的土地和不听使唤的民众也同样是祸害，这是不懂得事物类似的人啊。祸知，当作"知祸"。祸，这里是意动用法，把……当作祸害。

故敌国之君王虽说吾义[1]，吾弗入贡而臣[2]；

关内之侯虽非吾行[3]，吾必使执禽而朝[4]。是故力多，则人朝；力寡，则朝于人；故明君务力[5]。夫严家无悍虏[6]，而慈母有败子[7]。吾以此知威势之可以禁暴，而德厚之不足以止乱也。

注重实力的主张虽然是当时以攻战为务的社会现实在政治理论界的投影，但却具有普遍的借鉴意义。

[注释]

[1]敌国：势均力敌的国家。敌，匹敌。说（yuè）：通"悦"，喜爱。吾：我，这里指君主。义：道义，道德行为准则。　[2]这句是说：我不能使他进献贡品而向我称臣。入，交纳，这里是使动用法。贡，进献的物品。臣，这里是使动用法，使……称臣。　[3]关内之侯：边关以内的封侯，这里泛指在自己管辖范围内封有爵位的人。非：否定，反对。行：德行。　[4]这句是说：我一定能使他们拿着礼物来朝拜。执禽，根据古代的礼制，臣下必须拿着一定品种的禽类作为礼物前来朝见尊长，以表示顺服。禽，鸟兽的总称。　[5]务力：致力于壮大自己的力量。务，努力从事，致力于。　[6]严家：严厉的家庭。悍：强暴，凶狠。虏：奴仆。　[7]败子：败家子，不成才的儿子。

夫圣人之治国[1]，不恃人之为吾善也[2]，而用其不得为非也[3]。恃人之为吾善也，境内不什数[4]；用人不得为非，一国可使齐[5]。为治者用众而舍寡[6]，故不务德而务法[7]。夫必恃自直之箭[8]，百世无矢[9]；恃自圜之木[10]，千世无轮矣。

推行使人不得为非的法治是正确的，但完全排斥德治则失之偏激。

自直之箭，自圜之木，百世无有一，然而世皆乘车射禽者何也？隐栝之道用也[11]。虽有不恃隐栝而有自直之箭、自圜之木，良工弗贵也[12]。何则[13]？乘者非一人，射者非一发也[14]。不恃赏罚而恃自善之民[15]，明主弗贵也。何则？国法不可失，而所治非一人也。故有术之君[16]，不随适然之善[17]，而行必然之道[18]。

[注释]

[1]圣人：指实行法治的君主。 [2]这句是说：不依靠人们自觉地为我做好事。为吾善，指自觉地为我效劳。 [3]用：使。为非：做坏事。 [4]不什数：不能用十为单位来计数，即不到十个，这是形容很少。什，以十为一个单位。 [5]一国可使齐：可以使全国的人都一致。齐，整齐，一致。 [6]众：指对多数人有效的统治方法。寡：指对少数人有效的统治方法。 [7]德：指儒家提倡的德治，即上文的"为吾善"。法：指法治，即上文的"不得为非"。 [8]自直之箭：生来就直的竹子。箭，造箭用的小竹。 [9]世：代，古代以三十年为一世。矢：箭。 [10]圜（yuán）：通"圆"，圆形。木：树。 [11]隐栝（kuò）：详见《难势》注释。 [12]良工弗贵：手艺高超的工匠是不会看重的。 [13]何则：为什么。 [14]一发：发射一支箭。 [15]自善之民：生来就好的人。 [16]术：统治方法，指君主任免、考核、赏罚各级官吏的方法和手段。 [17]随：追随，追求。适然之善：偶然的善行，指"境内不什数"的"为吾善"的德行。适然，偶然。 [18]必然之道：

一定可以生效的办法，指"一国可使齐"的"不得为非"的法术。

今或谓人曰[1]："使子必智而寿[2]。"则世必以为狂[3]。夫智，性也[4]；寿，命也[5]。性命者，非所学于人也。而以人之所不能为说人，此世之所以谓之为狂也[6]。谓之不能，然则是谕也[7]。夫谕，性也[8]。以仁义教人，是以"智与寿"说也[9]，有度之主弗受也[10]。故善毛嫱、西施之美[11]，无益吾面；用脂泽粉黛[12]，则倍其初[13]。言先王之仁义，无益于治；明吾法度，必吾赏罚者，亦国之脂泽粉黛也[14]。故明主急其助而缓其颂[15]，故不道仁义[16]。

喻意显豁：空谈最美也无济于事，关键是做一些有实际效用的事。

[注释]

[1]或：有人。 [2]子：您。智：智慧，聪明。寿：长寿。 [3]狂：通"诳"，说谎，欺骗。 [4]性：天性，本性，天然的生理属性。 [5]命：命运。 [6]"而以人之所不能为说（yuè）人"二句是说：现在拿人力不可能做到的事情去讨好人家，这就是人们认为他是在骗人的原因。说，通"悦"，使……喜欢。谓，以为。之，指"使子必智而寿"的说法。 [7]"谓之不能"二句是说：认为它（指使您一定聪明长寿）是不可能的，这样才算是明白了。谕，明白，了解。 [8]夫谕，性也：那明白，就在于懂得了人的天性。 [9]"以仁义教人"二句是说：用仁义道德来教导别人，这是

在用"使人聪明和长寿"的鬼话来劝说。 [10]度:法度。 [11]善:爱好,赞美。毛嫱(qiáng):又作"毛嫱",春秋时期的美女,越王勾践所宠爱的妾。西施:我国古代四大美女之一。 [12]脂:胭脂,涂嘴唇用的红色颜料。泽:润泽头发的油膏。粉:搽面用的白粉。黛:画眉用的青黑色颜料。 [13]倍其初:指容貌比原来加倍美丽。 [14]"明吾法度"三句是说:彰明我的法度,坚决执行我的赏罚,也就是国家的胭脂、发油、白粉、青黛(它可使国家治理得比原来加倍地好)。必,一定实行,坚决执行。 [15]这句是说:所以英明的君主加紧实行对治国有实际帮助的法度和赏罚,而不理睬那些对先王的称颂。 [16]道:谈,说。

今巫祝之祝人曰[1]:"使若千秋万岁[2]。""千秋万岁"之声聒耳[3],而一日之寿无征于人[4],此人所以简巫祝也[5]。今世儒者之说人主[6],不善今之所以为治[7],而语已治之功[8];不审官法之事[9],不察奸邪之情,而皆道上古之传誉、先王之成功[10]。儒者饰辞曰[11]:"听吾言,则可以霸王[12]。"此说者之巫祝[13],有度之主不受也。故明主举实事[14],去无用[15],不道仁义者故[16],不听学者之言[17]。

[注释]

[1]巫:自称能用舞蹈降神并为人祈祷的人。祝:自称能

为人求神祈福的人。祝人，为人祈祷祝福。　[2]若：你，你们。　[3]聒（guō）耳：在耳边喧闹。聒，喧扰，声音嘈杂。　[4]这句是说：但在人们中使人多活一天的应验也没有。征，征兆，应验。　[5]简：轻视，看不起。　[6]说（shuì）：游说，进说。　[7]这句是说：不赞美现在可以用来治理好国家的办法。善，爱好，赞美。　[8]已治之功：已有的治国功绩，指儒者所宣扬的古代帝王的政治业绩。　[9]审：审察，弄明白。官法之事：官府、法令方面的事情。　[10]传：传说。誉：赞誉。成：成就。功：功业，功绩。　[11]饰辞：修饰言辞，花言巧语。　[12]霸：称霸，做诸侯的盟主。王：称王，统治天下。　[13]这句是说：这是游说者中的巫祝。　[14]举实事：做有实际效果的事情。举，行，做。　[15]去无用：指抛弃没有实际效用的空谈。　[16]道：谈论。者：通"诸"，之，的。故：事。　[17]学者：指儒生。

今不知治者必曰[1]："得民之心。"欲得民之心而可以为治，则是伊尹、管仲无所用也[2]，将听民而已矣。民智之不可用[3]，犹婴儿之心也。夫婴儿不剔首则腹痛[4]，不揊痤则寖益[5]。剔首、揊痤，必一人抱之，慈母治之，然犹啼呼不止，婴儿子不知犯其所小苦致其所大利也[6]。今上急耕田垦草以厚民产也[7]，而以上为酷[8]；修刑重罚以为禁邪也[9]，而以上为严；征赋钱粟以实仓库[10]，且以救饥馑、备军旅也[11]，而以上为贪；

治国不得民心是不行的，但"得民之心"并不意味着要去迎合世俗偏见。用伊尹、管仲之类富有政治经验的人来治国理政，这样才能使国家迅速富强起来。

境内必知介而无私解[12]，并力疾斗[13]，所以禽虏也[14]，而以上为暴[15]。此四者[16]，所以治安也，而民不知悦也。

[注释]

[1]不知治者：不懂得治理国家的人，指儒家。 [2]伊尹：商汤的相。管仲：齐桓公的相。见《奸劫弑臣》注。 [3]智：通"知"，指见解、主张。 [4]剔首：指割除头上的病灶。剔，剔除。腹：为"復"字之误，重复，更加。 [5]揊痤（pì cuó）：割治疖子。揊，"副（pì）"的俗字，下文"揺"是"揊"的异体字，割破，剖开。痤，疖子。寖（qīn）：逐渐。益：增加，指病情加重。 [6]这句是说：婴儿不懂得让他受小小的痛苦能使他得到很大的好处。子，是"之"字的音误。犯，触犯，冒犯。致，送给，使……得到。 [7]急：加紧，抓紧。垦草：开垦荒地。厚：富足，这里是使动用法，使……富足，增多。 [8]酷：残酷。 [9]修刑：讲求刑法。修，讲求，整治。重罚：加重惩罚。 [10]实：充实。 [11]且：将。救饥馑：救济灾荒。备军旅：准备战争。 [12]这句是说：（君主要求）国内的人都会打仗而没有投靠私门贵族来逃避兵役的。介，铠甲，指披甲上阵。解，指免除兵役。当时往往有人通过给私门贵族服劳役的方法来逃避兵役（参见《五蠹》注）。 [13]并力：同心协力。疾斗：奋勇作战。 [14]禽虏：擒获俘虏。禽，通"擒"。 [15]暴：凶暴，暴虐。 [16]此四者：指上面的急耕、修刑、征赋、疾斗四种措施。

"民知之不足师用"，是因为当时民众思想水平低下，往往不能站在应有的历史高度来看问题，这就需要富有政治远见的"圣通之士"高瞻远瞩地进行社会改革。当然，高明的政治家虽然不会去迎合世俗偏见，但还是会采取各种手段逐步将民心引导到拥护改革的轨道上来。不过，有时候民众实在难以一下子开窍，那就只好采取强制手段，把事情干好了再说。事情干好了，自会得到民众的认可和拥护。这就是《商君书·更法》所说的："民不可与虑始，而可与乐成。"

夫求圣通之士者，为民知之不足师用[1]。昔禹决江浚河，而民聚瓦石[2]；子产开亩树桑[3]，郑人谤訾[4]。禹利天下，子产存郑人[5]，皆以受谤，夫民智之不足用亦明矣[6]。故举士而求贤智[7]，为政而期适民[8]，皆乱之端[9]，未可与为治也[10]。

[注释]

[1]"夫求圣通之士者"二句是说：君主所以要寻觅圣明通达的人才，是因为民众的见解不值得顺从和采用。师，效法，遵循。　[2]"昔禹决江浚河"二句是说：从前夏禹疏通长江黄河，而民众却聚集了瓦片石块去打他。　[3]子产：春秋时期郑国政治家，名侨，字子产。他于郑简公十二年（前554）任郑国的卿，实行改革，整顿田地疆界和沟洫，重新制定赋税政策，有利于农业生产。　[4]郑人谤訾（zǐ）：郑国人咒骂子产，事见《左传》襄公三十年。谤，毁谤。訾，诋毁，非议。　[5]存：体恤。　[6]智：通"知"，指见解、主张。　[7]举士：选拔人才。举，推荐，提拔。　[8]为政：处理政务。期：期望，指望。适：适合，迎合。　[9]端：开头，根源。　[10]与：以。

[点评]

本文以"显学"为题，通过批判当时最为显赫的儒家、墨家两大学派，阐明了韩非自己的政治主张。它不仅是我们研究韩非法治思想的重要作品，而且也是研究中国学术思想史的珍贵资料。

韩非首先从"参验"论出发，回顾了儒、墨两大学派的历史发展，批判了儒、墨学说的"愚诬"。他指出，儒、墨对尧、舜"取舍不同"而"皆自谓真尧、舜"，孔、墨后学对孔、墨的"取舍相反不同，而皆自谓真孔、墨"，实际上都不过是"无参验而必之""弗能必而据之"的"愚诬之学"。

接着，韩非以矛盾律为武器，指出"孝、戾""侈、俭""宽、廉""恕、暴"都不过是一些"杂反之行"，而"杂反之学"是"不两立而治"的，"人主俱听之"，只能导致国家的混乱。

然后，韩非又从人性趋利避害的角度出发，指出了"显学"的危害。他认为，儒者主张"与贫穷地以实无资"，实际上是"夺力俭而与侈堕"，会妨碍人民"疾作而节用"的积极性。而也曾显赫一时的杨朱一派的"义不入危城，不处军旅"，则必定会阻碍人民"出死而重殉上事"。

再次，韩非又从功利主义的观点出发，指出儒者脱离实际地去"语已治之功"，"道上古之传誉、先王之成功"，"言先王之仁义"，都不过像巫祝的祈祷一样，"无益于治"。

韩非批判显学的目的是要当时的君主抛弃这些"愚诬之学""杂反之行"，而实行自己的法治主张。所以，他在批判显学之时也尖锐地批判了"世主""兼听杂学、缪行、同异之辞"，"征敛于富人以布施于贫家"，"尊贵轻物重生之士"，"敬贤士"，"养儒侠"，"是而不用，非而不息"等一系列尊重显学的错误，认为这些都是不利于耕战、无益于治国的"乱亡之道"，必须彻底抛弃。同时，韩非还提出了自己的政治主张。他的政治主张主要有如下几点：

首先，韩非主张用政治手段来干预思想学术的发展。他认为，君主对社会上的各种学说，"若是其言，宜布之官而用其身；若非其言，宜去其身而息其端"。君主如果不采取这样的措施，就会造成思想的混乱，使"海内之士言无定术，行无常议"，最后导致国家的败亡。可见，韩非是反对百家争鸣的，这是韩非的专制思想在思想领域中的具体体现，也是《显学》篇的主旨所在。他写《显学》的目的，是要说服君主，用君主的权势去禁止儒家、墨家的学说。

其次，韩非提出了任用选拔官吏的原则：一是必须量功录用，注意严格考核，即"试之官职，课其功伐"；二是必须逐级提拔，注重官吏的实际经验，即"宰相必起于州部，猛将必发于卒伍"；三是必须重赏厚禄，鼓励官吏进取，也就是使"爵禄厚""官职大"。

再次，韩非提出了注重实力、强调功利、推行强权政治的法治主张。即"明君务力"，"举实事，去无用"，"不恃人之为吾善也，而用其不得为非也"，"不务德而务法"，不"求贤智"，不"期适民"，"明吾法度，必吾赏罚"。这些都是韩非法治思想的基本观点。他的崇尚实力、强调功利，无疑是当时以耕战为务的社会现实在意识形态上的反映；而他认为"民智之不足用"，一方面反映了当时人民思想文化水平的低下，另一方面也表现了他轻视人民的阶级偏见。

主要参考文献

尚书　　中华书局1980年影印清阮元校刻《十三经注疏》本
左传　　中华书局1980年影印清阮元校刻《十三经注疏》本
尔雅　　中华书局1980年影印清阮元校刻《十三经注疏》本
逸周书　　台湾商务印书馆1986年《景印文渊阁四库全书》本
春秋事语　　文物出版社1983年《马王堆汉墓帛书〔叁〕》本
竹书纪年　　上海古籍出版社2005年《古本竹书纪年辑证·今本竹书纪年疏证》本
老子帛书　　文物出版社1980年《马王堆汉墓帛书〔壹〕》本
老子　　光绪间刻《古逸丛书》之六《集唐字老子道德经注》本
论语　　中华书局1980年影印清阮元校刻《十三经注疏》本
墨子　　中华书局1986年《墨子间诂》本
商君书　　知识产权出版社2012年《商君书校疏》本

管子　上海古籍出版社 1989 年影印浙江书局《二十二子》本

慎子　知识产权出版社 2012 年《商君书校疏》本

孟子　中华书局 1980 年影印清阮元校刻《十三经注疏》本

庄子　中华书局 1961 年《庄子集释》本

郭店楚墓竹简　文物出版社 1998 年

荀子　中华书局 1988 年《荀子集解》本

韩非子　知识产权出版社 2018 年第 3 版《韩非子校疏析论》本

战国策　江苏古籍出版社 1985 年《战国策集注汇考》本

礼记　中华书局 1980 年影印清阮元校刻《十三经注疏》本

孔丛子　商务印书馆 1936 年《四部丛刊·初编》缩印本

史记　（汉）司马迁撰　世界书局 1935 年版"四史"本

汉书　（汉）班固撰　中华书局 1962 年

说文解字　（汉）许慎撰　中华书局 1963 年影印陈昌治同治十二年（1873）刻本

广雅　（三国魏）张揖撰　江苏古籍出版社 1984 年影印王氏家刻本《广雅疏证》本

文心雕龙　（南朝梁）刘勰著　上海古籍出版社 1980 年《文心雕龙校证》本

隋书　（唐）魏徵等撰　中华书局 1973 年

道藏　文物出版社等 1988 年影印涵芬楼影印本

韩非子书序　（明）赵用贤撰　万历刻本

重刻《韩非子》序　（明）周孔教撰　万历刻本

说文解字注　（清）段玉裁撰　上海古籍出版社 1981 年影印经韵楼藏版

经传释词 （清）王引之撰　岳麓书社 1985 年

乾道本韩非子廿卷 （清）吴鼒撰　嘉庆二十三年（1818）刻本

韩非子集解 （清）王先慎撰　上海书店 1986 年影印世界书局《诸子集成》本

韩子新释　尹桐阳著　武昌昙华林工业传习所 1919 年

中国哲学史大纲（卷上）　胡适著　商务印书馆 1919 年版"北京大学丛书"本

十批判书　郭沫若著　人民出版社 1982 年《郭沫若全集》本

增订韩非子校释　陈启天著　台湾商务印书馆 1969 年

先秦诸子系年　钱穆著　商务印书馆 2001 年

韩非新传　陈千钧著　上海书店 1986 年影印世界书局《诸子集成》本

韩非子集释　陈奇猷校注　中华书局 1958 年

韩非子新校注　陈奇猷著　上海古籍出版社 2000 年

韩子浅解　梁启雄著　中华书局 1960 年

韩非子校注　《韩非子》校注组著　江苏人民出版社 1982 年

毛泽东读文史古籍批语集　中共中央文献研究室编　中央文献出版社 1993 年

商君书校疏　张觉著　知识产权出版社 2012 年

韩非子考论　张觉著　知识产权出版社 2013 年

韩非子校疏析论　张觉著　知识产权出版社 2011 年

子藏·法家部·韩非子卷　方勇编　国家图书馆出版社 2014 年

定本韩非子纂闻　［日］松皋圆著　崇文院昭和三年（1928）至八年（1933）排印本

家庭、私有制和国家的起源　［德］恩格斯著　人民出版社 1995 年第 2 版《马克思恩格斯选集》本

路德维希·费尔巴哈和德国古典哲学的终结　［德］恩格斯著　人民出版社 1995 年第 2 版《马克思恩格斯选集》本

《中华传统文化百部经典》已出版图书

书　名	解读人	出版时间
周易	余敦康	2017 年 9 月
尚书	钱宗武	2017 年 9 月
诗经（节选）	李　山	2017 年 9 月
论语	钱　逊	2017 年 9 月
孟子	梁　涛	2017 年 9 月
老子	王中江	2017 年 9 月
庄子	陈鼓应	2017 年 9 月
管子（节选）	孙中原	2017 年 9 月
孙子兵法	黄朴民	2017 年 9 月
史记（节选）	张大可	2017 年 9 月
传习录	吴　震	2018 年 11 月
墨子（节选）	姜宝昌	2018 年 12 月
韩非子（节选）	张　觉	2018 年 12 月
左传（节选）	郭　丹	2018 年 12 月
吕氏春秋（节选）	张双棣	2018 年 12 月
荀子（节选）	廖名春	2019 年 6 月
楚辞	赵逵夫	2019 年 6 月
论衡（节选）	邵毅平	2019 年 6 月
史通（节选）	王嘉川	2019 年 6 月
贞观政要	谢保成	2019 年 6 月
战国策（节选）	何　晋	2019 年 12 月
黄帝内经（节选）	柳长华	2019 年 12 月
春秋繁露（节选）	周桂钿	2019 年 12 月
九章算术	郭书春	2019 年 12 月
齐民要术（节选）	惠富平	2019 年 12 月
杜甫集（节选）	张忠纲	2019 年 12 月
韩愈集（节选）	孙昌武	2019 年 12 月
王安石集（节选）	刘成国	2019 年 12 月
西厢记	张燕瑾	2019 年 12 月

书　　　名	解读人	出版时间
聊斋志异（节选）	马瑞芳	2019年12月
礼记（节选）	郭齐勇	2020年12月
国语（节选）	沈长云	2020年12月
抱朴子（节选）	张松辉	2020年12月
陶渊明集	袁行霈	2020年12月
坛经	洪修平	2020年12月
李白集（节选）	郁贤皓	2020年12月
柳宗元集（节选）	尹占华	2020年12月
辛弃疾集（节选）	王兆鹏	2020年12月
本草纲目（节选）	张瑞贤	2020年12月
曲律	叶长海	2020年12月
孝经	汪受宽	2021年6月
淮南子（节选）	陈　静	2021年6月
太平经（节选）	罗　炽	2021年6月
曹操集	刘运好	2021年6月
世说新语（节选）	王能宪	2021年6月
欧阳修集（节选）	洪本健	2021年6月
梦溪笔谈（节选）	张富祥	2021年6月
牡丹亭	周育德	2021年6月
日知录（节选）	黄　珅	2021年6月
儒林外史（节选）	李汉秋	2021年6月
商君书	蒋重跃	2022年6月
新书	方向东	2022年6月
伤寒论	刘力红	2022年6月
水经注（节选）	李晓杰	2022年6月
王维集（节选）	陈铁民	2022年6月
元好问集（节选）	狄宝心	2022年6月
赵氏孤儿	董上德	2022年6月
王祯农书（节选）	孙显斌	2022年6月
三国演义（节选）	关四平	2022年6月
文史通义（节选）	陈其泰	2022年6月

书　　名	解读人	出版时间
汉书（节选）	许殿才	2022 年 12 月
周易略例	王锦民	2022 年 12 月
后汉书（节选）	王承略	2022 年 12 月
通典（节选）	杜文玉	2022 年 12 月
资治通鉴（节选）	张国刚	2022 年 12 月
张载集（节选）	林乐昌	2022 年 12 月
苏轼集（节选）	周裕锴	2022 年 12 月
陆游集（节选）	欧明俊	2022 年 12 月
徐霞客游记（节选）	赵伯陶	2022 年 12 月
桃花扇	谢雍君	2022 年 12 月
法言	韩敬、梁涛	2023 年 12 月
颜氏家训	杨世文	2023 年 12 月
大唐西域记（节选）	王邦维	2023 年 12 月
法书要录（节选） 历代名画记	祝　帅	2023 年 12 月
耶律楚材集（节选）	刘　晓	2023 年 12 月
水浒传（节选）	黄　霖	2023 年 12 月
西游记（节选）	刘勇强	2023 年 12 月
乐律全书（节选）	李　玫	2023 年 12 月
读通鉴论（节选）	向燕南	2023 年 12 月
孟子字义疏证	徐道彬	2023 年 12 月
嵇康集	崔富章	2024 年 12 月
白居易集（节选）	陈才智	2024 年 12 月
李清照集（节选）	诸葛忆兵	2024 年 12 月
近思录	查洪德	2024 年 12 月
林则徐集	杨国桢	2024 年 12 月